Reinhard Winter

Wie Jungen Schule schaffen

Ein Ratgeber für Eltern

W0196907

BELTZ

Dieses Buch ist erhältlich als:
ISBN 978-3-407-86514-4 Print
ISBN 978-3-407-86527-4 E-Book (EPUB)

1. Auflage 2018

© 2018 im Beltz Verlag
in der Verlagsgruppe Beltz · Weinheim Basel
Werderstraße 10, 69469 Weinheim
Alle Rechte vorbehalten

Lektorat: Kirsten Reimers, Petra Dorn
Einbandgestaltung/Umschlaggestaltung: www.stephanielevers.de (Gestaltung), www.stephanengelke.de (Beratung)
Bildnachweis: ©Dejan Ristovski/stocksy.com.
Herstellung: Myriam Frericks

Layout, Satz und Illustrationen: Oliver Schmitt, Mainz
Druck und Bindung: Beltz Grafische Betriebe, Bad Langensalza
Printed in Germany

Weitere Informationen zu unseren Autor_innen und Titeln finden Sie unter: www.beltz.de

Inhalt

Für Jörg und Steffi, Till und Sammy,
auch stellvertretend für alle Eltern mit ihren Jungen
und für alle Jungen mit ihren Eltern, die in
guten wie in schwierigen Schultagen versuchen,
Schule gut zu schaffen, und sich dabei gemeinsam
weiterentwickeln.

Einleitung

Interviewer: »Sie haben ja drei Jungen gut durch die Schule gebracht.«
Mutter: »Ich hab sie durch die Schule gebracht.« (Lacht.)
Interviewer: »Das ›gut‹ sollen wir streichen?«
Mutter: »Ja.« (Lacht.)
Mutter von drei Söhnen; der jüngste ist im Abitur

Jungen und Schule – das ist in jeder Familie ein zentrales Thema, im Guten wie im Schwierigen. Viele Eltern beschäftigt die Frage: »Ist es überhaupt möglich, dass Jungen die Schule schaffen?« An vielen Stellen klemmt es, Probleme gibt es zuhauf. Sind Jungen also in der Schule zum Scheitern verurteilt? Nein!

Neben der Familie und den gleichaltrigen Freunden ist die Schule die wichtigste Lebenswelt im Jungenleben. Gerade deswegen kommt es immer wieder zu Konflikten. Schulthemen wie Hausaufgaben oder Leistungstests dominieren oft das Familienleben: Mütter und Väter erinnern an schulische Aufgaben, lernen mit ihren Söhnen für Klausuren, fragen Vokabeln ab, versuchen zu motivieren, helfen Referate vorzubereiten und büffeln Chemieformeln; sie investieren Zeit, Nerven und Geld. Neben den Jungen selbst und den Lehrkräften sind Eltern die Hauptbetroffenen, wenn der Stresspegel steigt. In vielen Familien spielen sich über lange Zeit regelrechte Dramen ab, weil es nur noch um die Schule geht.

Das muss aber nicht sein. Es gibt auch Eltern von Jungen, die Schulgeschichten ohne Katastrophenbeigeschmack erzählen: Sie schildern mit Freude, wie ihr Sohn Schwierigkeiten bewältigen musste und daran gewachsen ist. Die Schulzeit wird von ihnen als Entwicklungsabschnitt erlebt, in der alle Beteiligten dazulernen. Manche bedauern es sogar, wenn die Schulzeit zu Ende geht.

Sicher gibt es Probleme und kritische Momente, aber diese sind kein Grund, von vornherein ängstlich zu sein: In der Regel bewältigen Jungen die Schule, weshalb bei allen Schwierigkeiten eine gute Portion Zuversicht angemessen ist.

Wie stark Eltern die Probleme von Jungen in der Schule umtreiben, habe ich in den letzten Jahren in vielen Gesprächen, Beratungen und in zahllosen Fragen nach Vorträgen erfahren. Eltern tragen es oder leiden mit, wenn es schwierig wird, viele fühlen sich hilflos, wenn die Leistungen des Sohnes einbrechen. Ich kann dies gut nachfühlen – nicht zuletzt aus eigener Erfahrung als Vater eines Sohnes. Gleichzeitig sind sich viele Eltern ihrer Bedeutung für eine glückende Schulkarriere ihres Sohnes gar nicht bewusst.

Vermutlich haben Sie zu diesem Buch gegriffen, weil Sie als Eltern eines Sohnes mit Schwierigkeiten in der Schule konfrontiert sind – oder weil Sie genau dies vermeiden und ihn gut unterstützen wollen. Mit beiden Beweggründen sind Sie mit Sicherheit nicht allein!

Jungen durch die Schule zu bringen ist ein gemeinsamer Weg, eine Entwicklung aller Beteiligten, für die Eltern ebenso wie für die Söhne. Eine Haltung zur Schule zu entwickeln ist ein Prozess, der für beide Seiten die ganze Schulzeit hindurch andauert: Für Eltern geht es darum, die eigene Haltung zu verändern beziehungsweise so weiterzuentwickeln, dass sie zum Jungen und zu seiner jeweiligen Entwicklungsphase passt. Deshalb bedarf dieser Prozess eines stetigen Interesses, eines Informierens und Bewertens, eines konstruktiven Umgangs mit Schwierigkeiten und Gelingendem, eines ständiges Revidierens und Nachjustierens. Die Erfahrung zeigt, dass auf diese Weise die Begleitung des Jungen durch die Schulzeit gut gelingen kann, dass diese Begleitung sogar eine gewisse Leichtigkeit gewinnt.

Alles Problemjungen?
Das muss nicht sein!

Seit zwanzig Jahren geistert durch Medien- und Bildungslandschaften das Bild des Problemjungen, vorgetragen im Tonfall tiefer Besorgnis oder hoher Empörung. Der Stempel des Bildungsverlierers wird Jungen aufgedrückt, sobald es Schwierigkeiten gibt. Viele Eltern machen sich deshalb Sorgen um die Zukunft ihrer Söhne. Das ist verständlich, schlägt aber auf die Stimmung und drückt die Zuversicht, was wiederum auf die Jungen zurückwirkt. Irgendwann sitzen alle ohne Perspektive im Jammertal.

Wahrscheinlich waren Eltern in dieser Hinsicht noch nie so besorgt wie heute. Doch Verunsicherung tut Jungen nicht gut, sie brauchen zuversichtliche Eltern, die sie ermutigen. Die Frage lautet deshalb nicht ob, sondern wie Jungen gut durch die Schulzeiten kommen können? Wie werden sie erfolgreich? Was brauchen sie dafür? Auf diese Fragen gibt es nicht die eine allgemeingültige Antwort. Aber es finden sich zahlreiche Hinweise, Wegzeichen und Erfahrungen des Gelingens. Sie zu kennen und umzusetzen hilft Ihnen, die Schulzeit mit Ihren Söhnen gelassen zu überstehen und die Zuversicht auszustrahlen, die Ihrem Jungen auch in schwierigen Lagen hilft.

Schule ist eine vielschichtige Angelegenheit, sie ist ein System unterschiedlicher Einflussgrößen und Wirkfaktoren. Deshalb lässt sich nicht ein einzelner Aspekt herausgreifen, um eine Lösung abzuleiten, die dann auch noch für alle Jungen stimmt und passt. Wenn Sie auf den einen effektvollen Veränderungsvorschlag, den einen Handlungstipp oder die eine fruchtbare Methode hoffen, mit der Jungen schnell zum Schulerfolg geführt werden können, muss ich Sie enttäuschen: Dass Jungen die Schule gut schaffen, ist keine einzelne große Veränderung. Es gibt nicht den einen Schalter, den Eltern einfach umlegen, und danach wird das Schulleben des

Jungen entspannt und erfolgreich. Das wäre schön, aber so funktioniert es leider nicht. Stattdessen führen viele kleine Einflüsse zum Erfolg.

 »Also, ich war überhaupt nicht vorbereitet – Jungs und Schule! Das sehe ich jetzt als Thema, das man aktiv angehen muss.«
Mutter, zwei Söhne

Drei Hauptakteure bestimmen das System Schule: Schüler, Lehrkräfte und Eltern. Eigentlich wollen alle drei dasselbe: gut durch die Schule kommen. Insofern sitzen alle im selben Boot – ein treffendes Bild, aber mit offenen Fragen: Wer rudert? Wer steuert? Wer will mit wem in welche Richtung? Oder drehen sich alle gemeinsam im Kreis? Eltern und Lehrkräfte sind über die Kinder aufeinander angewiesen und aufgefordert, die Aufgabe Schule gemeinsam zu lösen. Deshalb ist eines der Ziele dieses Buches, Ihnen als Eltern zu helfen, im Kontakt mit der Schule fundiert mitreden und sich als Fachleute für Ihre Söhne behaupten zu können – um auf diese Weise den Dialog zwischen allen Seiten zu fördern.

Chance und Herausforderung, Möglichkeiten und Grenzen

Eltern sind entscheidend mit daran beteiligt, dass ihre Söhne gut durch die Schule kommen. Darin liegt eine Herausforderung und zugleich eine Chance: Sie können sich über Jahre hinweg bewähren und sich weiterentwickeln. Was für ein Geschenk, so lange Zeit gefordert und gefragt zu sein! Für viele Eltern ist das zwar phasenweise ziemlich anstrengend, aber der Einsatz zahlt sich in vielen kleinen und größeren Erfolgen und Ereignissen aus: Wie schön ist es, wenn der Junge vor Stolz strahlt, weil er sich gerade noch rechtzeitig reingehängt hat und doch noch versetzt wurde. Oder wenn das Referatthema, das anfangs als »ätzend langweilig« empfunden wurde, sich als »total spannend« entpuppt.

In jedem Fall setzen Eltern das Fundament, damit Jungen in der Schule lernen und sich allmählich ihr eigenes Bildungsgebäude aufbauen. Anders als im Familienleben, das Eltern ja ganz wesentlich gestalten, sind sie in der Schule Mitakteure, deren Rolle sich im Laufe der Jahre verändert. Je älter der Junge wird, desto mehr geht die Verantwortung an ihn über. Der Anteil der Eltern verändert sich dementsprechend. Und dennoch braucht der Sohn auch dann bisweilen noch einen Anstoß, einen Hinweis, ein Unterstützungsangebot oder einfach einen ermunternden Satz: »Das wirst du schon schaffen, bisher hast du es ja auch immer gemeistert.«

Was ist es nun konkret, das Jungen speziell von ihren Eltern benötigen, um die Schule gut zu schaffen? Was müssen Eltern können und wissen, um Jungen gut durch die Schule zu bringen? Diese Fragen sind zwar nicht mit ein paar Tipps zu beantworten, aber auch keine unlösbare Aufgabe. Vielfältige, unterschiedliche, mitunter auch widersprüchliche Kompetenzen, Qualitäten und Stärken sind dabei gefragt. Eltern helfen Jungen, die persönlichen Grundlagen zu bilden, sie schaffen Rahmenbedingungen, sind Orientierungsgeber, Unterstützer und wichtige Grenzwächter, manchmal auch Anwalt der Söhne der Schule gegenüber. Die Fähigkeiten, die es braucht, um gut durch die Schule zu kommen, werden auch in der Familie vermittelt. So gesehen ist der Beitrag der Eltern beträchtlich, aber dennoch ist ihr Einfluss auf den Schulerfolg des Jungen begrenzt. Ob der Sohn ein schulisches Genie wird oder sich leistungsmäßig im Mittelfeld bewegt, lässt sich auch durch die kompetentesten Eltern nicht gezielt steuern.

Söhne haben einen eigenen Kopf, und ihr Erfolg hängt von weiteren Faktoren ab. Je älter Jungen werden, desto mehr orientieren sie sich zum Beispiel an Gleichaltrigen; deren Einstellung zur Schule kann - im Positiven wie im Negativen - stärker wirken als die Haltung der Eltern. Das heißt aber nicht, dass alle vorherige Mühe umsonst ist. Jungen, die von ihren Eltern gut begleitet wurden und werden, sind meistens so stabil, dass sie auch bei schlechtem Einfluss von anderen nach einer Weile wieder zurückkommen zu den Grundlagen, die ihre Eltern ihnen vermittelt haben.

Dieses Buch ist keinesfalls als Anleitung gedacht, wie Sie Ihren Sohn sicher zum Einser-Abi führen. Es bietet vielmehr Hinweise und Lösungsansätze, um Ihren Sohn durch die Schulzeit zu begleiten. Es nimmt jungentypische Themen und Konflikte in und mit der Schule in den Blick und vermittelt notwendige Basiskompetenzen im Zusammenhang mit der Geschlechterrolle: Was bedeutet es fürs Schulleben, ein Junge zu sein und ein Mann zu werden? Bei den vielen mit dem Thema verbundenen Widersprüchlichkeiten ist es gar nicht möglich, immer alles richtig zu machen. Seien Sie deshalb fehlerfreundlich, gehen Sie bei Patzern gnädig mit sich um! Sie brauchen sich nicht zu optimieren, Sie müssen keine 100-Prozent-Eltern werden, denn für Jungen sind Supereltern ein Horror. Versuchen Sie einfach, Ihre Sache als Vater und Mutter so gut zu machen, wie es geht. Das bedeutet: Wählen Sie aus den Ideen und Vorschlägen dieses Buches einfach das aus, was Ihnen einleuchtet, was Ihnen hilft und zu Ihnen passt. Sie können das Buch dazu natürlich am Stück lesen, möglich ist es aber auch, sich einzelne Kapitel herauszusuchen.

Teil I setzt sich mit dem Klischee der Jungen als Bildungsverlierer auseinander. Was ist daran richtig, was falsch und produziert nur immer neue Probleme? Wie können Jungen, Eltern, Schule damit umgehen, um sich nicht immer wieder neu entmutigen zu lassen? In Teil II soll es um die Rolle der Eltern gehen. Mütter und

Väter tragen eine Menge zu Schulfreude und -erfolg ihres Jungen bei, auch wenn ihnen selbst das oft gar nicht klar ist. Was genau ist das, jenseits von Vokabelabhören und Abfragen vor dem nächsten Test? Teil III behandelt das zentrale Thema im Leben mit Jungen in der Schule: Anders als die häufige Kritik und manch mitleidiger Blick von Mädcheneltern suggerieren, haben Jungen besondere, ganz wunderbare Eigenschaften, die ihnen in der Schule jedoch leider oft im Wege stehen. Was muss passieren, aufseiten aller drei beteiligten Akteure im Schulleben, um diese Besonderheiten in Stärken zu verwandeln? In Teil IV finden Sie die elf wichtigsten Themen, bei denen Eltern ihre Söhne dabei unterstützen können, gut durch die Schule zu kommen, und Teil V widmet sich der gesellschaftlichen Perspektive: Forderungen und Visionen für eine Schule, die Jungen Freude und Erfolg ermöglicht. Am Ende des Buches finden Sie als unterstützendes Handwerkszeug hilfreiche Internetadressen sowie Hinweise zur Download-Seite. Dort können Sie Lerntipps, Motivationshilfen sowie Tipps zu Ordnung auf dem Schreibtisch, Respekt und Strebervorwürfen herunterladen, die sich direkt an Ihren Jungen richten.

Die Erfahrung zeigt: Schon die Tatsache, dass Sie sich für Ihren Jungen interessieren und ihn nach Kräften unterstützen wollen, zum Beispiel indem Sie dieses Buch lesen, schafft gute Voraussetzungen für Ihren Sohn. Das ist die beste Grundlage dafür, dass Sie Ihren Teil beitragen werden und Ihr Sohn die Schule - auf seine Art - meistern wird.

Noch ein Wort zur Zielgruppe: Mein Buch ist gedacht für Eltern von sogenannten durchschnittlichen Jungen. Gravierende psychische, soziale oder medizinische Störungen verlangen nach Fachkräften, die dafür ausgebildet sind. Ein Buch wie dieses kann sie nicht ersetzen. Im Anhang finden Sie Adressen und Links, die Sie auf der Suche nach Beratung unterstützen werden.

Warum ein Buch, das vor allem Jungen in den Blick nimmt?

Ich bin nicht der Meinung, Mädchen seien in den letzten Jahren zu viel gefördert worden, weshalb nun die Jungen an der Reihe wären. Mir liegt es fern, Geschlechterfragen und -probleme gegeneinander auszuspielen (»Wer ist schlimmer dran?«). Die Jungenperspektive begründet sich anders: Weil es Auffälligkeiten hinsichtlich des Schulbesuchs und -erfolgs gibt, ist es wichtig, auch das Geschlecht zu beachten – gerade weil sich immer wieder zeigt, dass dies eine Rolle spielt. Deshalb ist das Männliche ein wesentliches Thema dieses Buches. Die Zugehörigkeit zum Geschlecht, das Denken und Verhalten von Jungen prägt und beeinflusst. Erkenntnisse der Forschung und Beispiele aus dem alltäglichen Leben zeigen, dass es an vielen Stellen Unterschiede zwischen Mädchen und Jungen gibt, natürlich auch weit über die Schule hinaus. Sie zu kennen, sie zu beachten, angemessen auf sie einzugehen und Jungen an den entscheidenden Stellen zu fördern, macht einen großen Teil ihres Schulerfolgs aus.

Obwohl die Schwierigkeiten, die Jungen in der Schule haben, schon seit langem thematisiert werden, gibt es bislang nur wenige fundierte und lösungsorientierte Ansätze, um ihre Situation zu verbessern. Hier möchte dieses Buch vor allem von der Elternseite her Abhilfe schaffen. Seit über 30 Jahren beschäftige ich mich beruflich mit Jungen und ihrer Entwicklung. Bis heute sammle ich Erfahrungen in der Arbeit mit Jungen in Schulen, in der Beratung, in der Jugendarbeit und Jugendhilfe. In meiner wissenschaftlichen Arbeit forsche ich über Jungen. Zudem qualifiziere und berate ich Menschen, die mit Jungen arbeiten, darunter auch viele Lehrkräfte. Ich arbeite mit Eltern, in der Elternbildung und -beratung. Und seit vielen Jahren beauftragen mich Schulen und Schulträger, um gemeinsam die Situation von Jungen in der Schule zu verbessern, um Schule mehr auf Jungen auszurichten. Nicht zuletzt war und bin ich als Vater eines Jungen selbst ein »glücklicher Betroffener«.

Mein Anliegen ist, Ihnen als Eltern mehr Sicherheit zu geben, dass das, was Sie tun, und auch das, was Sie nicht tun, unterm Strich schon das Richtige ist. Sie als Eltern sind meine erste Zielgruppe. Erfahrungsgemäß lesen aber auch viele Fachleute meine Jungenbücher aus beruflichem Interesse. Ihnen sei gesagt: Auch Sie können von diesem Buch profitieren, und zwar in zweierlei Hinsicht: zum einen direkt bei der Entwicklung und Weiterentwicklung von Konzepten, mit denen Schulen auf die Bedürfnisse von Jungen eingehen können, zum anderen indirekt, da Schule meiner Meinung nach auch immer einen Elternbildungsauftrag hat – und dies in wachsendem Maße. Auch hierfür kann dieses Buch hilfreich sein.

Wie stets sind mir auch hier im Buch die Bezüge zum wirklichen Leben sehr wichtig. Manche Phänomene müssen natürlich erklärt werden, damit sie verständlich sind. Aber dies soll nie rein theoretisch sein, sondern immer rückbezogen auf das Praktische, angereichert durch Interviews, also »O-Töne« von Jungen, Eltern und Lehrkräften oder durch Beispiele aus der Beratung. Dazu gehören auch Praxistipps für Eltern und Jungen oder Informationen, wie sich Eltern nützlich machen können, wenn sie ihr Wissen dem Sohn weitergeben wollen.

Im Grunde genommen kann man im Umgang mit Jungen sehr vieles sehr richtig machen: Wenn Jungen sich anerkannt, respektiert und geborgen fühlen, wenn sie angeregt werden, wenn sie Antworten auf ihre Bedürfnisse bekommen, dann können Erwachsene sich darauf verlassen, dass sie sich schon gut entwickeln werden.

Zur Hintergrundstudie

Dieses Buch baut auf der explorativen Studie »Wie Eltern Jungen gut durch die Schule bringen« auf. Diese wurde in unserem Sozialwissenschaftlichen Institut Tübingen durchgeführt. Mein Forschungsprojekt ging der Frage nach, welchen Beitrag Eltern leisten, damit Jungen in der Schule erfolgreich sind. Die Ausgangshypothese dieser qualitativen Studie lautet, dass Eltern entscheidend mit daran beteiligt sind, ob Jungen gut durch die Schule kommen und die Schule gut bewältigen. Für die Studie wurden sieben persönliche Interviews mit Jungen unterschiedlichen Alters geführt, zudem wurden zwei Lehrerinnen, zwei Lehrer, sechs Mütter, vier Väter und eine Schulpsychologin befragt. Die Datengewinnung erfolgte über qualitative leitfadengestützte Interviews.

Die Ergebnisse zeigen, dass der Beitrag der Eltern aus jedem der Untersuchungsblickwinkel als bedeutsam eingeschätzt wird. Eltern vermitteln wichtige Fähigkeiten, die Jungen in der Schule gut brauchen können, nicht nur, um erfolgreich abzuschließen, sondern um die Schule als Lebenswelt zu bewältigen. Was Eltern wesentlich mit beeinflussen, ist die Haltung ihrer Söhne, ihre Einstellung zur Schule, die Stimmung und das Arbeiten und Lernen zu Hause. Ergebnisse der Studie fließen in dieses Buch an vielen Stellen ein.

Schwierigkeiten mit dem Sohn? Glückwunsch!

Hat Ihr Sohn richtige Schwierigkeiten in und mit der Schule? Wünschen Sie sich Ihren Jungen eigentlich ganz anders? Sind Sie neidisch auf andere Eltern, weil diese eine Tochter haben oder einen braven Sohn? Ja? Dann lohnt es sich - neben der Problembewältigung -, zunächst diesen Zustand bewusst in den Blick zu nehmen. Haben Sie? Gut.

Vielleicht löst sich manches schon auf, wenn Sie sich sagen: Ja, es ist schwierig - aber wenn es anders wäre, wäre mein Sohn nicht mein Sohn und ich nicht ich. Sie beide sind miteinander verschweißt und dadurch aufgefordert, die Sache gemeinsam durchzustehen.

Und das ist gut so: Menschen suchen und brauchen soziale Herausforderungen in Beziehungen, weil sie sich entwickeln wollen. Auch aus diesem Grund werden wir Eltern. Es klingt vielleicht ein wenig wie ein zu kleines Trostpflaster, aber ich bin davon überzeugt und kann aus der Erfahrung in Elternberatungen vielfach belegen: Schwierigkeiten treten auf, weil wir uns weiterentwickeln wollen. So etwas kann der Natur der Sache nach weder harmonisch noch lustig sein, sondern es bringt uns an unsere Grenzen. Aber genau deshalb bietet sich dabei eine Entwicklungschance, die Menschen mit pflegeleichten Jungen nicht haben (Sie können sich aber sicher sein: Diese Eltern suchen sich ihre Probleme an einer anderen Stelle).

Vielleicht denken Sie, dass Sie darauf gut verzichten könnten, aber glauben Sie mir: Diese Herausforderung lässt Sie, Ihren Sohn und alle anderen Beteiligten größer werden. Etwas in Ihnen will in der Auseinandersetzung wachsen, und das ist jetzt eine ideale Gelegenheit dafür. Richtig sichtbar wird das Wachstum erst später, erst hinterher, in der Situation selbst fühlt es sich schwer oder anstrengend an. Ich will Sie mit diesen Sätzen auch gar nicht trösten, sondern ermutigen, die Herausforderung anzunehmen, weil sich dies auf mehreren Ebenen lohnt, nicht zuletzt auch für Sie persönlich.

Im Rückblick sagen genau das übrigens viele Eltern, die große Schwierigkeiten mit ihrem Sohn hatten. Aber meistens eben erst im Rückblick.

Teil I

Jungen als Bildungsverlierer? Ein Blick hinter das Klischee

Viele Jungen schaffen es gut –
und trotzdem könnte es besser sein

ass Jungen Probleme in der Schule haben, dafür gibt es unbestrittene Fakten. Zum Beispiel ist schon seit längerem bekannt, dass sie in der Schule im Durchschnitt weniger gut abschneiden als Mädchen. Sie bekommen schlechtere Noten, werden häufiger nicht versetzt und erreichen weniger anspruchsvolle Abschlüsse. So gesehen hinken Jungen im Geschlechtervergleich in der Schule tatsächlich hinterher. Aber sind sie deshalb Bildungsverlierer? Und zwar alle? Ganz sicher nicht. Ungleichheiten sind kein Grund, eine Katastrophe an die Wand zu malen, wie es in Medien oder im Internet oftmals geschieht. Alarmismus und Panikmache sind nicht angebracht. Außerdem trägt beides kaum dazu bei, das Problem zu verstehen oder diese Situation zu verändern.

So unterkomplex wie die Überzeichnungen sind populäre Lösungsvorschläge: Die einen setzen einseitig auf mehr Freiräume, damit Jungen sich ausagieren können. Andere fordern mehr Männer in die Schule, doch für den Schulerfolg ist das Geschlecht der Lehrkräfte nicht ausschlaggebend. Wieder andere schieben Jungen den Schwarzen Peter zu und verlangen, sie müssten einfach ihre Männlichkeitsbilder umstoßen - ohne zu bedenken, dass Jungen sich diese ja nicht aktiv aussuchen, sondern von der Gesellschaft vermittelt bekommen. Weder Dramatisierungen noch Vereinfachungen helfen, ganz im Gegenteil: Sie stempeln Jungen ab, da sie ausschließlich eine problematisierende Sichtweise auf Jungen werfen - und das schadet ihnen.

Was es stattdessen braucht, liegt auf der Hand: die Situation weniger aufbauschen und die Sache entspannter, aber dennoch fachlich fundiert angehen. Der erste Schritt dorthin ist ein gründliches Hinschauen. Je genauer Jungen in der Schule in den Blick genommen werden, desto vielschichtiger wird das Thema. Es ist komplex und kompliziert. Nicht ein Faktor oder eine einzige Stellschraube, sondern ein ganzes Gewebe von Ursachen ist verantwortlich für die Probleme von Jungen in der Schule. Dies zu durchdringen lohnt sich, denn zum Glück zeigt sich dabei für Eltern, wo sie ansetzen, ihre Söhne unterstützen und begleiten können. Dieser Blickwinkel ist wichtig, weil er nicht zu Hilflosigkeit führt, sondern Eltern zuversichtlich und handlungsfähig macht.

Ja, viele Jungen haben Probleme in der Schule. Aber es gibt auch viel Glückendes! Das wird leicht übersehen, wenn es ums Klischee der Bildungsverlierer geht. Denn Tatsache ist auch: Viele Jungen kommen - auch dank ihrer Eltern - letztendlich gut durch die Schule. Das wird täglich in allen Schulen und Schulformen sichtbar. Zwar werden jeden Tag viele Eltern von Lehrkräften darüber informiert, dass ihr Sohn sich unmöglich aufgeführt hat oder gravierende Schwierigkeiten hat; aber deutlich mehr Eltern erhalten keinen Anruf, und zwar deshalb, weil sich ihr Junge angemessen verhalten hat! Mehr Jungen als Mädchen werden am Schuljahresende nicht versetzt - aber viel, viel mehr Jungen kommen in die nächste Klasse im Vergleich zu den wenigen, die das nicht schaffen. Mehr Jungen als Mädchen gehen ohne Abschluss von der Schule ab - aber viel mehr Jungen erreichen jedes Jahr einen Hauptschulabschluss, die Mittlere Reife oder das Abitur!

Dass es viel Gelingendes gibt, lässt sich auch statistisch nachweisen, zum Beispiel bei den Abiturienten: In Deutschland haben im Jahr 2015 rund 131.000 Jungen an allgemeinbildenden Schulen ihr Abitur abgelegt. Bei allen Schulformen sind es insgesamt sogar über 156.000 Jungen, die ihr Abitur geschafft haben (46 Prozent aller Abiturabschlüsse). In Österreich erwarben im selben Jahr rund 18.600 Jungen die Matura (42,5 Prozent aller Matura-Absolvierenden). In der Schweiz wurden 2015 von Jungen rund 7.950 gymnasiale Maturitätszeugnisse erworben (42,7 Prozent aller Matura-Absolvierenden).

Allein diese Zahlen zeigen: Jungen können tatsächlich und in großer Zahl ihre Schullaufbahn mit einem Abschluss beenden, viele davon sogar mit dem höchstmöglichen. Grundsätzlich lässt sich daran ablesen, dass Schulkarrieren auch für Jungen zu schaffen sind. Das ist für Jungeneltern einerseits beruhigend, sie können hoffnungsfroh nach vorn blicken. Und dürfen sich und ihrem Sohn auch bei Schwierigkeiten vor Augen halten, dass die Wahrscheinlichkeit ziemlich groß ist, dass er die Schule schaffen wird.

Der kritische Blick

Andererseits folgen kritische Fragen auf dem Fuß: Mit einem Hauptschulabschluss beenden 14 Prozent der Jungen ihre Schulkarriere, aber nur 10 Prozent der Mädchen. Die Abiturquote von Mädchen ist seit 1981 höher als bei Jungen. Fast 9 Prozent macht mittlerweile der zahlenmäßige Unterschied beim Abitur zwischen

Mädchen und Jungen aus, oder anders gerechnet: Fast ein Drittel aller Mädchen (32 Prozent), die 2015 die Schule verlassen haben, hatte die allgemeine Hochschulreife; bei den Jungen ist es nur knapp über ein Viertel (26 Prozent). Ohne Abschluss verlassen 5 Prozent der Jungen, aber nur 3 Prozent der Mädchen die Schule. Warum diese Differenzen? Sind die Zahlenabstände bereits bedenklich, so sind es die atmosphärischen Unterschiede, die im Alltag noch wesentlich wichtiger sind als das große Finale: Wie erleben Jungen Schule, wie gestaltet sich die Jungenschulzeit, mit welchem Aufwand kommen sie zu einem Abschluss? Welche Gefühle der Eltern begleiten die Schulzeit von Jungen? Was investieren Eltern und welchen Preis zahlen sie dafür? Für viele Mütter und Väter von Jungen sind lange Phasen der Jungenschulzeit anstrengend, beängstigend, eine Quälerei, bei der sich Sorgenfalten in Gesichter schreiben und Hilflosigkeit breitmacht.

Höchste Zeit also, das Thema in den Blick zu nehmen. Denn die Schulzeit ist lang, und der Schulabschluss stellt wichtige Weichen für die weitere Bildung, den Übergang in den Arbeitsmarkt und die Karrierechancen.

Jungen und Mädchen im Blick der Statistik

Nicht nur die Abschlussstatistik, auch zahlreiche weitere Fakten deuten auf erhebliche Schwierigkeiten von Jungen mit der Schule hin, die Anlass zur Sorge geben. Sie beginnen vor der Einschulung, dauern die Schulzeit über an und hören bei manchen Jungen auch nach den Schulabschlüssen nicht auf:

→ Mädchen werden häufiger als Jungen vorzeitig eingeschult; umgekehrt werden Jungen in der Schuleingangsphase öfter zurückgestellt.

→ Beim Übergang von der Grundschule in die Sekundarstufe lassen sich weitere Unterschiede zulasten von Jungen feststellen. Je höher das Schulniveau, desto weniger Jungen sind vertreten: Die Hauptschule besuchen mehr Jungen als Mädchen, das Gymnasium mehr Mädchen als Jungen. So erreichen Jungen durchschnittlich niedrigere Schulabschlüsse.

→ In Jungenaugen ist die Schule oft nicht so wichtig. »Schule ist reine Zeitverschwendung«: Immerhin 85 Prozent der Jungen lehnen diese Aussage völlig ab – aber 94 Prozent der Mädchen.

→ Vielleicht wegen dieser Geringschätzung der Schule strengen sich viele Jungen weniger in der Schule an und setzen weniger Zeit dafür ein; zum Beispiel nehmen sich Jungen im Durchschnitt 3,8 Stunden Zeit für ihre Hausaufgaben – Mädchen jedoch 5,5 Stunden. Auch müssen deutlich mehr Jungen als Mädchen eine Klasse wiederholen (an Schulen, an denen es das noch gibt).

→ Unterschiede finden sich nicht nur in der Schulwahl und bei den -abschlüssen, sondern auch bei den Leistungen. In Deutschland sind die Geschlechterunterschiede bei den schulischen Leistungen im Vergleich zu anderen Ländern relativ hoch, vor allem beim Lesen. Die Lesekompetenz gilt unter Schulforschern als wichtige Schlüsselqualifikation für den weiteren schulischen Erfolg und Chancen am Arbeitsmarkt. Studien belegen, dass Jungen in der Lesekompetenz schlechter abschneiden als Mädchen: In der aktuellen PISA-Studie (15-jährige Schülerinnen und Schüler) aus dem Jahr 2015 wurde bei Mädchen wieder eine deutlich höhere Lesekompetenz gemessen (520 Punkte) als bei Jungen (499 Punkte); mehr Mädchen als Jungen wurden als besonders lesestark getestet, dagegen ist der Anteil leseschwacher Jungen höher als der leseschwacher Mädchen.

→ Schulrelevante psychische Störungen werden bei Jungen ebenfalls öfter diagnostiziert; Lese-Rechtschreib-Schwäche kommt bei Jungen mindestens doppelt so oft vor wie bei Mädchen; auch Verhaltensauffälligkeiten und Aufmerksamkeitsprobleme sind eher bei Jungen anzutreffen.

→ Wegen ihrer Probleme in der Schule müssen Eltern tiefer in die Tasche greifen, denn Jungen benötigen häufiger Nachhilfeunterricht.

→ Im Geschlechtervergleich fällt auf, dass sich Jungen viel weniger in der Schule wohlfühlen als Mädchen. Nach der IGLU-Studie, der Internationalen Grundschul-Lese-Untersuchung (2005), fühlt sich ein Fünftel der Jungen in der Grundschule überhaupt nicht wohl (aber nur 7,7 Prozent der Mädchen). Lediglich ein knappes Drittel (31,8 Prozent) der Jungen stimmt dem Satz »Ich bin gern in der Schule« uneingeschränkt zu; bei den Mädchen sind es deutlich mehr: 45,2 Prozent.

→ Im Unterricht selbst sind Jungen - wiederum im Durchschnitt - weniger aufmerksam. Störungen des Unterrichts gehen mehr von Jungen aus als von Mädchen. Auch bei Extremen wie der totalen Schulverweigerung sind überwiegend Jungen vertreten (hierfür gibt es keine exakte Statistik, geschätzt sind etwa zwei Drittel aller Schulverweigerer männlich).

→ Selbst nach einer erfolgreichen Schulzeit mit Abitur zeigen sich bei nicht wenigen der jungen Männer Unsicherheit, Ratlosigkeit oder gar eine Überforderung, mit der neu gewonnenen persönlichen Freiheit etwas anzufangen. Nachdem ihnen zwölf oder dreizehn Jahre lang vieles vorgesetzt wurde, fragen sie sich nun: Was will ich? Wo will ich hin? Gegen oder nach dem Ende der Schulzeit können sich viele nicht entscheiden.

→ Das zeigt sich auch an der Teilnahme an Freiwilligendiensten, in denen junge Frauen viel stärker vertreten sind als junge Männer (beispielsweise finden sich im Europäischen Freiwilligendienst nur 24 Prozent Männer, beim Freiwilligen Sozialen Jahr 29 Prozent; beim Bundesfreiwilligendienst sind es immerhin 45 Prozent Männer). Die guten Stellen in den Freiwilligendiensten besetzen häufiger Mädchen, weil sie sich rechtzeitig (oft über ein Jahr vor dem Schulabschluss) entscheiden und bewerben.

→ In zulassungsbeschränkten Studiengängen haben Jungen weniger Chancen; als Nebeneffekt entsteht eine neue Geschlechtstypisierung von Fächern mit hohem Frauenanteil bei den Studierenden.

→ Jungen, die nicht studieren, können eine berufliche Ausbildung anschließen; die negativen Folgen geringerer Qualifikation sind jedoch auch hier erkennbar: Im oberen Segment der Berufsausbildung kommen Jungen wegen schlechterer Abschlüsse und Noten weniger unter, also in »Abiturientenberufen« wie beispielsweise kaufmännische Berufe oder jene in der Verwaltung.

→ Ein Bildungsunterschied der Geschlechter findet sich auch bei den Studienabbrechern: Von allen, die im Jahr 2008/09 ein Bachelorstudium aufgenommen haben, liegt die Abbruchquote bei jungen Männern bei fast einem Drittel (32 Prozent), während von den Frauen nicht einmal ein Viertel (24 Prozent) das Studium abbricht; in der Schweiz gibt es ebenfalls mehr Abbrecher unter jungen Männern als unter Frauen, in Österreich ist die Studienabbruchquote der jungen Männer allerdings etwas niedriger als bei Frauen - ein Beleg dafür, dass dieser Zustand nicht etwa genetisch bedingt ist und nicht so bleiben muss.

Verantwortung ja, Panik nein

bwohl Jungen im Geschlechtervergleich der Leistungen schon seit vielen Jahren schlechter abschneiden, hatten sie bisher langfristig die besseren Karrierechancen. Also alles nicht so schlimm? Doch, denn dieser traditionelle Geschlechterbonus schmilzt zusehends. Höhere Bildungsabschlüsse wurden üblicher, allmählich entwickelt sich das Gymnasium zur meistbesuchten Schule. Damit verschärft sich die Problemstellung für Jungen. Auch der Arbeitsmarkt strukturiert sich um, Arbeit in Handwerk und Industrie nimmt weiter ab, stattdessen weitet sich der Dienstleistungssektor aus, für den aber höhere Bildungsabschlüsse vorausgesetzt werden. Unsere Wirtschaft entwickelt sich insgesamt hin zum Dienstleistungsgewerbe, während gleichzeitig die »männliche« Industriearbeit weniger wird.

Dies bedeutet: Männliche Erwerbstätigkeit nimmt ab, während die weibliche steigt; die Arbeitslosenquote von Männern ist laut Angaben der Bundesagentur für Arbeit seit etwa zehn Jahren meistens (in 82 von 120 Monaten) höher als die von Frauen. Wenn diese Trends sich fortsetzen, sinken die Chancen von Jungen auf dem Arbeitsmarkt weiter. Was früher durch geschickte Berufswahl kompensiert wurde, kann bald nicht mehr ausgeglichen werden.

Angesichts dieser Fakten und Daten sind viele Eltern von Jungen zu Recht besorgt und an einer Verbesserung der Lage interessiert. Manche Eltern, Großeltern, Nachbarn oder Medienvertreter allerdings reagieren über, als wäre der Junge bereits abgestürzt - dabei besucht er gerade die zweite Klasse der Grundschule. Mit einer solchen Hysterie können Jungen nicht umgehen, sie verängstigt und verunsichert sie. Außerdem handelt es sich bei den Zahlen lediglich um Trends und Tendenzen. Sie sagen noch nichts zum

Einzelfall. Aber sie fordern Eltern und Jungen dazu auf, aktiv zu werden, damit es am Ende auch klappt. Es ist also gut, Jungen zu unterstützen, damit sie die Schule gut bewältigen, und sich zu fragen, was dabei hilft.

Wichtig und entlastend ist in diesem Zusammenhang auch: Der Charakter des Kindes ist meistens wichtiger als das Geschlecht. Der einzelne Junge mit seiner Individualität, seiner Persönlichkeit und seinem Temperament zählt mehr als negative Geschlechter zuschreibungen. Das Geschlecht ist nur ein Faktor unter vielen.

Negative Vorwegnahmen oder überzogene Ängste wie auch zu hohe Leistungserwartungen führen mit hoher Wahrscheinlichkeit eher dazu, dass Jungen tatsächlich Schwierigkeiten bekommen. Alle Jungen als Bildungsverlierer, leistungsschwach oder als Sorgenkinder zu bezeichnen geht an der Wirklichkeit vorbei. So wird ein Zerrbild geschaffen, das Schwierigkeiten betont und sie potenziell verstärkt. Trotz der Fakten und der statistischen Tendenzen sollten Eltern gelassen bleiben: Nüchtern betrachtet gelingt es vielen Jungen, die Schule gut zu bewältigen und ihren Weg zu machen, auch wenn sie dabei nicht unbedingt brillant sind.

Eine Phrase wird zum Problem

In den Medien und auch in den Fachwissenschaften hat das Interesse an Jungen und ihren Problemen in der Schule in den letzten zwanzig Jahren stark zugenommen. Allerdings geschieht dies oft unter Zuhilfenahme plakativer Zuschreibungen: »In der Schule werden Jungen von den Mädchen abgehängt«, »Jungen werden in der Schule benachteiligt.« Solche populistischen und pauschalen Aussagen heizen die Stimmung an. Das Problem dabei: Das Gerede von den armen, bildungsbenachteiligten Jungen und von der »Jungenkrise« stürzt Jungen geradewegs in sie hinein. Durchschnittlich kompetente und gut entwickelte Jungen geraten zunehmend aus dem Blick. Der Stempel des Bildungsverlierers konstruiert eine Falle der Handlungsunfähigkeit für Eltern und Jungen, die jede Verantwortung bösen Mächten zuschanzt und Jungen zu Verlierern abstempelt.

Was fachlich durchaus sinnvoll war und ist, nämlich den Blick speziell auf Jungen in der Schule zu richten, entwickelte sich durch Übertreibungen zu einem eigenen Problem. Denn die Eltern von Jungen übernehmen solche Glaubenssätze, sie verlieren ihre Sicherheit und Zuversicht und beeinflussen damit ihre Söhne. Allzu besorgte Eltern geben ihrem Jungen nicht das Selbstvertrauen, das er braucht, um die Schule gut zu bewältigen. So kommt eine Negativspirale in Gang: Angst macht die Eltern unsicher und nervös, das überträgt sich auf den Jungen, er bringt deshalb schlechte Leistungen, das macht Eltern noch ängstlicher und nervöser und so weiter. Je mehr das Klischee vom Bildungsverlierer bedient wird, desto stärker wirkt es.

Die Wirkung solcher Vorurteile zu stoppen ist nicht einfach, aber es kann gelingen und Eltern können dazu beitragen:

* **Vermeiden Sie bewusst,** über das Klischee des Bildungsverlierers oder andere negative Vorurteile zur Leistung von Jungen vor Ihren Kindern zu sprechen.
* **Wenn die Spirale** schon in Gang gekommen ist, versuchen Sie bewusst, aus ihr herauszukommen und ihr entgegenzuwirken. Dabei helfen neben dem Rückgriff auf die Statistik (über 150.000 Jungen schaffen jährlich das Abitur!) vor allem Ruhe, Gelassenheit und Vertrauen.
* **Es handelt sich** bei diesen Daten um Mittelwerte, denen kein Junge entspricht. Ihr Sohn kann ganz anders sein. Schauen Sie genau hin: Wie ist die Lage bei ihm?

✳ **Wenn Sie unsicher** sind, fragen Sie Fachkräfte nach deren Einschätzung; dies sind zuerst die Lehrerinnen und Lehrer.

✳ **Statt die Zukunft** zu dramatisieren, nützt es Eltern, im Hier und Jetzt zu bleiben: »Gut, er hat heute eine Fünf in Deutsch bekommen, das ist schlecht – aber er ist gerade weder versetzungsgefährdet, noch fliegt er heute noch aus der Schule.« Im Anschluss daran können Jungen- und Elternärmel hochgekrempelt und die Veränderung in Angriff genommen werden.

✳ **Autosuggestivsätze, die in** schwierigen Zeiten wie Mantras aufgesagt werden, können Eltern vor ihren Untergangsszenarien retten: »Er wird's schon schaffen«; »Hochs und Tiefs gehören nun mal zum Schülerleben«; »Es ist eine Phase, das geht vorüber«; »Am Ende wird es schon gut gehen«; »Die Schule haben schon ganz andere geschafft, dann wird es mein Sohn auch hinbekommen«; »Okay, vielleicht ist er kein Genie und bekommt nicht den Nobelpreis – das muss auch nicht sein, Hauptsache, er wird glücklich.«

Die Darstellung von Jungen als »Schulversager« beeinflusst Jungen sogar direkt. Sie kann dazu beitragen, dass Jungen sich noch mehr von Schule distanzieren und so in ihrer Leistungsfähigkeit beeinträchtigt werden. Durch solche negativen Glaubenssätze werden Geschlechterunterschiede in der Schule zementiert. Bereits im frühen Grundschulalter hat sich bei vielen Jungen die Meinung verfestigt, Jungen seien nun mal schlechtere Schüler und die Erwachsenen sähen das genauso - das Echo von Lehrkräften und Eltern hallt bei Kindern nach. Oberflächlich gesehen scheint das ja auch zu stimmen, wie die PISA-Studien belegen. Eine solch schlechte Meinung bleibt stabil: Werden Jugendliche befragt, dann schreiben sie Jungen im Zusammenhang mit Schule deutlich mehr negative Eigenschaften zu als Mädchen, die überwiegend durch positive schulbezogene Eigenschaften charakterisiert werden.

Überdies verringern Vorurteile die Motivation und die Leistungsfähigkeit von Jungen. Versuche haben gezeigt, dass Jungen dann schlechtere Noten als Mädchen erzielen, wenn sie die Information erhalten, dass Jungen weniger gute Schüler seien. Umgekehrt verbessert sich die Leistung der Jungen, wenn vor dem Test betont wird, Jungen und Mädchen könnten gleichermaßen gute Noten schreiben. Wer an seine Unfähigkeit oder an seine Mittelmäßigkeit glaubt, schneidet sehr wahrscheinlich auch nur mäßig ab. Vorurteile sind sich selbst erfüllende Vorhersagen: Sie sind eine Ursache für schlechtere Leistungen, nicht (nur) das Ergebnis.

Viele Eltern sitzen hier mit ihren Söhnen in derselben Falle. Wenn Eltern glauben und vertreten, dass Jungen in der Schule ja ohnehin schlechter dran seien, verstärkt dies einen Effekt, den es ohne das Vorurteil gar nicht oder nicht so ausgeprägt gäbe.

 »Ich erlebe es oft, dass Mütter auf dieser Schiene sind: Jungen bringen halt Probleme, Jungen haben halt mehr Schwierigkeiten in der Schule, haben mehr Unordnung und so. Diesen Stempel drücken sie den Kindern von Anfang an auf (...). Man hat fast den Eindruck, die Jungen verhalten sich dann so, wie es erwartet wird.«
Lehrerin, Grundschule bis 6. Klasse

Vorurteile wirken bei Jungen vor allem bei Fächern oder Unterrichtsinhalten, die als »weiblich« etikettiert sind, und das sind ja nicht gerade wenige. Es ist offensichtlich: Generalisierte Zuspitzungen helfen weder Jungen noch ihren Eltern, sie schaden sogar und führen in die Irre.

Der Beitrag der Eltern liegt auf der Hand:

- ✳ **Keine Vorurteile bedienen!** Eltern unterstützen Jungen, wenn sie dem Gerede möglichst wenig glauben und kein Gewicht beimessen, es schon gar nicht wiederholen.

- ✳ **Stattdessen hilft es** Jungen, wenn ihre aktiven Seiten, ihre individuellen Stärken konkret bestätigt werden, wenn sie als Gewinner betrachtet werden. Es geht nicht darum, jede Kleinigkeit über den grünen Klee zu loben, aber echte Leistungen zu registrieren und zu honorieren, das ist wichtig: »Wow, da hast du dich heute aber echt durch die Matheaufgaben durchgebissen, Respekt«; »Eine wirklich schöne Geschichte hast du da geschrieben, ich glaube fast, du hast das Zeug zum Schriftsteller«.

Jungen sind keine »schlechteren Mädchen«

In den vergangenen Jahrzehnten ist trotz vieler sinnvoller pädagogischer Reformen die Bedürfnislage von Jungen etwas aus dem Blick geraten. Die Friedenspädagogik hat neben der Gewalt auch das harmlose Raufen vom Schulhof gefegt, Streitschlichter werden eingeschaltet, wenn es Konflikte gibt, praktisches Lernen wie Werken oder Kochen ist aus vielen Schulen ganz verschwunden, Sportunterricht fristet oft nur noch ein Schattendasein. Was Themen und Inhalte des Unterrichts betrifft, gibt es zwar keine belastbare Studie, aber häufig äußern Jungen und ihre Eltern, dass diese eher Mädchen ansprechen und Jungen sich darin weniger wiederfinden. Vielleicht können in diesem Punkt Befunde aus der Medienforschung übertragen werden: Wir haben in einer Studie über die Bedeutung von Fernsehfiguren festgestellt, dass die verantwortlichen Erwachsenen für Jungen eher kommunikativ starke Außenseiter und »Losertypen« präferieren, während die Jungen selbst handlungsorientierte Bewältiger bevorzugen.

Umgekehrt scheint sich vor allem in der Kindergarten- und Grundschulpädagogik das Wunschbild des lernwilligen, motivierten, sozial kompetenten und pflegeleichten Mädchens etabliert zu haben. So entsteht leicht der Eindruck, Jungen passten so, wie sie sind, nicht in die Schule, sie sollten besser so wie Mädchen sein.

»Die Jungen dürfen gar nichts mehr – die sollen sich so wie Mädchen verhalten.«
Psychologische Beraterin an einem Schulamt

»Man kann Jungs nicht mit dem gleichen Maß messen wie Mädchen.«
Mutter, drei Söhne

»Dass Jungs so sind, wie sie sind, wird oft problematisiert, und wie Mädchen sich verhalten, wird als positiv dargestellt.«
Mutter, drei Söhne

Aber auch dieser Befund muss nicht überzogen werden, Lehrkräfte sind keine Jungenhasser. Es weist allerdings einiges darauf hin, dass in der Schule auf die Bedürfnisse vieler Jungen zu wenig eingegangen wird, dass der Kontakt zu ihnen schlechter und das Interesse an ihnen geringer ist. Dass sich Jungen dann eher zurückhaltend für Schule begeistern, liegt auf der Hand. Eine ganze Reihe solcher Themen und Aspekte werden in diesem Buch angesprochen, vieles davon gehört in die Schule und müsste dort erledigt werden, was aber bisher leider selten geschieht.

Es bleibt die Feststellung, dass es bei Jungen »Passungs-
probleme« gibt, während Mädchen wie für diese Art Schule gemacht erscheinen. Umgekehrt tut sich auch die Schule mit Jungen
eher schwer. Jungen, Eltern und Lehrkräfte können daran gemeinsam etwas ändern, damit Jungen wieder stärker den Eindruck bekommen, in der Schule erwünscht zu sein, und zwar so, wie sie
sind. An manchen Stellen muss sich dazu die Schule weiterentwickeln, an anderen können Jungen ihre Potenziale mehr aus-
schöpfen.

Recht populär ist in diesem Zusammenhang die Behauptung,
Jungen würde ihr Männlichsein verboten, sie dürften keine Jungen mehr sein, und dies sei unterm Strich die Ursache der ganzen
Schulmisere für Jungen. Dafür steht der alarmistische Ruf: »Lasst
Jungen wieder Jungen sein.« Würde die Lage dem tatsächlich entsprechen, wären die Unterschiede zwischen Mädchen und Jungen
nicht nur als Tendenzen zu erkennen, sondern in extremen Polari-
täten – was aber nicht der Fall ist.

Den schulischen Umgang mit Jungen als Verbot von Männlichkeit zu deuten ist problematisch. Dadurch werden traditionelle
Bilder von Maskulinität bedient und zementiert, während die schöne Vielfalt des Männlichen, die sich bei Jungen zeigt, eingedampft
wird. Die Perspektive ist dabei rückwärtsgewandt; sie suggeriert,
dass es etwas gäbe, was alle Jungen verbindet – eine Eindimensio-
nalität, eine Gleichheit –, und dass bösartige Mächte es Jungen wil-
lentlich verbieten würden, dieses naturwüchsige Männlichsein zu
leben. Das ist populistischer Unsinn, hinter dem ein traditionelles
Bild von Männlichkeit steht. Überdies verdammt eine solche Sichtweise Eltern und Jungen zur Passivität, denn an der Situation kann
ja nichts verändert werden: »Die Schule« ist falsch und böse, während das gute, im Jungen schlummernde Männliche unterdrückt
wird. Aber Jungen sind in ihrem Männlichsein vielschichtig und
verschieden, manches erleichtert, anderes erschwert ihr Zurecht-

kommen in der Schule. Und Eltern sind maßgeblich daran beteiligt, was sich dabei wie entwickelt.

Damit sollen der wichtige Beitrag und die Verantwortung der Schule selbst nicht heruntergespielt werden. Dort sind in Bezug auf Jungen ebenfalls zahlreiche pädagogische Hausaufgaben zu erledigen. In manchen Schulen beginnt dies derzeit, wenn auch etwas zaghaft. In der Schulpolitik und in der Ausbildung von Lehrkräften spielt es leider noch keine Rolle. Notwendig wäre, den Blick neu und immer wieder auf die realen Jungen zu richten und einfach zu fragen: Wie geht es ihnen in und mit der Schule? Was bringen sie mit? Und wo wollen wir mit ihnen hin? Dasselbe gilt selbstverständlich auch für Mädchen und im Übrigen immer dann, wenn es unterschiedliche soziale Gruppen gibt - also stets.

Der Blick auf Jungen in der Schule zeigt, dass es Impulse und Bedürfnisse von Jungen gibt, die nicht ausreichend berücksichtigt werden, und dass Entwicklungsoptionen von Jungen nicht erfüllt werden. Was also fehlt, ist ein Bildungs- und Entwicklungskonzept, das Bedürfnisse und »männliche« Impulse von Jungen aufnimmt, aber auch zu transformieren versteht; ein Konzept, das ihre Entwicklungswege im Blick hat anstatt einer rückwärtsgerichteten Idealisierung überholter Männlichkeit.

Sozialer Stress durch Rollenbilder

Dass die Situation von Jungen in der Schule immer wieder dramatisiert wird, verweist auf einen unterschwelligen Hintergrund, der bei Zukunftsfragen von Jungen mitschwingt. Ohne diese Aufladung könnte die Tatsache ja einfach auch hingenommen werden, oder es wäre möglich, elegant umzuschwenken auf die Haltung: Ja nun, sind die Jungen eben schlechter als Mädchen, nicht schlimm, die Mädchen machen das schon, die werden die Männer später schon mitversorgen. Schon allein sich diese Haltung vorzustellen weckt offensichtlich Widerstand: Das geht gar nicht! Aber warum?

Bei der Suche nach Erklärungen begeben wir uns in Gebiete der Geschlechterrollen und -mythen; gesellschaftliche Aspekte spielen dabei eine große Rolle. Im Wandel bleibt viel stabil: Niemand behauptet heute noch, dass Mädchen keinen Beruf bräuchten, weil sie Mutter würden. Dennoch sind Mädchenbiografien auf eine doppelte Option hin ausgerichtet, die das Muttersein mit einschließt. Das Motto lautet heute: »Ja, du brauchst als Frau einen Beruf, aber einen, in dem du auch in Teilzeit arbeiten kannst.« Und unverändert fest zementiert ist auf der Jungen- und Männerseite der Satz: »Ein Mann braucht einen Beruf, damit er eine Familie ernähren kann.« Real stimmt dies zwar für immer weniger Familien, weil ein einziges Gehalt meistens nicht genügt. Aber das männliche Programm ist fest eingebrannt und abrufbar; ich habe das in Seminaren mit hunderten von Männern und Frauen getestet, auch bei Studierenden: Es funktioniert immer.

Viele Mädchen und Frauen verfolgen ein Drei-Phasen-Modell in ihrem Leben: Beruf – Mutter – Beruf. Jungen und Männer hingegen sehen nur die Option »Beruf«. Deshalb ist der Beruf für Jungen in besonderer Weise bedeutsam, diese Aufladung kann unbewusst als sozialer Druck erlebt werden und zu Stress führen.

Haupternährer einer Familie sein zu müssen, überhöht die Bedeutung des Berufs fürs Männlichsein. Hinzu kommen weitere Erwartungen, die mit Männlichkeitsbildern verknüpft sind, etwa Frau und Kinder zu beschützen, für Sicherheit sorgen zu können oder auch sexuell kompetent zu sein. Das ist bekanntes, traditionelles Terrain. Aber zusätzlich kommen durch den gravierenden gesellschaftlichen Wandel heute veränderte berufliche Bedingungen hinzu. Die Beschleunigung in der Wirtschaft, die Globalisierung, gestiegener weltweiter Konkurrenzdruck und Finanzkrisen führten und führen weiter zu massiven Verunsicherungen. Uns sitzen Ängste im Nacken, nämlich den Anschluss zu verlieren oder abgehängt zu werden. Dies erhöht den ohnehin schon starken Druck auf Jungen, die Angst macht ihnen unterbewusst zusätzlichen Stress.

Unter den heutigen Bedingungen der Globalisierung haben Eltern nicht mehr die Vision, »mein Kind soll es einmal besser haben«; zu unsicher sind die Aussichten, sodass Eltern zunehmend Zukunftsängste plagen: Die Kinder sollen bloß nicht abstürzen, den Anschluss nicht verlieren, nicht sozial absteigen. Sicher sind diese Befürchtungen nicht unbegründet, sie entwickeln aber eine Eigendynamik und führen zu Druck und Stress. Darauf reagieren Mädchen und Jungen in der Tendenz unterschiedlich: Mädchen passen und strengen sich noch mehr an; viele Jungen bemühen sich ebenfalls, sind aber gleichzeitig mit der Botschaft konfrontiert, sie könnten es ja eh nicht schaffen; andere Jungen verweigern sich, steigen aus oder rebellieren, werden damit erst recht zum Problem und schüren die Ängste der Eltern noch weiter. So erhöhen Stress und Unsicherheiten letztlich die Wahrscheinlichkeit, dass Jungen tatsächlich nicht mehr mitkommen.

Auch hier zeigt sich eine Nuance des Geschlechterunterschieds, ein Grund dafür, warum sich manche Jungen in der Schule schwerer tun: Droht der soziale Abstieg, wirkt sich dies unbewusst stärker auf Jungen aus, weil die Erwartungen an sie größer sind. Der berufliche und damit auch der soziale Abstieg von Männern ist bedrohlicher und weniger hinnehmbar, weil davon auch die Frauen und Familien mitbetroffen sind, sobald die Jungen als Männer selbst Familie haben und die Mädchen Mütter sein werden.

Gerade sozialer Stress führt zum Versagen! Ein Versuch des Mannheimer Zentralinstituts für seelische Gesundheit hat dies nachgewiesen: Probanden sollten im Kernspintomographen Rechenaufgaben lösen, die schwieriger waren, als es auf den ersten Blick aussah. Während die Versuchspersonen sich mit den Aufgaben abmühten, kam eine Autoritätsperson im weißen Kittel hinzu und machte ihnen Druck: Sie sollten sich mehr anstrengen, schließlich koste die Untersuchung viel Geld. Viele versagten deshalb sogleich. Sozialer Stress, so das Ergebnis der Studie, ist besonders schlimm. Ihm dauerhaft ausgesetzt zu sein macht krank.

Mit dem Männlichen der Jungen positiv umgehen

Ihre Maskulinität gehört für Jungen mit zum Leben, sie erweitern sie jeden Tag, und ob sie wollen oder nicht, reagiert die Welt auf ihr Männlichsein. Aufgabe von Schule und Eltern ist es, damit adäquat umzugehen. Das meint nicht nur die typischen Verhaltensweisen von Jungen, zum Beispiel wild, laut oder dominant zu sein. Gerade Jungen, die sich eher untypisch verhalten, brauchen von den Eltern immer wieder die Bestätigung, dass dies richtig und männlich ist: Das Männliche ist vielfältig und soll auch vielfältig sein. Eine männliche Monokultur kann nicht das Ziel sein. Grundsätzlich gilt aber, dass Jungen mit modernen, eher egalitären Geschlechterbildern in der Schule erfolgreicher sind und es dort leichter haben; Eltern leisten mit einer offenen Haltung, mit ihrem Vorbild und manchmal mit Korrekturimpulsen einen Beitrag dazu.

Das Männliche des Jungen erhält also von den Eltern Resonanz. Für seine männlichen Impulse und Bedürfnisse braucht er verständige Eltern; die Wünsche nach Klarheit, Bewegung, Handeln, Status, Konfrontation oder Aufgaben können Eltern aufgreifen und ihrem Sohn dabei helfen, etwas damit anzufangen und sein Männliches sozialverträglich auszuagieren. Zudem geht es aber auch darum, sein Männliches zu erweitern und weiterzuentwickeln. Dafür bekommen Jungen von ihren Eltern Anregungen, Orientierung und bisweilen Begrenzung.

Das Männliche im Blick zu behalten ist durchaus angebracht, wenn es um Noten und Leistung geht, denn es ist nachgewiesen, dass traditionelle Geschlechterrollen bei Jungen mit schlechteren Noten einhergehen. Eltern können bei männlichkeitsfanatischen Auswüchsen, mit denen Söhne gelegentlich experimentieren, also durchaus eingreifen und Stellung beziehen. Solches, nur in Anführungszeichen »männliche« Verhalten äußert sich zum Beispiel in der Ablehnung schulischer Erwartungen oder in störendem Verhalten im Unterricht, was in der Schule verständlicherweise nicht gern gesehen wird.

Das Männliche des Jungen zu akzeptieren bedeutet aber nicht, alle Defizite oder schwieriges Verhalten damit zu rechtfertigen. Erkennbare Schwächen brauchen nicht hingenommen und mit dem Hinweis auf die Männlichkeit des Jungen bestätigt zu werden. Vielmehr geht es darum, aktiv damit umzugehen und nächste Schritte aufzuzeigen: »Gut, er ist kampflustig – wie kann er lernen, dies nur im Aikido auszuagieren?«; »Offenbar ist er zurzeit chaotisch, also kann ich ihm vielleicht mehr Struktur anbieten!«

Gerade dann, wenn die männlichen Aspekte ihres Sohnes sich als schwierig erweisen, sind Eltern aufgefordert, Jungen in ihrer Entwicklung zu fördern und zu unterstützen. Das funktioniert am ehesten noch in der Grundschule und nach dem Schulwechsel. Werden Jungen aber älter, wollen sie sich zu Recht nicht mehr in ihre Angelegenheiten hineinreden lassen. Bis dahin sollten sie so viel gelernt haben, dass sie ihre Aufgaben tatsächlich selbst erledigen können. Ihre schlechten Angewohnheiten nur mit ihrem Geschlecht zu entschuldigen hilft dabei weder den Jungen noch den Eltern.

Auf ihrer Suche nach einem Weg, sich in der Schule zurechtzufinden und zu positionieren, entscheidet sich ein Teil der Jungen dafür, mit möglichst wenig Aufwand durchzukommen. Sie folgen der Redewendung »Ein gutes Pferd springt nur so hoch, wie es gerade muss« (ein Leitspruch, den mir auch mein Sohn als Erklärung für seine Grundhaltung mitgeteilt hat). Dies hängt, neben einem gesunden ökonomischen Verständnis, auch zusammen mit dem schlechten Image von Schule unter Jungen und mit dem Konflikt, zwischen Peergroup und Erwachsenenwelt hin- und hergerissen zu sein. Dazu kommt oft eine falsche männliche Gewissheit: nämlich trotz schlechter Schulleistungen später dennoch einen ganz guten Status zu erlangen. Für Eltern und Lehrkräfte ist es häufig nur schwer auszuhalten, mit anzusehen, dass diese Jungen damit weit unter ihren Möglichkeiten bleiben.

 »Der hat jetzt auch nicht nur super Noten – aber er macht wirklich extrem wenig.«
Mutter, drei Söhne

 »Meine Jungs sind Minimalisten oder ökonomische Lerner (lacht). Die machen nur das absolut Notwendige. Und ein Vierer reicht doch, dann wird er versetzt – es ist einfach so.«
Mutter, zwei Söhne

Schule ist nicht alles im Leben!

esellschaftliche Stimmungen finden ihren Niederschlag in der Haltung der Eltern zum Schulerfolg ihrer Kinder. Mit der Angst des Absturzes im Nacken steigen die Leistungserwartungen. Keine Spur mehr von entspannter Kindheit und genussvoller Jugend, denn der Lebenserfolg entscheidet sich jeden Tag. Durch die frühe Selektion der Schüler, meistens bereits in der vierten, spätestens nach der sechsten Klasse, scheint die Zukunft am seidenen Faden eines Zeugnisses, einer Klassenarbeit zu hängen. Diffuse Ängste und Erwartungsdruck gehen Hand in Hand, nicht erfüllte Erwartungen lösen erneut Ängste aus.

 »Eigentlich ist es nicht so hilfreich, wenn die Eltern die ganze Zeit Druck machen. Da hat man einfach nur noch mehr Stress und kapiert es nicht.«
Jan (14), 8. Klasse, Gymnasium

Das ist natürlich nicht immer und überall der Fall, aber als Tendenz besonders in solchen Schulen deutlich spürbar, die sich in Wohnlagen der gebildeten Mittelschicht befinden. Jungen sind wie schon erwähnt häufig nicht so »schulaffin«, aus vielen Gründen stehen sie der Schule distanziert gegenüber, gleichzeitig ist der Erwartungsdruck an sie als spätere Männer höher – eine brisante und störungsanfällige Situation.

Es ist gut und entspannend, sich bewusst davon zu entlasten. Karrieredruck schon in der Grundschule? Das muss nicht sein. Leistungsdruck fördert eine negative Haltung der Jungen zum Lernen oder eine Abneigung gegen einzelne Fächer. Permanente Kontrolle, Manipulation durch Belohnungen oder der ständige Einsatz von Sanktionen führen dazu, dass sie nicht aus Interesse oder um der Sache willen lernen, sondern um eine Erfolgsprämie zu bekommen oder eine Strafe zu vermeiden. Beides ist schlecht für die eigene Motivation.

Nicht immer kommt der Leistungsdruck direkt von den Eltern, manchmal spielen Geschwister, der Charakter des Jungen oder andere Einflüsse eine Rolle. Jeder Druck weckt Ängste, die oft gar nicht erkennbar sind, aber dennoch wirken.

 Lion ist in der fünften Klasse. Er hat in der Grundschule eine Klasse übersprungen und ist jetzt immer noch ganz gut, muss sich aber etwas mehr anstrengen. Seine Eltern sind entspannt und zuversichtlich, aber er setzt sich selbst stark unter Druck. In der Grundschule war er der Überflieger und musste nichts tun, um erfolgreich zu sein - jetzt aber muss er sich beim Lernen anstrengen. Sein Vater bringt ihn jeden Abend ins Bett, und fast immer spricht Lion dann über seine Ängste: Vielleicht schafft er die Schule nicht, die anderen sind besser als er, er könnte sich vor den anderen blamieren. Das wiederum macht seinen Vater ganz nervös, er hat den Eindruck, Lion redet sich seine Angst selbst ein, und kann das kaum aushalten.

Im gemeinsamen Gespräch finden Lion und ich heraus, dass bei Lion die Schattenseite seines inneren Drucks besonders abends auftaucht und dann auch bearbeitet werden will. Über seine Angst zu reden hilft ihm, mit ihr umzugehen und sie zu bannen. Auch sein Vater kann ihn unterstützen, indem er Lions Ängste annimmt: Künftig erklärt er ihm, dass Angst etwas Positives ist, damit Menschen nicht unvorsichtig werden und sich Aufgaben mit Respekt nähern. Wenn Lion um die Angst zu kreisen beginnt, hilft sein Vater ihm, sich auf die Tatsachen zu fokussieren, statt im Diffusen zu stochern. Er sagt zum

Beispiel: »Jetzt erzähl mal: Wie hast du es geschafft, mit der Angst umzugehen?« Oder: »Hast du heute was von der Angst gemerkt oder ist einfach alles auch so gut gegangen?«

Gute Schulnoten und -abschlüsse haben fürs spätere Mannsein durchaus eine Bedeutung, sie sind aber nicht der einzige Faktor für ein erfolgreiches Leben. Langfristig betrachtet - denken Sie nur an Ihre eigenen Zeugnisse und Schulabschlüsse - zählen sie oft eher wenig. So gesehen ist schulisches Lernen sicher von Belang, aber auch nicht alles. Schulischer Erfolg, der sich durch gute Zensuren auszeichnet, ist durchaus ein Faktor, aber nur einer von vielen und weder ein Garant für ein glückliches Männerleben noch für den späteren beruflichen Ein- oder Aufstieg.

Was Erfolg in diesem Zusammenhang bedeutet, kann von Junge zu Junge variieren: von »gerade noch so durchkommen« über »im Mittelmaß bleiben« bis hin zu »Höchstleistungen erzielen«. Das darf auch so sein. Eltern können und sollen ihre Meinung dazu sagen, wenn sie es für nötig erachten, aber letztlich zählt das, was der Junge will und kann.

Vor einiger Zeit habe ich einen Vater beraten, als er sehr unter dem »Karriereknick« seines Sohnes litt. Dieser wurde wegen seines Verhaltens in der sechsten Klasse von einer Privatschule verwiesen und kein öffentliches Gymnasium wollte ihn aufnehmen: zu impulsiv, zu wenig angepasst und leistungsorientiert, zu anstrengend sei der Junge.

Im Verlauf der Beratung stellte sich heraus, dass die Eltern, die beide beruflich erfolgreich sind, den Jungen unter einen erheblichen Erwartungsdruck gesetzt hatten. Allerdings hatte aber der Vater eine ganz ähnliche »Karriere« hinter sich, er war ein unangepasster Schüler mit schlechten Noten gewesen, ein typischer Spätzünder, der in und unter der Schule gelitten hatte - und dies seinem Sohn gern ersparen wollte, weshalb er den Druck erhöhte.

Diese Erinnerung brachte die Wende: Der Vater begann, den Jungen genau so, wie er war, als Geschenk zu sehen, um ihn so sein zu lassen, wie er war, nämlich (noch) nicht so leistungsorientiert. Er fing an, ihm zu helfen, seine Impulsivität besser zu beherrschen, um ihm erst einmal eine entspanntere Zeit auf einer ganz normalen Realschule zu ermöglichen.

Wirklich fit für die Zukunft machen Jungen Fähigkeiten und Kompetenzen, die sie teils in der Schule, teils aber auch anderswo erwerben. Schulabschlüsse sind ein Element unter mehreren, die mehr oder weniger entscheidend sind. Viele Jungen begeben sich in und nach der Schule auf Wege, die sie nicht geradlinig, sondern über Umwege, aber irgendwann dennoch zu ihren Berufs- oder Lebenszielen führen. Der Bildungserfolg und das spätere Einkommen hängen beispielsweise eng mit dem zusammen, was die Eltern erreicht haben. Damit haben Jungen sehr unterschiedliche Startpositionen - wirklich skandalös dabei ist, dass unsere Schule das nicht auffangen kann, obwohl die Tatsache seit längerem bekannt ist.

Wer Kinder hierzulande fragt: »Was willst du mal werden?«, erhält meistens eine Berufsbezeichnung zur Antwort. Kann das das Wesentliche, das Ziel des Lebens sein? Sicher, ein guter Beruf ist sinnvoll und für Jungen ist, wie wir schon gesehen haben, ein wesentliches Element des Selbstbildnisses der Mann als Familienernährer. Aber soll sich darauf das ganze Leben, Entwickeln und Werden ausrichten? Eine andere Idee, die auch die Schulfrage relativiert, wäre zum Beispiel: Ein Junge soll später vor allem glücklich werden. Und glücklich wird er, wenn er geliebt wird, seine Potenziale entfalten und einen Platz in der Welt finden kann. Sein Beruf ist dann eher zweitrangig.

Erlauben wir es uns also, erst einmal grundsätzlicher zu fragen:

→ Wohin soll es wirklich gehen?
→ Was bedeutet schulischer Erfolg für Sie als Eltern?
→ Was bedeutet Erfolg in der Schule für Ihren Sohn?

Kinder spüren, was Eltern sich vorstellen, und haben damit zu kämpfen, wenn sie sich anders entwickeln. Sicher sehen es Eltern gern, wenn ihre Kinder talentiert sind und gute Leistungen bringen. Aber eigentlich wollen die meisten doch vor allem eines: ihr Glück. Das relativiert die Bedeutung der Schule und lässt es zu, ungesunden Druck herauszunehmen. Es ist auch ohne Abitur und Studium möglich, ein glücklicher Mann zu werden: ein kompetenter, selbstbewusster Handwerker zum Beispiel.

Sich anzustrengen, auf Genuss und Freizeit zu verzichten gehört mit zum schulischen Lernen. Wo dies aber zum Dauerzustand oder gar zur Qual wird, muss die Frage gestattet sein, ob das wirklich sinnvoll ist. Zu große Leistungsorientierung fördert nur Individualismus, Egoismus und Ellbogenkonkurrenz; damit sind viele Jungen aufgrund ihrer Statusinteressen ohnehin gut versorgt. Was auf der Strecke bleibt, sind Menschlichkeit, Werte wie Solidarität und Gemeinschaft. Vielleicht zeigen sich solche Haltungsschäden sogar gesellschaftlich - Egozentrik und Hasskommentare in sozialen Medien weisen darauf hin. Gibt es also einen Zusammenhang zwischen Leistungsdenken und mangelnder Solidarität? Denkbar wäre es.

Manche Jungen quälen sich durch die Schule, nur um die Träume ihrer Eltern zu erfüllen. Sie blühen schlagartig auf, wenn sie diese Lebensphase hinter sich haben und endlich eine Lehre machen dürfen.

»Ich bin schon gern in die Schule gegangen, aber eigentlich nur wegen meiner Freunde. Schule selber war eigentlich nichts für mich, zu viel sitzen, zu viel Kopf, ich habe mich durchgequält. Bis zum Fachabi habe ich es gebracht, aber um welchen Preis? Alle haben gelitten, ich, meine Geschwister, meine Lehrer, meine Eltern. Jetzt mache ich eine Lehre, ich werde Zimmermann. Und das erste Mal in meiner bisherigen Lernlaufbahn fühle ich mich dort richtig wohl.«
Frieder (19)

Viele Jungen, die in der Schule gut zurechtkommen, lehnen dennoch die Leistungsorientierung und -fixierung ab. Sie bestehen darauf, dass das Leben aus mehr besteht als dem Anhäufen von Wissen. Das ist auch gut so. Mit den gesellschaftlichen Männlichkeitsbildern im Hintergrund, denen ja auch Mut und Selbstbewusstsein zugeschrieben werden, trauen sich diese Jungen oft mehr als Mädchen, ihre Haltung zu vertreten und Konsequenzen einzufordern. Damit liegen sie richtig und sollten als wichtige gesellschaftliche Sensoren ernst genommen werden. Damit Jungen sich bilden, reifen und entwickeln, ist die Schule notwendig, aber auch noch viel mehr als die Schule.

Teil II

Was Eltern zum Schulerfolg von Jungen beitragen können

Eltern bauen das Fundament

Einige Jungen benötigen besondere – auch geschlechtsbezogene – Unterstützung in der Schule. Allerdings sind die Formen und Wege dieser Unterstützung bislang nicht erforscht und insgesamt nur wenig erprobt. Das liegt zum einen am komplizierten und komplexen Gegenstand, zum anderen daran, dass es zwar seit längerem bekannt ist, dass Jungen Probleme mit der Schule haben, es aber wenig Geld und politisches Interesse dafür gibt, an Lösungen zu arbeiten. Ein weiterer Grund ist, dass der Beitrag von Eltern bisher nicht systematisch ermittelt und gewürdigt wurde. In diesem Teil des Buches soll deshalb die Unterstützung und Mitwirkung der Eltern aufgeschlüsselt und damit auch ihr Handeln bestärkt werden, das Jungen hilft, die Schule gut zu bewältigen.

Eltern begründen das Fundament, auf dem Jungen aufbauen, sie können in den Bereichen, für die sie zuständig sind, sehr wirksam sein und wirklich viel dazu beitragen, damit ihre Söhne gut durch die Schule kommen. Sie sind es, die gute Bedingungen für die Entwicklung des Jungen schaffen, damit er sich in der Schule organisieren kann; sie formen den Rahmen und die Begleitumstände, in denen er sich während seiner Schulzeit befindet. Sicher ist der Beitrag der Eltern in unterschiedlichen Schulphasen und auch von Junge zu Junge verschieden, aber auf jeden Fall ist er gewichtig. Richtig erkennbar wird die Leistung der Eltern oft erst da, wo sie fehlt. Eltern unterschätzen sich deshalb häufig und denken, sie seien nicht so wichtig – das Gegenteil ist der Fall!

Was Eltern tun, um ihren Sohn für die Schule fit zu machen, beginnt nicht am ersten Schultag, sondern schon lange davor, zum Beispiel wenn sie ihm vorlesen oder mit ihm sprechen. Auch die Fähigkeit zur Selbstkontrolle und -regulation wird schon früh vermittelt und bestärkt – wichtige Kompetenzen, um nicht nur die Schule gut zu bewältigen. Das sollte zwar nicht funktional getan werden (»jetzt vorlesen, damit er später gut in der Schule wird«), und natürlich wäre es überzogen, die Familie, die Beziehung zum Jungen und die Erziehung vor allem auf die Schule auszurichten. Aber dennoch ist es hilfreich, sich klarzumachen, was Eltern ihren Jungen mitgeben können und was konstruktive Grundlagen schafft.

Wie ein Junge sich in die Schule einfügt und sich dort verhält, hängt wirklich maßgeblich von den Eltern ab. Viele ihrer schulförderlichen Stärken, aber auch manche Schulprobleme bringen Jungen direkt von zu Hause mit. Eltern erleichtern es ihren Söhnen, die Schule mit ihren Anforderungen und Potenzialen zu akzeptieren, Lehrerinnen und Lehrer zu respektieren und in der Gruppe der Schüler einen Platz zu finden, wenn sie selbst eine tolerante und konstruktive Haltung zeigen. Jungen, die dies erleben, bringen eher die Bereitschaft mit, sich anzustrengen sowie die Ziele und Lernformen der Schule zu akzeptieren.

»Ich kann nicht nur immer auf die Lehrer prügeln, ich muss schon auch mit gutem Beispiel vorangehen.«
Mutter, drei Söhne

Gratwanderung elterliche Präsenz

Wie die Jungen sind auch ihre Eltern völlig verschieden. Sie verfügen über Stärken, Kompetenzen, aber auch über Schwächen (ja, wirklich: alle Eltern!) und können Jungen deshalb mal mehr und mal weniger gut unterstützen. Das ist auch richtig so. Perfekte, fehlerfreie Eltern gibt und braucht es nicht. Darum ist es gut, dass es so viele unterschiedliche Unterstützungsformen für Jungen gibt. Gleichzeitig existieren auch Grenzen in dem, was für Jungen hilfreich ist. Bewährt hat sich ein Weg, der zwischen den Eckpunkten Gleichgültigkeit und Dauerleistungsdruck und -kontrolle verläuft, eine engagierte Gelassenheit, die darauf vertraut, dass am Ende alles gut werden wird.

»Wir machen zu viel. Viel zu viel! Abends um neun, nach Mittagsschule, Judotraining und Abendessen, auf dem Sofa noch Vokabeln abhören oder Bio wiederholen – das ist zu viel, da tut er mir so leid.«
Mutter, ein Sohn, eine Tochter

Allerdings ist es wirklich nicht leicht, dabei das richtige Maß zu finden und den eigenen Einsatz passend zu dosieren. Denn es darf ja nicht zu wenig sein, sodass der Sohn nicht erhält, was er braucht, und man selbst erledigt den Job als Mutter oder Vater nicht gut genug. Aber es soll auf keinen Fall zu viel werden, sonst geht es in Richtung Überbehütung und Gängelei, und der Vorwurf liegt in der Luft, sich als Helikoptereltern zu erweisen.

✳ Eine der durchgängigen Aufgabenstellungen für Eltern während der ganzen Schulzeit des Jungen lautet, immer wieder neu herauszufinden, was gerade jetzt in der jeweiligen Situation passt, was gerade jetzt für diesen Jungen und seine Eltern das jeweils Angemessene ist.

Diese Balance zu finden gelingt Eltern oft, wie auch die große Zahl der Jungen zeigt, die in der Schule gut zurechtkommen. Es kann aber auch schiefgehen, da es viele Stolperfallen für Eltern gibt. Doch solche Karambolagen sind wichtige Entwicklungsanlässe und können deshalb für alle, für Eltern wie für Jungen, förderlich sein, wenn sie wahr- und ernstgenommen werden.

Grenzen können Chancen sein

In den meisten Fällen sind die Eltern die erste Wahl in der Unterstützung ihrer Söhne. »In den meisten Fällen« meint: wenn es für Eltern in ihren persönlich-fachlichen und zeitlichen Möglichkeiten machbar ist. Auch Eltern können nicht alles, und es kommt einfach vor, dass Mütter oder Väter für einzelne Aufgaben in der Schulbegleitung nicht geschaffen sind. Denn wer gereizt oder selbst überfordert neben einem Jungen sitzt, der seine Matheaufgaben nicht hinbekommt, ist keine echte Hilfe.

Wie bei allen Mängeln empfiehlt sich der offene, verantwortliche Umgang damit. Eltern sollten die Verantwortung für sich und ihre Grenzen annehmen. Sie können dies offen ansprechen und dann die Schule insgesamt mehr dem Jungen selbst überlassen - dann sollten sie aber auch Fehlleistungen und eventuelles Versagen dem Sohn nicht ankreiden.

Und manchmal ist es besser, für einen geeigneten Ersatz zu sorgen. Das kann die Partnerin oder der Partner sein, eine verwandte

Person, die Großeltern, vielleicht auch andere Eltern, denen dafür eine Gegenleistung angeboten wird, eine ältere Schülerin oder ein älterer Schüler oder eine professionelle Nachhilfe.

Was aber, wenn die ausreichende Begleitung des Jungen zeitlich nicht drin ist? Dass beide Eltern berufstätig sind, ist heute nahezu selbstverständlich. Gleichzeitig werden Angebote der Kinderbetreuung und der Ganztagesschule immer weiter ausgebaut. Damit stellt sich die Frage der Unterstützung, Kontrolle oder Präsenz neu und anders. Da nicht alle Eltern es in ihrer Kindheit erlebt haben, dass beide Elternteile berufstätig sind, fühlt es sich für sie ungewohnt an. Deshalb muss sich in den modernen Familienformen oft erst eine gute Form der angemessenen Betreuung einspielen, vor allem dann, wenn die Großeltern der Kinder nicht greifbar sind.

Dass Berufstätigkeit und Elterndasein mitunter schwierig unter einen Hut zu bekommen sind, wird immer dann offensichtlich, wenn das Kind krank wird. Doch den meisten Eltern ist bewusst, dass ihr Sohn ihre Hilfe auch über die Zeiten der Krankheit hinaus im Alltag bräuchte, um die Schule zu bewältigen. Väter stecken dies oftmals leichter weg. Mütter bekommen – wieso eigentlich? – eher Schuldgefühle. Auch daran lässt sich belegen, dass die Geschlechterrollen sich noch nicht vollständig gewandelt haben und dass die Frauenemanzipation noch nicht so ganz umgesetzt ist, denn es bedeutet, dass die Rolle des Vaters bei der Kinderbetreuung und -unterstützung noch nicht abschließend gefestigt ist.

Meistens haben Kinder damit kein Problem, dass beide Eltern arbeiten, und viele kennen es mittlerweile gar nicht anders. Natürlich ist es angenehmer und bequemer, wenn jemand zu Hause ist, der das Essen auf den Tisch stellt und bei den Hausaufgaben hilft. Aber das ist nun mal nicht für jede Familie umzusetzen. Und es ist auch kein grundsätzliches Problem, denn für Kinder ist vor allem wichtig, dass auf die Eltern Verlass ist. Sie fühlen sich aufgehoben, wenn sie wissen, dass die Unterstützung zuverlässig kommt, und wenn es auch erst nach dem Abendessen ist. Kinder ahnen oder wissen, dass die Berufstätigkeit beider Eltern fürs Familieneinkommen wichtig ist, nicht zuletzt für ihre Konsumwünsche. Und Eltern, die mit ihrer Lebens- und Arbeitssituation weitgehend zufrieden sind, sind auch für die Stimmung in der Familie und fürs Wohl der Kinder nützlich.

Allerdings sind die Betreuungsbedürfnisse jüngerer Kinder größer, da sie sich noch nicht so gut selbst organisieren können und auf die elterliche Unterstützung angewiesen sind.

 »Zum Beispiel dienstags, da kriege ich richtig viele Hausaufgaben, und niemand ist bis um vier Uhr da. Und das finde ich dann irgendwie komisch, doof.«
Luka (10), 5. Klasse, Gymnasium

Größere Jungen sind selbstständiger, haben mehr Erfahrung und Routine. Sie begrüßen es ausdrücklich, nicht ständig an die Schule erinnert zu werden: »Super, beide arbeiten, wir haben sturmfreie Bude!« Gerade wegen dieser Reaktion lassen jedoch viele Eltern ihre pubertierenden Söhne nur ungern allein zu Hause - während das bei Töchtern seltener ein Problem ist. Die Neigung, Blödsinn anzustellen oder genau das nicht zu tun, was nötig wäre, scheint im Durchschnitt bei Jungen stärker zu sein. Zumindest eine gelegentliche Kontrolle braucht es deshalb oftmals immer noch, auch wenn die Jugendlichen es »eigentlich« doch schon längst selbst könnten.

Was aber, wenn erkennbar wird, dass mehr Begleitung und Unterstützung nötig wäre? Abwiegeln und unter den Teppich kehren ist meistens eine genauso schlechte Lösung wie die Aufgabe des Jobs des einen oder anderen Elternteils. Bedürfnisse sind unterschiedlich gelagert, sie widersprechen sich gerne. Nicht alles kann perfekt geregelt, nicht jedes Bedürfnis erfüllt werden - das sollte aber offen verhandelt werden.

Was also tun, wenn der Junge mehr Betreuung benötigt, als durch die Berufsarbeit drin ist?

* Sprechen Sie es an, überlegen Sie mit dem Jungen gemeinsam: Was braucht er, um die Schule gut zu schaffen und um sich gut unterstützt und geborgen zu fühlen? Wie und wann bekommt er es?

* In Familien mit zwei Elternteilen kann es hilfreich sein, über den vermuteten oder offensichtlichen Betreuungsbedarf zu reden, sich abzusprechen oder abzugleichen und dabei die Verantwortung gerecht zu teilen.

* Überlegen Sie: Lassen sich die Arbeitszeiten anders organisieren?

* Ist es vielleicht möglich, mit Arbeitgebern über einen Home-Office-Tag (oder -Halbtag) zu verhandeln?

* Außerhäusliche Betreuungsangebote wie beispielsweise ein Hort können gute Lösungen sein. Informieren Sie sich, ob einer in Ihrer Nähe ist, und sprechen Sie mit Ihrem Sohn darüber.

* Wenn beide Eltern viel arbeiten, gibt es vielleicht genügend finanzielle Mittel, um eine professionelle Betreuung zu engagieren – auch wenn dafür andere Konsumwünsche reduziert werden müssen: Eine qualifizierte »Nanny« oder ein qualifizierter »Noun« könnte dann eine Lösung sein.

* Betreuung kann auch semiprofessionell organisiert werden: Jugendliche aus der Nachbarschaft, ältere Schülerinnen oder Schüler und Studierende freuen sich oft über einen kleinen Job.

* Gleichermaßen ist es wichtig, das Elternwohl nicht aus dem Blick zu verlieren! Manche Eltern opfern ihre Erholungsbedürfnisse und ihre Beziehung der tollen Rundumbetreuung ihrer Kinder: Der Vater arbeitet abends und nachts, die Mutter am Wochenende – das kann Eltern, ihre Beziehung und das Familienleben auf Dauer zu stark belasten.

»Wenn man echt ganz abwesend ist, muss man halt so viel Geld ausgeben, dass man eine unglaublich tolle Nanny hat, die dann das macht. (...) Wir haben eine Familie (in unserer Schule), die schwimmt im Geld, die könnte sich die teuerste, beste Nanny leisten, die es überhaupt gibt - und sie haben eine total unmotivierte, völlig aufgelöste Frau, die dem Jungen nicht hilft.«
Rektorin, Grundschule

Für Jungen da sein – aber wie?

Die Schule beschäftigt Jungen über viele Jahre tagein und tagaus. Für Eltern bedeutet dies, immer wieder zu erkennen, wo und wie sie für dieses Schülerleben so zur Verfügung stehen sollten, dass die Wünsche der Kinder anerkannt und soweit möglich auch erfüllt werden. Wichtig ist dabei das Zusammenspiel von Eltern und Junge. Leider gibt es keine Rezepte oder Patentregeln dafür, in welcher Form, wie stark oder zu welchem Zeitpunkt sich Eltern in die Schulangelegenheiten des Jungen aktiv einmischen sollten oder müssen. Die Bedürfnisse und die Fähigkeiten von Eltern und Söhnen lassen sich nicht standardisieren; sie gemeinsam herauszufinden und zu beantworten ist eine wichtige Aufgabe von Eltern. Eltern sind also gefordert und in der Regel auch fähig, feinfühlig auf die Signale des Jungen zu achten und diese zu respektieren - sowohl auf: »Das kann oder will ich jetzt alleine machen«, als auch auf: »Hier brauche ich dich oder euch, bitte unterstützt mich.«

Natürlich bringen auch Eltern ihre Bedürfnisse wie auch ihre Sichtweise mit ein. Sie erkennen, wo der Junge unerfüllte Potenziale hat. Manchmal braucht er einen kleinen Schubs, um den nächsten Entwicklungsschritt zu bewältigen, wie zum Beispiel den Schulweg ohne Eltern zu gehen oder die Hausaufgaben allein zu erledigen. Hier die richtige Balance zu finden ist nicht immer einfach. Besonders in Entwicklungsübergängen geht dies nicht ohne Fehler über die Bühne. Das ist kein Beinbruch, denn Fehler in Schulangelegenheiten sind hilfreich, sie sorgen zum Beispiel für Konflikt- und Gesprächsstoff. Aber auch langfristig haben sie eine positive Wirkung, denn sie dienen den Söhnen als Unterstützung bei der Ablösung von den Eltern.

Unser Sohn reibt mir heute, fünf Jahre nach seinem Abi, bisweilen genüsslich meine Befürchtungen und Horrorphantasien unter die Nase, die ich wegen seines in meinen Augen beschränkten Schulengagements hatte, das in seinen Augen aber völlig ausreichend war. Und? Er hatte recht ...

Eltern sollten sich aber nicht als Servicepersonal verstehen, das auf Abruf bereit zu sein hat. Ihre Aufgabe ist es auch, altersgemäße Forderungen zu stellen. Dazu gehört, es auch mal auszuhalten, dass der Junge sich nicht in seinem Wohlfühlbereich befindet, dass er schimpft oder quengelt, wenn von ihm etwas gefordert, wenn ihm etwas zugemutet wird.

> Vor allem kleinere Jungen wünschen sich von ihren Eltern Unterstützung, um die Schule gut bewältigen zu können: Generell erwarten Kinder von ihren Eltern , dass sie gut erklären können (91 Prozent), dass sie geduldig sind und nicht gleich schimpfen (85 Prozent) und dass sie beim Lernen helfen (83 Prozent) – die Zahlen entstammen der Studie *Eltern 2015 – wie geht es uns? Und unseren Kindern?*.

Gleichzeitig sind es ja die Kinder, die in die Schule gehen und benotet werden, dementsprechend wird von den Eltern verlangt, dass sie im Hintergrund bleiben. Die Aufgabe der Eltern gleicht einer Gratwanderung zwischen Dranbleiben und Loslassen, zwischen Überbehütung und Unterversorgung. In unserer Eltern-Jungen-Studie stellte sich heraus, dass es nicht einfach ist, die richtige Balance zu finden zwischen Einmischung und Zurückhaltung, zwischen dem aktiven Anfordern, dem Setzen von Strukturen und dem eher passiven Loslassen, dem Vertrauen und Selbst-machen-Lassen. Die Herausforderung liegt darin, dass sich diese Spannung nie ein für alle Mal klären lässt, sondern einen ständigen Entwicklungsprozess darstellt.

»Und immer das Pendeln zwischen: Das machst du jetzt selber – aber das und jenes würde ich halt auch erwarten. Da suche ich jetzt, auf der weiterführenden Schule, schon immer noch einen Weg.«
Mutter, zwei Söhne

Insgesamt geht es in verschiedenen Aspekten um die Spannung zwischen zu viel und zu wenig: Zu viel Unterstützung zeigt sich am Beispiel der Hausaufgaben etwa darin, dass der Junge sie immer und nur gemeinsam mit den Eltern bearbeitet; vernachlässigend ist es hingegen, einen kleinen Jungen bei den Hausaufgaben völlig alleinzulassen oder die Hausaufgaben lediglich auf die Qualität oder Vollständigkeit hin zu kontrollieren, ohne den Sohn für seine Arbeit zu loben oder ihm Hilfestellung zu geben.

Gute Leistungen wollen gesehen, anerkannt und manchmal auch bejubelt werden, aber leistungsorientierter Druck und zu starkes Engagement der Eltern wirken schädlich, weil Jungen sie als bedingte Liebe deuten: »Ich werde nur gemocht, wenn ich Leistung bringe.« Anstrengungen und Leistungen brauchen nicht ständig kontrolliert zu werden. Auch der Versuch, den Jungen über Belohnungen zu manipulieren oder über Bestrafungen zu steuern, hilft ihm letztlich nicht weiter, sondern macht ihn allenfalls unterwürfig oder widerständig. Aber auch die Vernachlässigung ist nicht erfolgversprechend, weil sich der Sohn überfordert fühlen kann oder die Eltern als desinteressiert empfindet. Es ist in der Tat ein Drahtseilakt; Abstürze sind vorprogrammiert - und zum Glück in den meisten Fällen gut zu bewältigen.

Bleibt noch die Frage, wann und bei welchem Jungen das Gewicht besser auf die eine oder auf die andere Seite zu legen ist. Auch das verändert sich im Lauf einer Schulbiografie und kann letztlich nur von den Jungen und ihren Eltern beantwortet werden. Der Leitsatz »so wenig wie möglich und so viel wie nötig« kann als Orientierung dienen, löst das Problem allerdings nicht: Denn wer sagt Eltern, ob noch weniger möglich oder ob mehr nötig wäre? Vielleicht ist es deshalb mehr ein Ausprobieren, ein Spielen, ein Pendeln und eine ständige Bewegung ohne den Anspruch, es auf den Punkt genau richtig zu machen.

Eltern entwickeln sich mit ihren Jungen: Für sehr engagierte Eltern bedeutet diese (nicht einfach fallende) Entwicklung häufig, den Jungen loszulassen und ihn selbst machen zu lassen. Bei eher passiv-entspannten Eltern dagegen verhalten sich Jungen oft so, dass diese Haltung nicht mehr weiterhilft und sich die Eltern stärker engagieren müssen.

Der Junge zuerst

Sollten Eltern warten, bis ihr Sohn sie um Unterstützung bittet, oder von sich aus Hilfe anbieten? In dieser Frage, das zeigt unsere Studie, sind sich Jungen und Eltern einig: Besser ist es, dass der Junge aktiv wird, wenn er konkrete Unterstützung braucht. Eine gute, liebevolle

Beziehung zum Jungen hilft dabei, dass er das auch tut: wenn er spürt, dass seine Fragen ernst genommen werden, dass ihm Dinge auch ein drittes Mal erklärt werden, ohne dass Vater oder Mutter unwirsch reagieren, wenn er gelobt wird dafür, dass er sich Hilfe holt.

Wenn Eltern unterstützend, mitfühlend und wertschätzend erlebt werden und Jungen zum selbstständigen Lernen ermutigen, wenn die Eltern dabei gleichzeitig die Lernumgebung so strukturieren, dass die Regeln für die Kinder klar und transparent sind, dann trägt dies dazu bei, dass Jungen selbstbestimmte Formen des Arbeitens und eine eigene Lernmotivation entwickeln. Dann lernen Jungen auch aus Freude und aus Interesse am Fach, dann sind sie an der Erweiterung ihrer eigenen Kompetenzen oder an der Erreichung ihrer eigenen Ziele interessiert.

Vier unterschiedliche Hilfsangebote von Eltern sind dabei sinnvoll, ohne dass sie sich zu viel einmischen:

* **Unterstützen Sie Ihren Sohn emotional:** Damit ist das mitfühlende Eingehen auf die Jungen gemeint, das wirkliche Anteilnehmen an seinen Schulerlebnissen, an den glückenden wie schwierigen Erfahrungen. Dazu gehört, ihm zu vermitteln, dass er wertgeschätzt wird, so wie er ist, und dass er »richtig« ist. Auch wichtig: ihm bei Enttäuschungen wie schlechten Noten oder anderen Misserfolgen Mut zu machen.

* **Bieten Sie Ihrem Sohn autonomieunterstützende Hilfe an:** Handeln Sie nach der Leitidee: So wenig Unterstützung wie möglich, so viel wie nötig. Dazu gehört es, den Jungen zu ermutigen, Probleme selbstständig zu lösen. Vermeiden Sie kleinschrittige Anweisungen, sie verhindern das selbstständige Problemlösen. Forschen Sie bei Leistungsproblemen gemeinsam nach den Ursachen, und suchen Sie gemeinsam nach Lösungen.

* **Lassen Sie Ihren Sohn Dinge selbst machen,** aber begleiten Sie ihn aus der Distanz: Ein Elternteil oder eine andere Betreuungs-

person hält sich zum Beispiel während des Lernens oder der Hausaufgaben in der Nähe auf, wird aber nur bei Bedarf oder bei Schwierigkeiten unterstützend aktiv.

* **Bieten Sie strukturgebende Unterstützung:** Gestalten Sie die Lernumgebung so, dass der Junge gut arbeiten kann – ein eigener, ruhiger Arbeitsplatz – und dass er dabei nicht mit ablenkenden Reizen überfordert wird (gemeint sind damit vor allem das Smartphone, andere elektronische Geräte, Spielsachen). Formulieren Sie unmissverständliche Regeln in Bezug auf die Schule beziehungsweise handeln Sie sie untereinander aus, ebenso entsprechende Standards. Beides muss bisweilen über längere Zeit eingeübt werden. Im Anschluss gilt es, solche Regeln entschieden und standhaft zu vertreten – dazu gehört auch, es auszuhalten, dass der Junge schlechte Laune hat oder enttäuscht ist, wenn eine Konsequenz verhängt wird.

Bei ganz offensichtlichen Problemen braucht es allerdings nicht das ausgewogene Abwägen, hier sind Eltern eher als schnelle Eingreiftruppe gefragt: Kopf- und Bauchschmerzen oder Schlafstörungen können auf zu starke Belastungen hinweisen. Wenn wegen der Schule keine Lebensfreude mehr erkennbar ist, nur noch Pflicht, Leistung, Durchhalten das Leben des Sohnes bestimmen, sollten Eltern ihm beistehen. Ängste vor Versagen - auch irreale Furcht davor - können zermürben, im Kleinen, aber auch in größeren Dimensionen, etwa wenn Jungen den Eltern zuliebe aufs Gymnasium gehen, aber in einer anderen Schulform besser aufgehoben wären. Eine depressive Grundstimmung gibt ebenfalls Anlass zur Sorge und sollte der Anstoß sein, sich verstärkt zu kümmern, ebenso exzessives Computerspielen, was auf Probleme hinweisen kann. Handeln ist ebenso notwendig bei andauernder Grundaggressivität oder wenn der Sohn mobbt oder gemobbt wird.

Einmischen in der Schule – ja oder nein?

Eltern sind die Anwälte ihrer Jungen gegenüber der Schule, sie vertreten die Interessen des Sohnes, wenn es sein muss. Gleichzeitig tragen sie die Verantwortung für die Entwicklung des Jungen. Sie haben (mit) dafür zu sorgen, dass dieser über soziale Voraussetzungen verfügt, die fürs schulische Lernen wichtig sind. Zudem delegieren Eltern ihre Autorität phasenweise an die Schule; sie benötigen und signalisieren damit Vertrauen.

In einem gewissen Rahmen müssen Jungen (wie Mädchen) die Grundbedingungen von Schule hinnehmen und sich einfügen. Natürlich könnte Schule an vielen Stellen besser gemacht werden, aber die Verhältnisse werden sich so schnell kaum ändern.

»Bestimmte Dinge muss er halt auch akzeptieren und lernen und damit umgehen lernen. Dass er nicht einfach alles sausen lassen kann, sondern sich durchbeißen muss, auch wenn es nicht schön ist.«
Mutter, ein Sohn, eine Tochter

Öffentliche Schulen sind staatliche Einrichtungen, die nicht nach Belieben gestaltet oder verändert werden können - das ist im Prinzip auch gut so. Für Jungen und ihre Eltern bedeutet dies, die Schule als Institution mit ihrer Professionalität zu akzeptieren. Wenn Eltern diese Einstellung der Schule gegenüber vertreten, kann das eine wichtige Unterstützung für Jungen sein. Dabei geht es jedoch nicht um kritiklose Unterwerfung. Wo es nötig wird, dürfen und müssen sich Eltern auch in die Schule einmischen.

Je älter Jungen werden, desto mehr empfinden sie den direkten Kontakt zwischen Eltern und Schule als Einmischung in ihre Angelegenheiten. Das müssen Eltern zwar respektieren, manchmal aber auch ignorieren. Wann welche Seite verfolgt wird, das kann eine knifflige Entscheidung sein, bei der zwischen dem Willen des Jungen, seiner Integrität und der Verantwortung der Eltern abgewogen werden muss. Besonders bei Gewalt, Mobbing, illegalen Vorkommnissen, sadistischen Lehrkräften oder anderen unannehmbaren Verhältnissen geht das gemeinschaftliche Interesse vor, auch wenn selbstverständlich Intimität und Schutz des Jungen gewahrt bleiben müssen.

Als pädagogische Fachleute haben Lehrkräfte einen Vertrauensvorschuss verdient. Es ist für alle Beteiligten besser, wenn Eltern Lehrerinnen und Lehrer in ihrer Rolle stärken. Natürlich hat für sie das Wohl des Sohnes Priorität, aber im Zweifelsfall muss ihre Einstellung lauten: für den Jungen – aber nicht gegen die Lehrerinnen und Lehrer. Dass und wie Eltern und Lehrkräfte wirksam sein können, ist voneinander abhängig. Das lässt sich leicht dort ablesen, wo Jungen von beiden Seiten gut versorgt werden, also vom Elternhaus und von der Schule, wo alle Beteiligten sich gegenseitig respektieren und schätzen: Solche Jungen sind häufig auf eine gute Weise geerdet und orientiert.

In der Schule haben Lehrkräfte einen gesellschaftlichen Bildungs- und Erziehungsauftrag und vertreten damit die Eltern. Grundsätzlich gebührt ihnen deshalb Achtung und Respekt. Wenn allerdings Eltern der Schule in den Rücken fallen; wenn sie Lehrpersonen vor dem Jungen kritisieren; wenn sie schlecht über Schule oder allgemein über Lehrerinnen und Lehrer reden, etwa indem sie Vorurteile wiederholen; wenn sie einzelne Lehrkräfte entwerten, ihre Aufgabenstellungen hinterfragen und Ähnliches – wenn Eltern über ihre Haltung oder ihr Verhalten schulische Autorität demontieren, dann bringen sie ihre Söhne in Loyalitätskonflikte; eine für Jungen schwierige Situation. Meistens bedenken diese Eltern nicht, dass ihre Haltung wieder auf sie zurückfallen kann. Die Entwertung der Schule verringert indirekt auch die Achtung vor den Eltern: Wenn sich Eltern herausnehmen, Lehrkräfte zu demontieren, erlaubt dieses Verhalten Jungen, das mit den Eltern ebenfalls zu tun.

Läuft es mit Jungen nicht so einfach, dann ist es oft hilfreich – das zeigt die Erfahrung –, wenn Eltern und Lehrkräfte gut zusammenarbeiten mit dem Ziel, dass der Junge sich gut weiterentwickelt. Umgekehrt sollten Polarisierungen möglichst vermieden werden, bei denen sich Eltern und Schule den Schwarzen Peter zuschieben, weil es sich beide Seiten in dieser Dynamik gern bequem machen und ihr Bemühen einstellen.

Wann sollen wir aktiv werden?

Die Schule grundsätzlich zu akzeptieren bedeutet natürlich nicht, dass nicht auch kritisiert werden muss und darf, wenn etwas nicht stimmt. Dass in der Schule Fehler vorkommen, ist häufig genug der Fall. Wenn sie den Eindruck haben, die Schwierigkeiten ihres Sohnes hätten ihre Ursachen in der Schule, sollten Eltern sich dort einmischen – informell zum Beispiel mit einem Anruf, über Gespräche oder eine E-Mail oder formal über die Elternvertretung der Schule. Selbstverständlich muss sich kein Junge von ungerechten oder gewalttätigen Lehrpersonen alles gefallen lassen. Er soll und darf unbedingt darin gestärkt werden, sich zu wehren, und muss sich auf Unterstützung und Hilfe der Eltern verlassen können. Aufgabe der Eltern ist es dann, den Jungen in Schutz zu nehmen und Rückgrat gegenüber Lehrkräften oder der Schulleitung zu zeigen.

Die meisten Schulen haben Entwicklungsbedarf, wenn es um die Unterstützung von Jungen geht. Das Einmischen der Eltern ist oft nicht so richtig erwünscht, vielen Lehrkräften sind kritische Bemerkungen von Eltern lästig – dennoch sind sie notwendig. Eltern sind mit ihrer Kompetenz ebenfalls Expertinnen und Experten für Jungen und deren Bedürfnisse. Sie sind mit ihnen emotional verbunden und können sich stärker in sie einfühlen. Durch die nahe Beziehung zu den Jungen erhalten Eltern Informationen, die Lehrkräfte in ihrer professionellen Distanz nicht bekommen. Gerade weil sie weniger eingefahren sind und weil sie die einzelne Person des Jungen vertreten, sind Eltern Fachleute, die gebraucht werden, um Schule weiterzuentwickeln und Mängel zu beseitigen, die Jungen das Leben dort erschweren.

Natürlich gilt selbst in Fällen heftigerer Einmischung: Der Ton macht die Musik, und der Respekt sollte gewahrt bleiben. Entscheidend ist die Haltung, und die sollte die persönliche und fachliche Führung der Lehrkräfte akzeptieren.

»Viele Eltern regen sich auf über Dinge, die sie gar nicht überblicken können. Hier wäre mehr Gelassenheit angebracht: Erst durchatmen, lächeln, dann bei der Lehrkraft anrufen und sich erkundigen.«
Lehrer, Gymnasium

Wie stets bei Konflikten sind Generalisierungen, die Worte wie »alle« oder »immer« beinhalten, problematisch. Zum Respekt gehört es, die andere Seite anzuhören, sich zu informieren und erst dann zu urteilen. Nicht jede Schilderung aus dem Mund des Jungen muss der Wahrheit entsprechen oder reflexartig zur Abwertung der Lehrkraft führen. Der Junge soll natürlich angehört werden, mit ihm soll mitgefühlt werden - aber wer weiß, ob eine Sache wirklich so war, wie er sie erlebt hat oder darstellt? Heikle Situationen und Konflikte können oft besser geklärt werden, wenn Eltern allein mit Lehrern beziehungsweise Lehrerinnen reden. Im Kontakt mit ihnen sind Eltern bisweilen überrascht, wenn sie hören, wie sich ihr Junge in der Schule verhält: »Was? So kenne ich ihn gar nicht!«

Schule ist eine spezielle soziale Situation, die sich vom Familienleben erheblich unterscheidet. Es ist also nicht erstaunlich, dass Jungen in diesem sozialen Rahmen auch neue oder unbekannte Verhaltensweisen entwickeln, von anderen lernen oder ausprobieren.

Manche Schulen und Schulleitungen streben nach Höchstleistungen. Ziele in Ehren, wo diese aber mit hohem Druck verfolgt werden oder wo unbedingte Unterwerfung verlangt wird, wo Angst und Unlust verbreitet oder wo gedroht wird, da dürfen und sollten Eltern aufbegehren. Überdruck tut Jungen nicht gut, er er-drückt das Innere, oder er wird nach außen ausagiert, in Aggression, Egoismus oder Abwertung anderer. Haben sich Eltern nicht ausdrücklich für eine private Leistungs- und Eliteschule entschieden, die Kinder extrem fordern soll, müssen sie an dieser Stelle relativierend eingreifen.

Das Kollegium prägt die Qualität von Schulen. An fast jeder Schule gibt es Lehrkräfte, die nicht besonders motiviert oder nur wenig leistungsfähig sind; bisweilen finden sich dort auch solche, die man als Eltern oder als Schüler nicht haben möchte, weil sie wenig kompetent und überdies beratungs- und weiterbildungsresistent sind. Oft eilt ihnen ein entsprechender Ruf voraus. Solche schwierigen Charaktere haben manchmal eine sexistische Seite: Manche Lehrkräfte mögen einfach keine Jungen, haben sich grundsätzlich auf Jungen eingeschossen oder geben Jungen immer die Schuld, egal, was nicht funktioniert. Dies gibt es umgekehrt in Bezug auf Mädchen genauso.

Leider ist es in öffentlichen Schulen fast unmöglich, unfähige, unmotivierte Lehrkräfte aus der Schule zu bringen, weil sie verbeamtet sind. An manchen Stellen ändert sich zwar etwas, so können sich Schulen in einem gewissen Rahmen bei frei werdenden Stellen Lehrkräfte aussuchen (jedoch nur aus jenen, die sich bewerben) – aber auf problematischen Lehrerinnen und Lehrern bleiben die

Schulen sitzen. Eine Intervention von Eltern wirkt meist nur nach dem sogenannten Sankt-Florian-Prinzip: Das Problem wird verschoben. Wenn die inkompetente Lehrkraft das eigene Kind nicht mehr unterrichtet, bekommen eben andere das unschöne Vergnügen. Auch wenn dies keine grundsätzliche Lösung darstellt, so braucht es dennoch die Einmischung, auch wegen der Psychohygiene für Eltern und Jungen: Es hilft zwar nichts, aber wir haben uns wenigstens eingesetzt.

Das Ende der Fahnenstange

In den Fällen, in denen Lehrkräfte in irgendeiner Weise schwierig, aber nicht richtig schädlich sind, oder in denen, wo Junge und Lehrkraft einfach nicht miteinander können, gilt es, dies zu sehen und, so hart das mitunter ist, die Person einfach auszuhalten. Das kann zugleich als Chance verstanden werden, die Fähigkeit zu erwerben, duldsam mit Bedingungen umzugehen, die nicht geändert werden können. Diese Strategie ist nicht besonders kreativ und nur beschränkt wirksam, aber wir können andere Menschen nicht ändern. Das mag nervig, schwer erträglich oder ärgerlich sein, aber irgendwann wird das Ende absehbar: noch ein halbes Jahr, fünf, vier, drei Monate, nur noch ein paar Wochen, dann ist es vorbei.

Wirklich untragbare Lehrerinnen und Lehrer

Gute Lehrkräfte mit Persönlichkeit sowie Fach- und Führungskompetenz sind für die Qualität von Schulen entscheidend. Sie sind die Voraussetzung für gelingende schulische Bildung und Erziehung. In der Auswahl und Ausbildung von Lehrkräften wird im deutschsprachigen Raum auf Persönlichkeitsentwicklung bislang kaum eingegangen. Aus meiner subjektiven Perspektive kann ich sagen: Es gibt viele Lehrkräfte, die einen guten Job machen und sich wirklich engagieren, auch für Jungen; daneben finden sich ein breites Mittelfeld und auch ziemlich schlechte Pädagogen, die aber im Kanon der Lehrkräfte einer Schule oder von ihrer Person her keinen größeren Schaden anrichten.

Darüber hinaus gibt es aber durchaus Lehrerinnen oder Lehrer, die pädagogisch eigentlich untragbar sind. Es sind nicht viele, aber es gibt sie (wie es umgekehrt viele Männer und Frauen gibt, die eigentlich gute Lehrer wären, es aber leider nicht geworden sind). Dazu gehören solche, die keinerlei Autorität entwickeln und sich nicht durchsetzen können, die vor allem von Jungen nicht ernst genommen werden; Lehrkräfte, die sich von Schülern fertigmachen lassen. Manche dieser Lehrerinnen oder Lehrer haben über die pädagogische Grundkompetenz persönlicher Autorität nie verfügt, anderen ist sie abhandengekommen, zum Beispiel durch eine Depression. Die bringt hohe Belastungen für diese Menschen mit, manchmal persönliche Dramen - aber dennoch gilt, dass sie nicht unterrichten sollten, weil sie schädlich für Kinder sind.

Manchmal ist von einzelnen Lehrkräften bekannt, dass sie ein Risiko darstellen, aber solange nichts Gravierendes geschieht, sind Kollegien oder Schulleitungen die Hände gebunden. Klarer ist die Situation, wenn einzelne Lehrerinnen oder Lehrer ihrem Auftrag nicht nachkommen, wenn sie etwa nicht unterrichten, sondern Geschichten von früher erzählen oder fachfremde Filme anschauen, wenn sie sexualisiertes Verhalten Kindern gegenüber zeigen oder gewalttätig werden, wenn Jungen schlechter oder ungerecht behandelt werden: All dies kommt vor, und es sind Gründe dafür, dass Eltern aktiv werden, sich einmischen und Missstände benennen sollen. Eltern können verlangen, dass die Schulleitung zeitnah reagiert - eine depressive oder suchtkranke Lehrkraft kann ja beispielsweise krankgeschrieben werden.

In anderen Fällen ist die Gefahr, die von Lehrkräften kommt, nicht so leicht zu erkennen. Sie verändern zum Beispiel plötzlich ihr Verhalten, zeigen ein anderes Gesicht. Oder es gelingt ihnen, Hochproblematisches wie Gewalt, sexuelle Übergriffigkeit, Suchtmittelkonsum zu verdecken, manchmal über lange Zeit. Oft fallen die Öffentlichkeit oder Eltern »aus allen Wolken«, wenn etwas davon bekannt wird. Ein Musterbeispiel für untragbare Zustände wurde in der Odenwaldschule aufgedeckt: idealisierte Lehrer, eine idealisierte Pädagogik, das Übergehen von Hinweisen und am Schluss der Skandal, der bis heute nicht vollends aufgearbeitet ist. Vor allem bei Tätern sexueller Gewalt sind es zwei extreme Seiten, zwei Gesichter, die gefährlich werden: vordergründig gute, manchmal sehr gute Lehrer, die aber unterschwellig und im Geheimen übergriffig, sogar gewalttätig sind und ihre Macht überhöhen und ausagieren. In solchen Fällen sind Idealisierungen von (zumeist männlichen) Lehrern verdächtig, weil dies dazu führen kann, Missstände zu verdecken oder zu ignorieren.

Um Jungen klar und solidarisch ins Leben zu begleiten, darf nicht verschwiegen werden, dass - und wo - es katastrophal schlechte Lehrerinnen und Lehrer gibt, vor denen Kinder geschützt werden müssen. Sie sind für Kinder eine Zumutung; kein Wunder, dass Jungen abschalten oder rebellieren, wenn sie ihnen ausgesetzt werden. Es gibt Qualitätsunterschiede zwischen Lehrkräften, das muss anerkannt werden. Doch untragbare Lehrerinnen und Lehrer sollten nicht mit Kindern arbeiten dürfen. Das umzusetzen ist Aufgabe von einzelnen Eltern, Elternbeiräten, aber besonders von Schulleitungen und -trägern.

Nach meiner Erfahrung können Jungen, und das gilt auch für die schwierigen, meistens gut einschätzen, was ihr Anteil ist und was an Lehrern liegt. Manchmal übertreiben die Jungen ein wenig, wenn sie sich auf eine Lehrerin oder einen Lehrer »eingeschossen« haben. Dennoch können sie es realistisch bewerten, wer gut, wer durchschnittlich und wer wirklich katastrophal schlecht ist. Was können Eltern tun?

* **Den Sohn ernst** nehmen und dabei unterscheiden zwischen üblichem Alltagsgemotze und wirklichen Belastungen, die von den Lehrkräften ausgehen.
* **Mitfühlen mit dem** Jungen gibt ihm das Gefühl, aufgehoben zu sein, und hilft, die Situation durchzustehen.
* **Sich mit dem** Jungen zusammensetzen und ihn als Experten für die Situation anerkennen; gemeinsam mit ihm absprechen, welche Schritte zu gehen sind: Was kann der Junge machen? Was die Eltern? Eltern sollten sich dabei ein Mandat holen – aber auch darauf bestehen, wenn es wirklich nötig ist, selbst einzugreifen, sogar wenn das vom Jungen nicht erwünscht ist (zum Beispiel weil er Angst vor möglichen Folgen hat oder weil es ihm peinlich ist).
* **Manchmal helfen Daten** und Fakten: Führen Sie ein Problemtagebuch; lassen Sie schwierige Situationen dokumentieren – das hilft, dem Jungen, nicht ins affekthafte (Re-)Agieren zu verfallen.
* **Von früher erzählen:** »Oh ja, auch ich hatte Idioten als Lehrer ...« Benennen Sie Ihre schlechten Erfahrungen, und zwar nicht nur die Schülergemeinheiten, die aus der Aggression der Unterdrückten stammen oder Heldengeschichten, sondern das, worunter Sie selbst gelitten haben – und wie Sie es bewältigen konnten.
* **Suchen Sie das** Gespräch mit der Lehrkraft und der Schulleitung.
* **Für manche Lehrkräfte** ist das Leben nicht leicht; manchmal hilft es, Verständnis zu zeigen, aber mit dem schwierigen Lehrer, der untragbaren Lehrerin dennoch ganz offen zu reden: Mitgefühl schließt sachliche Kritik und Selbstfürsorge (im Interesse des Sohnes) nicht aus.
* **Wenn es gar** nicht anders geht und nichts hilft: Denken Sie über einen Schulwechsel nach, vor allem dann, wenn es ungerecht oder latent gewalttätig zugeht.

Positiv denken – Jungen ermutigen

Ein wesentlicher und oft unbewusster Teil des Beitrags von Eltern liegt in der Haltung, die Mütter und Väter einnehmen, ausdrücken und ihren Jungen vermitteln. Dabei geht es nun gar nicht darum, dass Eltern eine zusätzliche Sonderleistung oder Perfektion erbringen sollen, sondern um ihre grundlegenden Einstellungen und daraus resultierenden Verhaltensweisen. In diese Grundstimmung können sich Jungen einhängen und sich daran abarbeiten, um eine eigene Haltung zu finden.

»Meine Jungen wissen, sie dürfen bei mir nicht rum-schlampern. Also, nach der mittleren Reife oder dem Abi ein Jahr nichts tun, das gibt's bei mir nicht. Klare Ansage – dann müssen sie Bufdi machen oder FSJ oder was auch immer, ganz egal. Aber daheim rumhängen? Nein!«
Mutter, drei Söhne

Die Haltung der Eltern ist sowohl für die Einstellung der Jungen zur Schule wie auch bei der direkten »fachlichen« Unterstützung wegweisend, also wenn es in einzelnen Fächern ums Lernen auf Tests oder um Hausaufgaben geht. Die Elternhaltung überträgt sich direkt auf die Kinder. Wenn Eltern einem Fach (beispielsweise Mathe oder Deutsch) eine hohe Wertschätzung entgegenbringen und zudem ihre eigenen Fähigkeiten darin positiv bewerten, erzielen Kinder eine höhere Leistung - und zwar überraschenderweise unabhängig davon, ob Eltern ihnen konkret helfen oder nicht. Eltern sind also vor allem dort herausgefordert, ihre eigene Haltung zu überprüfen und zu verändern, wo sie einzelnen Fächern gegenüber skeptisch eingestellt sind.

Sich auch mal an die eigene Nase fassen

Die Einstellung der Eltern zur schulischen Bildung bereitet im Jungen den guten Boden für seine eigenen Bildungsprozesse. Schule ist über weite Strecken Arbeit. Schulischer Erfolg gründet überwiegend auf anstrengendes aktives Lernen und Üben. Dass Schule kein Vergnügungspark ist, merken Jungen schnell selbst. Aufgabe der Eltern ist, ihnen zu vermitteln, dass es damit (in gewissen Grenzen) durchaus seine Richtigkeit hat. Anstrengung ist positiv, sie gehört dazu, aber sie sollte sich immer mehr mit der eigenen Motivation des Jungen verbinden können.

»Mich motiviert halt, dass ich jetzt nicht später irgendwie auf einer Müllkippe arbeiten möchte, sondern vielleicht Forscher werden oder Erfinder oder sowas. Und man dann nicht so den letzten Job kriegt. (...) Denn wenn man sich in der Schule anstrengt, kriegt man später einen guten Job und hat dann ein schönes Leben.«
Finn (11), 5. Klasse

Damit Jungen Schule schaffen können, benötigen sie die positive Haltung der Eltern. Dazu gehört zuerst deren Vertrauen in die Leistungsfähigkeit des Sohnes. Jungen hilft es, wenn sie Sätze hören wie: »Das bekommst du hin«, »Ich bin sicher, du kannst das«, »Halt durch, das braucht schon noch etwas Einsatz von dir!«. Solche Sätze drücken Vertrauen ins Gelingen und in die Kompetenz des Sohnes aus.

Bisweilen übertragen Eltern mit schlechten Erfahrungen ihre eigenen alten Schulleistungsängste auf den Jungen. Sie wollen ihm ersparen, was sie selbst erleiden mussten. Sie erhöhen den Leistungsdruck und greifen mit ihrer Angst sein Selbstvertrauen an. Sich an die eigene Nase zu fassen bedeutet hier, die eigenen alten Ängste als Vergangenheit zu begreifen und dem Jungen seine Schulgeschichte offenzuhalten.

An seine Leistungsfähigkeit zu glauben verbietet es, zu viel Druck in Bezug auf Erwartungen oder Noten zu machen. Aus Leistungsdruck wird beim Jungen leicht Angst; Versagensängste und schlechte Leistungen verstärken sich gegenseitig!

»Wir sind keine Freunde von Leistungsorientierung, muss man sagen, das ist uns sehr bewusst (...), da sind wir eher die, die versuchen, den Druck ganz stark rauszunehmen.«
Vater, drei Söhne, eine Tochter

Wenn Jungen mutlos sind und Eltern mit ihnen mitfühlen, ist das ebenfalls eine gute Unterstützung; wenn sie also zum Beispiel sagen: »Das ist so viel, du meinst, das sei nicht zu schaffen« oder »Du hast gerade gar keine Lust dazu?«. Aber das Mitgefühl sollte nicht in Bedauern, Mitleid oder Lamentieren umschlagen. Eltern verlassen damit ihre stützende Position und stellen sich nicht neben, sondern über ihren Sohn.

Wollen Eltern ihrem Jungen wirkungsvoll Mut machen und ihn anfeuern, sind Aufmerksamkeit und Genauigkeit gefordert; dies ist anspruchsvoll und geht nicht im Vorbeigehen. Der Unterschied liegt im Detail: »Gut gemacht!« oder »Ich bin stolz auf dich« ist diffus, der Junge braucht's konkret: »Heute hast du alle Vokabeln gelernt und beim Schreiben nur einen Fehler gemacht – wie gut du Englisch lernst, da kannst du echt stolz sein!« Im Ermutigen wird Jungen etwas zugetraut, und das ist oft mehr, als sie selbst erkennen.

Jungen hängen immer wieder fest. Entweder setzen sie sich unerreichbar hohe Ziele und sind enttäuscht, wenn sie feststellen müssen, dass diese unmöglich zu erreichen sind, oder sie hängen ihre Ziele viel zu tief und bleiben im Mittelmaß stecken.

»Ich mag eigentlich lieber zu meinem Sohn sagen: ›Mach doch! He, mehr als schiefgehen kann das nicht, da geht die Welt nicht unter: Trau dich!‹ und so. Nicht dass er dann am Ende so dasteht: ›Oh, ich kann nichts, ich bin nichts‹ und so, und sich da wieder lang rausschaffen muss aus so einer Minderwertigkeit, die man da fühlt.«

Vater, ein Sohn, eine Tochter

Ermutigen setzt Wissen darüber voraus, wo der Junge steht, in welchen Bereichen er stark ist, was er schon kann und auch, wo seine Schwachstellen liegen, in welchen Bereichen er sich noch verbessern und entwickeln kann, wo er noch hinkommen wird. Gute Rückmeldungen sind Teil der Ermutigung, sie vermitteln dem Jungen, was er kann, was ihm zugetraut wird und was die nächsten Schritte sind. Viele Eltern tun sich schwer damit, sie schränken ihre Rückmeldung ein und sagen zum Beispiel nur: »Gut.« Der Grund ist oft, dass Jungen ihre Leistungen mehr als Information mitteilen und den Weg dahin nicht schildern. Viele Eltern wurden selbst durch kritisierende Eltern und schlechte Schulen sozialisiert, die statt echter Rückmeldung nur Noten verteilt haben, häufig eine beschämende und überhaupt nicht hilfreiche Erfahrung.

Einen Jungen mit offener und warmherziger Aufmerksamkeit zu begleiten entscheidet mit darüber, ob er seine eigene Motivation entwickeln und weiter entfalten kann. Ein bedeutender Impuls für Motivation ist der Wunsch, von anderen gesehen, von ihnen wahrgenommen zu werden. Die stabile Beziehung zu den Eltern, ihre Präsenz und ihr Interesse sind Formen der sozialen Anerkennung, der positiven Zuwendung und spürbare Zeichen der Liebe. Auch dadurch entsteht im Jungen nach und nach eine eigene und stabile Grundmotivation, die ihn durchs Leben trägt.

»Was ich anders machen würde, wäre: mehr loben. Mehr die Leistung anerkennen, die tatsächlich erbracht wird, und weniger auf das gucken, was nicht erbracht wird. Sondern einfach sagen: Wow, du findest dich ja schon total gut zurecht, du machst das ja total gut schon. Und das habe ich, glaube ich, zu wenig gemacht.«

Mutter, zwei Söhne

Wenn Eltern für ihren Sohn schwierig sind

Eltern sind genau wie die Jungen sehr unterschiedlich, ihre Erfahrungen, Persönlichkeiten, Einstellungen sind jeweils anders und auch situativ verschieden. Bei Geschwisterkindern wird deutlich, dass sich Eltern sogar im Umgang mit den eigenen Kindern unterscheiden, und auch die Kinder prägen mit ihren Eigenschaften das Verhalten der Eltern mit. Aber selbstverständlich ist es mitunter nicht zu übersehen, dass der Sohn zwar das Problem hat oder zeigt, der Auslöser dafür aber seine schwierigen Eltern sind beziehungsweise ein Elternteil ist. Abgesehen von größeren gesundheitlichen Störungen - wie zum Beispiel Suchterkrankungen, psychischen Problemen wie unter anderem Zwänge oder Depression oder sozialen Schwierigkeiten wie soziale Isolation oder Arbeitslosigkeit aufseiten der Eltern - sind es häufig deren ablehnende Haltung und Einstellung der Schule gegenüber.

Meist aber begegnen mir in der Beratung oder an Schulen weniger gravierende Richtungen, in die Eltern tendieren; solche Tendenzen sind normal und generell nicht schlimm. Erst wenn Eltern eine gewisse Schwelle überschreiten, können sie für Jungen schwierig, also selbst zum Problem werden:

→ Eltern mit zu hohen Anforderungen an den Jungen mit der Tendenz zur Überforderung, vor allem was die Leistungserwartungen, manchmal was die Schulform angeht (»Es muss unbedingt das Gymnasium sein«). Eltern mit einer zu hohen Leistungsdrehzahl werden für Jungen zum Problem, wenn sie Eliteerwartungen an den Sohn richten. Das macht Jungen unnötig Druck, manche treibt das auch an, aber andere halten dies nicht aus, der Druck lässt sie versagen. Oft laden Eltern ihren eigenen Erfolgsstress und ihren inneren Leistungsdruck bei ihrem Sohn ab. Da gehört der Druck aber nicht hin, er sollte besser bei den Eltern bleiben (und dort abgebaut werden).

→ Andere Eltern unterfordern den Jungen. Sie trauen ihm zu wenig zu, packen ihn in Watte. Ihnen fällt es schwer, mit dem Umsorgen nachzulassen. Doch dabei wird der Sohn nicht altersgemäß unterstützt, er erhält zu wenig Aufforderung, Selbstverantwortung zu übernehmen. Überstrukturiertes Verplanen (»jetzt darfst du eine Stunde mit Jan spielen, dann in den Flötenunterricht und um sechs essen wir Abendbrot«) kann eine Form des Unterforderns sein, wenn dem Sohn nicht zugetraut wird, sich selbst zu organisieren. Oft fehlt es unterfordernden Eltern am Vertrauen zum Jungen. In ihnen wirkt die Angst, der Junge schaffe es nicht oder er könne später nicht seinen Mann stehen. Sie befürchten, dass er ein Loser wird oder Ähnliches. Ihr mangelndes Vertrauen in die Welt übertragen solche Eltern auf die Söhne, die aufgrund gesellschaftlicher Männlichkeitsbilder anders gefährdet sind als Mädchen. In solchen Jungen kann das Selbstvertrauen nicht wachsen, dass sie Aufgaben bewältigen oder wirklich Leistung bringen können.

→ Verwöhnende Eltern dagegen verwechseln Liebe mit grenzenloser Rundumversorgung, sie finden nicht das richtige Maß an Fürsorglichkeit, sondern verhalten sich überschwänglich sorgend. Dem Sohn wird jede Arbeit abgenommen, alles verziehen, er wird von vorn bis hinten bedient, ihm wird alles Mögliche hinterhergetragen. Fehler suchen die Eltern meist bei sich, Kritik muten sie dem Sohn nicht zu, stattdessen wird er mit Samthandschuhen angefasst und dabei fast erschlagen von Verhaltensweisen, die gut dosiert lebensnotwendig sind, aber dem Jungen in Einseitigkeit und Übermaß schaden. Denn so aufgewachsen erwartet der Junge, dass ihm stets und vor allem weibliches Servicepersonal zur Verfügung steht – eine Rolle, die Lehrerinnen in der Regel nicht übernehmen wollen. Konflikte sind vorprogrammiert, konfrontiert mit Anforderungen sind solche Jungen überfordert.

→ Auf der Gegenseite finden sich vernachlässigende Eltern, die mit Zuwendung und Fürsorglichkeit geizen, sie nehmen die Bedürfnisse des Sohnes nicht wahr oder gehen bewusst nicht darauf ein, um ihn nicht zu verzärteln. Diese Jungen bleiben unterversorgt. Oft sind solche Eltern mit eigenen Angelegenheiten überfordert, beruflich völlig überlastet oder in Beziehungsproblemen gefangen. So bleibt kaum Zeit und Kraft für die Bedürfnisse des Jungen, sie überlassen ihn sich selbst oder verlangen von ihm sogar noch Unterstützung für die eigenen elterlichen Angelegenheiten.

Die mit solchem elterlichen Verhalten überlasteten und oft auch überforderten Jungen reagieren auf ihre Mütter und Väter und antworten mit schwierigem Verhalten. In der Folge ist mal ihr Selbstwertgefühl instabil, mal fühlen sie sich dauerüberlastet; sie gehen auf Konfrontation oder zeigen Unlust, Motivationsmängel oder schlechte Leistungen. Solche Reaktionen können gesunde Abgrenzung und Selbstschutz sein. Gleichzeitig zeigen sie an, wo sich für Eltern Entwicklungsmöglichkeiten öffnen, an welchen Stellschrauben diese drehen könnten.

Weder Verwöhnen noch Über- oder Unterforderung oder Vernachlässigung sind der Jungenentwicklung förderlich. Es liegt auf der Hand, dass je nach Problemverhalten der Eltern eine andere Richtung, ein anderes Gegenmittel gefragt ist. Kontrollierend-überbehütende Eltern benötigen eine Portion Vertrauen und Gelassenheit. Den angestrengten, leistungsbezogenen Eltern würde es guttun, wenn sie entspannter an die Sache herangingen. Gleichgültige Eltern dagegen müssten ihren Sohn mit seinen Bedürfnissen besser wahrnehmen und sich mehr einsetzen, damit es dem Jungen in der Schule gut geht.

Was wäre denn das Ideal, das es in Reinform selbstverständlich ebenso wenig gibt wie die völlig missratenen Eltern? Was sich Lehrkräfte, Jungen und viele Eltern selbst immer wieder wünschen, ist Gelassenheit:

»Also, das Wichtigste ist immer noch ein bisschen Gelassenheit, ein bisschen runterschrauben. Dann wird's gut, alles wird gut mit Liebe und Vertrauen.«
Mutter, drei Söhne

Viele Eltern, mit denen ich zu tun habe, sehnen sich danach, ihre Aufgabe entspannt und dennoch zielgerichtet und konsequent anzugehen, und viele tun das auch. Sie sind bodenständig, unkompliziert, kooperativ, verantwortungsbewusst und vertreten eine zuversichtliche Haltung, dass es schon gehen wird: »Irgendwie wird es der Junge schon hinkriegen, er ist ja unser Sohn.« Meistens wirken solche Eltern relativ entspannt und interessiert, aber wenn es kritisch wird, können sie mit einer guten Portion Aggression in den Konflikt eingreifen. Sie lassen dem Jungen seine Freiheit und Selbstverantwortung und sind immer, wenn es drauf ankommt, präsent, in Beziehung und engagiert. Sie lassen sich in der Schule sehen, übernehmen dort Verantwortung, kooperieren, sie vertrauen grundsätzlich der Kompetenz der Lehrkräfte, scheuen aber nicht den Konflikt, wenn etwas schiefläuft.

Auch Unangenehmes aushalten

Lernen, Schule, Bildung und Entwicklung ist nicht immer nur angenehm, weder für Jungen noch für Erwachsene, die mit ihnen zu tun haben. Erwartungen erfüllen zu müssen, sich angemessen verhalten zu lernen, sich einzufügen in soziale Beziehungen, Gefüge, Gruppen, das Lernen von Normen und die Erfahrung von Konsequenzen, wenn sie nicht eingehalten werden - all das beinhaltet Konflikte und Ärgernisse, nicht nur bei Jungen, sondern auch für Eltern. In solchen Situationen stabil, bei sich sowie bei den eigenen Werten und Erwartungen zu bleiben, die Gesellschaft zu vertreten, das erfordert von den Eltern Standfestigkeit.

»Schon auch natürlich mit – wie soll ich sagen: mit einer Strenge, die dann nicht so angenehm war für ihn. Aber einfach präsent sein und da sein, ich glaube, das war das Wichtige.«
Mutter, ein Sohn, eine Tochter

Jungen hilft es, wenn Eltern ihren Teil der oft ärgerlichen Erziehungsaufgaben übernehmen und wenn sie das Unangenehme in der Erziehung nicht an Kindergarten, Schule, Tagesmutter oder Hort delegieren. Manche Eltern allerdings versuchen stattdessen, dem Unangenehmen auszuweichen. Sie möchten am liebsten immer nur nett sein oder wollen, dass es in der Beziehung zum Jungen oder in der Familie stets harmonisch zugeht. Aber Lernen und Entwicklung sind nicht immer nur vergnüglich und können nicht stets problemlos, ohne Konflikte und Anstrengung von der Hand gehen. Das verstehen die Eltern auch, aber sie können oder wollen einfach nicht die Bösen sein.

Elterliche Haltung ist gefragt: trotz aller Liebe klar, Orientierung gebend, fordernd, selbstbehauptend, konfrontierend agieren, wenn etwas nicht so gut klappt. Dies provoziert bei Jungen oft Widerstand, was Eltern wissen oder ahnen und deshalb vermeiden wollen. So entsteht die Idee, das notwendige Übel anderen aufzubürden, Unangenehmes der Schule zuzuschieben: Sie soll sich darum kümmern, dass der Junge sich anzustrengen lernt, Pflichtbewusstsein und Selbstdisziplin entwickelt, dass er Aufgaben erfüllt, dass er lernt, sich in eine Gruppe einzufügen und Autorität zu akzeptieren. All das funktioniert aber nicht durch das Wegdelegieren, sondern nur durch gemeinsame Auseinandersetzung damit. Den Grundstock für diese Qualitäten zu legen und daran immer wieder weiter nachzuarbeiten, das ist Aufgabe der Eltern.

Eltern müssen Konflikte und die schlechte Laune des Sohnes aushalten, sie können nicht darauf hoffen, dass die Schule dem Jungen Leistungsbereitschaft, Respekt oder Pflichtbewusstsein vermittelt, wenn das zu Hause nicht eingefädelt und unterstützt wird. So sorgen Eltern durchaus liebevoll dafür, dass ihr Sohn allmählich mit Regeln vertraut wird und diese einhält, dass er - falls er gegen die Regeln verstößt - wenigstens ein schlechtes Gewissen bekommt oder Konsequenzen erfährt. Sie helfen dem Jungen, seine Impulse zu kontrollieren: nicht immer gleich loszureden, sondern auf eine passende Lücke im Gespräch zu warten, nicht blind aktiv zu sein, sondern bewusster vorzugehen. Sie muten ihm die Frustration zu, nicht immer im Mittelpunkt zu stehen; sie helfen ihm zu erkennen, dass Bedürfnisse nicht immer sofort befriedigt werden müssen, sondern dass dies auch auf später verschoben werden oder gar nicht geschehen kann.

Beim Versuch, dies umzusetzen, geben manche Eltern vorschnell auf. Sie nehmen eine Opferhaltung ein, geben die Verantwortung ab oder flüchten sich in eine passive Position. Jungen bringen dann mit ihrem auffälligen Verhalten gleichsam ihre überforderten Eltern mit in die Schule. Eine schwere Belastung, denn Schule kann die Überforderung von Eltern nicht kompensieren, das müssen die Eltern bewältigen, gegebenenfalls mit Hilfe von außen zum Beispiel durch eine Erziehungsberatung oder den schulpsychologischen Dienst.

Manche Eltern nehmen die Probleme ihres Jungen allerdings gar nicht wahr, denn daheim ist alles eingespielt: Hier scheint es keine Störungen zu geben, weil die Eltern es gewöhnt sind, dass der Sohn Aufträge nicht erledigt oder dass sie fünfmal bitten müssen, bis er reagiert. So ein Verhalten stößt in der Schule natürlich an Grenzen und kann dort nicht einfach übergangen werden.

Defizite lassen sich jedoch ausgleichen; Eltern können sich weiterentwickeln, Jungen lernen in veränderten Beziehungen und verbesserten Bedingungen weiter und reifen nach. Hierfür ist es nötig, darauf zu verzichten, die Verantwortung zwischen Schule und Eltern hin- und herzuschieben und sich wechselseitig abzuwerten. Was hilft, ist eine Korrektur und damit eine Verbesserung der Beziehung zum Jungen: Jungen haben ein Bedürfnis nach einem stabilen Gegenüber (mehr dazu in meinem Buch *Jungen brauchen klare Ansagen*).

Abstand halten

In Beziehung, Begleitung und Haltung der Eltern sind ein guter Kontakt und Nähe zum Jungen gefragt. Es braucht aber auch einen Zwischenraum, eine gewisse Distanz: Der Junge geht in die Schule, nicht die Eltern; der Junge schreibt eine Klassenarbeit, es ist seine Leistung, die hier gefragt wird; der Junge hält ein Referat oder legt die Prüfung ab, und es ist sein Zeugnis, das er bekommt. Wenn sie mit der Note nicht einverstanden sind, rufen manche Eltern die Lehrkräfte an und sagen: »Wir haben im Diktat nur eine zwei bis drei bekommen.« Dieses »wir« verweist auf eine unklare Grenze zwischen Eltern und Kind.

Je älter der Junge wird, desto wichtiger wird diese Distanz. Der Junge entwickelt sich in seiner Persönlichkeit, er wird selbstständiger, auch in dem, was er leistet und was er an Unsinn produziert. Eltern in gesundem Abstand können gut mit dem Sohn mitfühlen, spüren aber dennoch ihre Grenze: hier ich, da der Junge. Nicht sie schreiben den tollen Aufsatz oder bekommen Ärger: Wenn eine Lehrkraft den Sohn kritisiert, richtet sich dies an ihn, nicht an die Eltern! (Umgekehrt haben aber auch manche Lehrkräfte den Unterschied nicht richtig verstanden, sie machen Eltern verantwortlich, wenn der Junge seine Hausaufgaben nicht dabeihat.)

»Mitgehen mit den Kindern, nicht weggucken, nicht weghören – aber trotzdem auch nicht zu präsent sein. Das ist ja immer diese Gratwanderung, da ist man zu viel Mama oder Papa, und dann soll man sich auch wieder ein bisschen zurücknehmen und die Kinder machen lassen. Also: auf jeden Fall nicht aus den Augen verlieren und in einer guten Nähe und Distanz, irgendwie so.«
Mutter, ein Sohn, eine Tochter

Wenn die Distanz fehlt, sind Eltern bei Kritik an ihrem Sohn oder bei schlechten Noten gekränkt, ja empört. Damit schaden sie dem Jungen, der nun seinerseits seine Grenzen nicht erfährt und die Konsequenzen seines Handelns auf andere abschieben kann: »Die Mama ist schuld, dass ich keinen Turnbeutel dabeihabe«, »Der Papa ist verantwortlich dafür, dass das Referat nicht fertig ist«. Solche Mütter und Väter können sich nicht gut von ihrem Sohn differenzieren. Sie solidarisieren sich unbedingt mit dem Jungen, noch bevor sie im Konfliktfall wissen, was vorgefallen ist oder wie Lehrkräfte den Jungen in der Schule erleben.

Viele Eltern neigen dazu, ihre eigenen Schulerfahrungen auf die ihrer Kinder zu übertragen. Wenn dies im Wesentlichen positive Erlebnisse waren, ist das sehr förderlich, weil sich die Begeisterung oder das sinnvolle Sich-anstrengen-Müssen auf Jungen überträgt. Waren es aber überwiegend schlechte Erfahrungen oder bestimmen negative Erinnerungen der Eltern die Bewertung ihrer Schulzeit, dann nehmen manche Eltern von vornherein eine Einstellung ein, die Schule und Lehrkräfte zu Gegnern erklärt. Das überträgt sich leicht auf den Jungen, schafft unnötige Konflikte und wertet die Professionalität der Schule pauschal ab.

Zur gesunden Distanz gehört die Erkenntnis, dass sich Schule in den vergangenen zwanzig, dreißig Jahren vielerorts verändert und weiterentwickelt hat. Eltern werden heute mehr als Partner gesehen und mit ihrer Expertise ernst genommen. Das heißt, dass Eltern mehr einfordern oder Kritik äußern können, wenn etwas schiefläuft. Es gehört aber zu ihrer Aufgabe, das wertzuschätzen und zu loben, was gut ist. Das bedeutet auch, die Lehrerinnen und Lehrer als Fachleute zu akzeptieren. Sie können Eltern wertvolle Rückmeldungen geben und dabei helfen, dass der Sohn in der Schule weiterkommt: ein Zusammenspiel, das erfolgreiches Bewältigen der Schule für den Jungen begünstigt.

Manche Eltern mit Distanzproblemen versuchen die daraus resultierenden Schwierigkeiten des Sohnes auf seine Hochbegabung oder Hochsensibilität zu schieben, in anderen Fällen auf seine Hyperaktivität oder auf ADHS. Nicht, dass es das nicht alles tatsächlich gäbe; sowohl hochbegabte, hochsensible als auch hyperaktive Jungen benötigen Hilfe. Aber in vielen Fällen sind solche Jungen eher ungezogen, kaum frustrationstolerant und leiden unter unklaren Eltern, die sich viel zu viel in die Bereiche einmischen, in denen der Junge verantwortlich ist. Auch Eltern, die gern mit dem Anwalt drohen, sobald ihnen etwas nicht gefällt, lassen Distanz vermissen. Es ist manchmal hart, das mitzuteilen, aber solche Eltern sind keine Lösung, sondern die Ursache für Schulschwierigkeiten ihrer Söhne.

»Manche Eltern finde ich total daneben – ich kann Lehrer gut verstehen, die das ärgert und die dann sagen: Ich leiste die Erziehungsarbeit für die, und die Eltern hacken dann noch auf mir rum.«
Mutter, Elternbeiratsvorsitzende

Stolze Mutter, stolzer Vater – und der Sohn?

In jedem Jungen schlummert das Potenzial, ein erfolgreicher Schüler zu sein. Was Erfolg bedeutet, variiert dabei von Junge zu Junge. Schulische Abschlüsse, gute Noten und das Erfüllen von Leistungserwartungen sind kein Selbstzweck, kein Erziehungsziel und kein Geschenk des Jungen an die Eltern. Sicher ist es schön, stolz auf einen Jungen zu sein, der in der Schule engagiert ist oder gar herausragende Fähigkeiten zeigt. Verhängnisvoll wird es aber, wenn die Bedeutung des schulischen Erfolgs für die Eltern zu groß wird und der Junge gut sein *muss*, damit Mutter oder Vater sich ihrerseits gut fühlen. Dann sind die Vorzeichen falsch gesetzt und das Ergebnis wird fade, selbst wenn der Junge ordentliche Zensuren heimbringt. Stolze Mutter, stolzer Vater – aber unglücklicher Sohn? Das kann nicht das Ziel von Eltern sein. Denn was dem Jungen in solchen Fällen fehlt, ist eine eigene Motivation, sind Ziele, die aus ihm kommen und dem Ganzen einen Sinn geben.

Verschiedene Gründe können dazu führen, dass Eltern den

Schulerfolg ihres Sohnes mehr brauchen als er selbst. Diese Ursachen gibt es selbstverständlich auch bei Töchtern, gegenüber Söhnen sind sie wegen der in uns allen schlummernden Männlichkeitsbilder jedoch besonders aufgeladen. Dies zu erkennen hilft, aus übernommenen Erwartungen oder automatischen Reaktionen auszubrechen. Jungen werden unnötig unter Druck gesetzt, wenn:

→ der Selbstwert als Eltern an den Schulerfolg gekoppelt wird: Wenn Eltern überzeugt sind: »Ich bin als Vater oder Mutter so toll wie die Noten meines Sohnes« – oder umgekehrt: »Ich bin eine schlechte Mutter oder habe als Vater versagt, wenn der Sohn nicht immer gut mitkommt oder wenn er nicht ständig schulische Glanzleistungen bringt«.

→ Eltern nur wenig Bestätigung und Sinn aus eigenen Lebensleistungen ziehen. Ihnen geht es dann darum, indirekt über einen erfolgreichen Jungen ihre Bedeutung zu erfahren.

→ der Schulerfolg des Jungen dafür sorgen soll, die Zukunftsängste der Eltern zu besänftigen: »Du musst erfolgreich in der Schule sein, weil wir Eltern uns sonst große Sorgen machen.«

Sinn schulischer Leistungen soll für den Jungen nicht sein, nur die Eltern zu beglücken. Dass Jungen sich über Anerkennung freuen und im Stolz der Eltern ihre eigene Großartigkeit gespiegelt sehen, das kann in den ersten Schuljahren und auch später noch phasenweise ein Antrieb sein. Aber es darf die eigenen Motive des Jungen nicht überlagern. Eltern haben ihren Beitrag zu leisten, damit der Sohn die Schule gut schafft. Sie geben ihr Bestes, wenn der Junge immer mehr er selbst werden kann. Sie können ihn ermutigen, unterstützen, ihm Angebote machen oder an seine Vernunft appellieren. Letztlich sollte der Junge aber genügend Möglichkeiten finden, sich eigene Ziele zu setzen und zu erreichen, um vor allem sich selbst stolz zu machen. Woran sich die Eltern dann ja stets ebenfalls erfreuen können.

Mit dem Sohn mitwachsen

Eltern nehmen Bedürfnisse der Kinder wahr, sie achten und beachten sie, wo immer es geht. Bedürfnisorientierung bedeutet aber nicht Dauerhilfe, Überbehütung oder eine dem Alter nicht angemessene Rundumversorgung: dem Jungen alles hinterherzutragen, ihn ständig zu erinnern und zu ermahnen, die Verantwortung für Hausaufgaben, vergessene Brotdosen und den Turnbeutel zu übernehmen. Denn ebenfalls wichtige Bedürfnisse von Kindern sind in Ruhe gelassen zu werden, etwas zugemutet zu bekommen, etwas allein durchzustehen und auch mal zu scheitern. Es ist nicht die Aufgabe der Eltern, Kinder grenzenlos zu umsorgen oder sie vor allen Gefahren zu behüten. Von ihnen ist vielmehr das Begleiten gefragt, und zwar im Vertrauen darauf, dass der Junge das Richtige daraus macht. In Anlehnung an ein englisches Sprichwort: »Man muss das Pferd zur Tränke führen, aber saufen kann es selbst.«

Was der Junge schon selbst kann, ist oft gar nicht so einfach zu sagen. Überfürsorgliche Eltern übernehmen deshalb präventiv viel zu viel. Glücklicherweise bleiben die meisten Eltern auf dem Boden und einigermaßen normal. Wirkliche Helikoptereltern sind selten, genauso wie echte Überehrgeizige. Wenn es um Schule geht, artikulieren sich aber die extremen Eltern oft lauter und heizen Stimmungen an. Sie brauchen die Korrektur von normalen Eltern. Diese sind gefordert, die oft lautstark auftretenden, dramatisierenden Eltern zu regulieren, Position zu beziehen und zu sagen: »Das sehe ich aber nicht so.« In Zeiten des großmäuligen Populismus und der aufgeregten Schlacht der Halbwahrheiten ist es immer wichtiger, eine menschliche, demokratische Haltung zu haben und diese zu vertreten – denn auch darin sind Eltern ihren Kindern Vorbild.

Jungen, die die Schule gut hinbekommen, haben meistens Eltern, die ihr behütendes Engagement altersgemäß zurücknehmen. Sie registrieren die Signale, die der Junge sendet, und muten ihm das zu, was er schaffen kann. Überbehüten dagegen sabotiert die stabilen Seiten im Jungen. Die meisten Konflikte können Jungen selbst lösen, sie brauchen dafür nicht die Eltern oder deren Anwälte. Zu wenig zugemutet zu bekommen macht Jungen abhängig und unselbstständig. Ermutigung, Rückmeldungen, Humor und Vertrauen in den Sohn führen dazu, dass Jungen gestärkt werden und sich als selbstwirksam und kompetent erleben.

In der Einschätzung, was der Junge (zurzeit noch) braucht, haben Lehrkräfte durch ihre Fachkompetenz und dank ihrer Distanz eine gute Außenwahrnehmung. Väter und Mütter hingegen sind befangen, aus ihrer liebevollen Nähe erwächst leicht der Nachteil der verzerrten Wahrnehmung.

Lehrer und Lehrerinnen haben neben ihrer Professionalität auch den Vergleich mit vielen anderen Jungen und ihren Eltern. Sie können den Jungen in Bezug auf die Schule besser einschätzen. Mit ihrer Sicht ergänzen sie das Bild der Eltern – auch bei der Frage, wie selbstständig der Junge schon ist, wie viel Hilfe und Unterstützung er tatsächlich benötigt oder ob es für ihn nicht gut wäre, seine Aufgaben ganz allein zu schaffen. Deshalb ist es gut, wenn Eltern der Kompetenz von Lehrkräften vertrauen und sie in Zweifelsfällen auch mal um Rat fragen, nicht zuletzt deshalb, weil sie mit demselben Ziel unterwegs sind wie die Eltern: dass der Sohn die Schule gut schaffen kann.

Wenn nur noch die Peergruppe zählt

Die Beziehungen von Jungen zu gleichaltrigen Geschlechtsgenossen sind für ihre Lebenswelt eine maßgebliche Größe – und Schule ist in diesem Lebensabschnitt ein wesentlicher Teil ihrer Lebenswelt. Die Peergroup, also die Gleichaltrigen, sind nun der emotionale Fixpunkt außerhalb der Familie; sie sind meinungsbestimmend, auch in Bezug auf die Schule. Die Eltern verlieren damit an Bedeutung, während die Jungen etwas Entscheidendes gewinnen: Sie gewinnen eine ganze jugendliche Welt hinzu, weshalb die Funktion der Eltern für den Schulerfolg relativiert und korrigiert wird: häufig eine Krise, mehr für die Eltern als für den Sohn, der dabei ja nichts verliert. Moden und Meinungen, Stile und Stimmungen, Images von Personen und Institutionen werden von den Peers geprägt.

Wegen ihrer gruppenorientierten Beziehungsgestaltung und ihrer stärkeren Ausrichtung an der »Horde« ist die Wirkung der Gleichaltrigen bei Jungen oft höher als bei Mädchen. Diese wechselseitige Beeinflussung geschieht überdies meist unbewusst, es wird kaum darüber nachgedacht, ähnlich wie ja auch die Werte der Familie nicht reflektiert werden.

»Das sage ich immer wieder, auch zu den Kumpels, die zu meinen Jungs nach Hause kommen: keine falschen Freunde. Und das fängt ja in der Schule an, man muss immer aufpassen und so.«
Vater, zwei Söhne

Nur sehr selten finden sich dabei Gleichaltrige zusammen, die sich voller Begeisterung ins Schulleben stürzen und versuchen, sich gegenseitig mit guten Leistungen zu übertreffen. Meistens geht es in die andere Richtung. Die Ansichten der Jugendlichen verstärken

sich gegenseitig und schaukeln sich hoch - und damit leistungsmäßig herunter. Das kann Auswirkungen auf die Schule zeigen.
Eine negative Haltung zur Schule wird in der Jugendphase noch
verstärkt. War die Schule vorher eine lästige, eher langweilige Institution, wird sie nun noch weniger bedeutsam, manchmal zur
nichtsnutzigen, überflüssigen Zwangsanstalt. Einstellungen, die
in der Gruppe der Gleichaltrigen vorherrschen, formen bei vielen
Jungen das Image der Schule (mit).

Die soziale Dynamik in der Klasse ist für Jungen wichtig. Die
Peergruppe hat eine hohe Bedeutung und beeinflusst damit das
Verhalten im Unterricht. Für Jungen ist die Schule immer auch ein
Raum, um sich als männlich darzustellen. Die anderen Jungen sind
eine wichtige Zielgruppe dieser Inszenierungen. Problematisch
sind die Widersprüche zwischen Männlichkeit und Schule.

 *»Die anderen (Jungen) sind halt alle - so ein bisschen
unvernünftig. Kilian ist der einzige Vernünftige (...), er macht
auch manchmal Quatsch, aber halt nicht immer so blöd.«*
Benny (9), 3. Klasse

 *»Gut, und dann gibt es noch die Gleichaltrigen, die Klasse,
die hat da auch einen Einfluss, ja, das ist sehr wichtig.«*
Mathelehrer

Der Maßstab, um als männlich anerkannt zu werden, sind nicht
die schulischen Normen, sondern die Vorgaben der Gleichaltrigengruppe. In der achten Klasse, so zeigte eine Untersuchung, sprechen
Jungen im Unterschied zu Jüngeren weniger über ihr Leistungsver-
halten und gute Noten, um nicht in der Popularität bei Gleichaltrigen zu sinken. Jungen sorgen sich, bei guten Leistungen (von anderen Jungen) ausgegrenzt zu werden, von Gleichaltrigen als Streber
und »uncool« stigmatisiert zu werden. Das kann dazu führen, dass

leistungsbezogenes Verhalten vermieden oder versteckt wird. Ein soziales Umfeld, das der Schule gegenüber positiv eingestellt ist, trägt zum Erfolg in der Schule bei, es ist soziales Kapital, das positive Folgen fürs Engagement für die Schule zeigt. Umgekehrt können sich Gleichaltrige mit starker Schulentfremdung negativ auf die Schulleistungen auswirken; Fleiß, sich bemühen oder anstrengen wird abgewertet. Dies kann zur Leistungsbremse, zum »Underachievement« führen, Jungen bleiben unter dem Niveau, zu dem sie eigentlich fähig wären.

»Mein Sohn hat dann eine Berufsberatung und da so einen psychologischen Test gemacht. Und dann hat der Psychologe festgestellt: Also Minimum eine, wenn nicht gar zwei Noten ist er unter seinem Niveau!«
Mutter, drei Söhne

Schulen halten sich beim Underachievement von Jungen leider meistens heraus. Doch wenn es ein erkennbares Phänomen ist, dann kann auch im Unterricht der Strebervorwurf zum Thema gemacht werden: Denn dies ist nicht ein privates Problem einzelner Jungen, sondern ein soziales Thema, ähnlich wie Gewalt- oder Mobbingfälle an der Schule. Manche Lehrkräfte, manche Schulen nehmen diese problematische Dynamik unter Jungen wahr, allerdings ohne aktiv dagegen vorzugehen. Ich kenne keine Schule, die wirklich Anstrengungen unternimmt, die negative wechselseitige Beeinflussung von Jungen aufzubrechen. Die meisten Schulen setzen darauf, abzuwarten, und hoffen, dass die Jungen irgendwann von selbst damit aufhören. Das interpretieren Jungen allerdings als Akzeptanz. Solches Übergehen trägt dazu bei, das Problem zu erhalten und zu tradieren, denn jüngere Schüler lernen von älteren und übernehmen das tolerierte Verhalten.

Viele Jungen brauchen Jahre, um zu lernen, wie sie zurechtkommen können in dieser anstrengenden und stressbeladenen Situation mit so vielen Gleichaltrigen eine lange Zeit auf so engem Raum in der Schule, damit sie einen Weg finden, sich selbst kennenzulernen, sich zu regulieren und zu kontrollieren.

»Das ist das Wichtigste, sein eigenes Ding machen. Ich meine, es geht um deine Zukunft.«
Tibor (17), in einer Ausbildung

Eine wirklich große Herausforderung für viele Jungen besteht darin, Zivilcourage zu zeigen, wenn sie mit Aktionen von Gleichaltrigen nicht einverstanden sind. Es fällt ihnen oft schwer, sich hinzustellen und die eigene Meinung zu vertreten. Dafür benötigen sie Unterstützung von der Schule und von den Eltern, die den Jungen die Erlaubnis geben, sich abzusetzen und bei der eigenen Meinung, den eigenen Werten zu bleiben.

Eltern haben in dieser Peer-Konstellation grundsätzlich schlechte Karten. Ihr Beitrag besteht in dieser Phase darin, weiter liebevoll in Kontakt zu bleiben, die eigene Position zu halten, sich nicht in eine Ecke stellen zu lassen und die notwendigen Konflikte durchzustehen.

✳ **Wenn Eltern wahrnehmen,** dass Jungen unter ihren Leistungen bleiben, dürfen sie den Verdacht äußern und ihre eigenen Sorgen, Befürchtungen oder Ängste als solche benennen (es ist aber ihre Sicht der Dinge, nicht die absolute Wahrheit).

✳ **Jetzt nerven Eltern** häufig, wenn sie versuchen, am Schulischen dranzubleiben; das ist unvermeidlich. Eltern müssen dennoch nicht zu Kontrollfreaks werden, sie sollten aber Interesse zeigen und sich nicht auf die Schnelle abspeisen lassen.

✳ **Konflikte gehören dazu** und Eltern dürfen diese riskieren und eingehen. Sie sollten sich dabei aber im Klaren sein, dass ihr Sohn im

Zweifel den größeren Überblick hat. Ein häufiger Jungenvorwurf: »Du hast ja überhaupt keine Ahnung!«, braucht eine Antwort, zum Beispiel: »Stimmt, aber eine Haltung. Und ich will, dass du mir sagst, worum es geht, ich will ja auch noch was lernen!«

✳ **In extremeren Fällen,** zumindest wenn Kontakt zu den Gleichaltrigen besteht, kann es sinnvoll sein, die Freunde auf das Thema Leistungsschwächen offen anzusprechen, den engeren Kreis um Hilfe zu bitten oder mit der ganzen Clique zu reden. Aber Vorsicht, das ist für die meisten Jungen wirklich peinlich! Manchmal hilft die Ankündigung einer solchen Aktion oder nur die ausgesprochene Überlegung bereits zu einer Öffnung des Sohnes oder zu einer Verhaltensänderung; dabei geht es nicht um falsche Drohungen, sondern darum, dass Eltern aus der liebevollen Sorge heraus kein anderer Weg möglich scheint.

✳ **Außerdem ist es** immer wieder wichtig, in solchen Peergruppenkrisen die Hoffnung nicht aufzugeben. Wenn es schwierig ist, hilft das Mantra: »Es ist nur eine Phase, sie geht vorüber.«

Jungen im Statusstress

Viele Jungen sind in ihrem Männlichsein statusorientiert, dies machen sie vor allem am Gefüge der Beziehungen zu anderen Jungen fest. Seine Position zu klären und gegenüber anderen zu behaupten ist umso komplizierter und aufwändiger, je größer die Gruppe ist. Schule ist für Jungen über Jahre ein anstrengender Zustand, denn große Gruppen mit anderen Jungen fordern ständige Aufmerksamkeit: Wie bekomme ich Anerkennung? Wer hat welchen Rang? Kann ich mich behaupten? Kann ich meinen Status, meine Position halten, vielleicht sogar verbessern? Dabei entsteht Stress, den Jungen abbauen müssen, oft indem sie ihn ausagieren. Dies machen besonders Jüngere auf der körperlichen Ebene.

Eine große Zahl anderer Jungen steigert nicht nur das Stresspotenzial, sondern vergrößert auch die Arena für Status- und Generationskonflikte. Deshalb inszenieren manche Jungen Kämpfe mit der Lehrkraft, die sich dabei mitunter als Raubtierdompteur empfindet. Je mehr Zuschauer es gibt, desto mehr Spaß macht es zudem, Blödsinn anzustellen, denn darüber lassen sich Statuspunkte sammeln.

Um von anderen Jungen anerkannt zu werden, helfen schulische Normen nicht, hier zählt, was in der Peergruppe wichtig ist. Diese Normen sind oft an Maskulinität ausgerichtet: stark, cool, witzig, roh, risikofreudig sein – damit können Jungen punkten oder erhoffen es sich zumindest. Verhaltensanforderungen der Schule, die sich an Unterordnung orientieren, sind für sie nicht erstrebenswert. Im Gegenteil: Eine Ablehnung dieser Ansprüche und Erwartungen verspricht Zugehörigkeit und Anerkennung. Die Auflehnung gegen Anforderungen und Regeln, gegen das System Schule sind eine Form der Inszenierung von Männlichkeit, die bei Gleichaltrigen Prestigegewinn verspricht.

Dies nutzen Jungen zudem als Abgrenzung gegenüber den »braven« Mädchen zur geschlechtlichen Selbstvergewisserung: ein Stabilitätsgewinn in der unsicheren Jugendphase. Jungen sind Mädchen im Durchschnitt ab der dritten oder vierten Schulklasse in vielem unterlegen; sie sind nicht nur mental – zum Beispiel in der Lesekompetenz –, sondern auch jugendkulturell und körperlich – was die Pubertät angeht – ein bis zwei Jahre hinterher. Dies weckt in Jungen den Eindruck der Unterlegenheit. Viele reagieren mit dem Rückzug in die eigene Geschlechtergruppe, die dann noch bedeutsamer wird als zuvor; andere werden demotiviert oder aggressiv. Manche versuchen, ihrerseits durch Abwertung von Mädchen für einen psychohygienischen Ausgleich zu sorgen.

Vor allem instabile Jungen neigen zudem dazu, ihr Geschlecht über Abwertungen zu definieren. Wenn sie ihr Männlichsein aus dem Negativbild zum netten, angepassten, fleißigen und kommunikativen Mädchen ableiten, müssen sie rebellisch, aufsässig, unkommunikativ und faul werden, um »männlich« zu sein. Das betrifft nicht alle Jungen im gleichen Ausmaß, aber zum Beispiel solche, deren Peergruppe besonders auf Stärke, Mut oder Kameradschaftlichkeit ausgerichtet und eher autoritär strukturiert ist.

Weil sich Jungen in der Jugendphase mehr zurückziehen, sind konkrete Ursachen für Leistungsabfälle oder ablehnende Einstellungen der Schule gegenüber oft nicht zu erkennen. Häufig wird der »schlechte Einfluss« der Gleichaltrigen dafür verantwortlich gemacht, dass der Junge die Schule vernachlässigt und interessanteren Aktivitäten beziehungsweise Passivitäten (»chillen«) nachgeht. Was Eltern dabei leicht vergessen: Ihr Sohn ist Freund, Kumpel, Klassenkamerad für andere, also selbst Teil einer Peergruppe. Meistens sind es nicht einzelne Freunde, sondern die verdeckte Dynamik in der Gruppe, die Einstellungen prägen.

 »Das waren mehrere (Jungen in der Klasse), da hat der Tibor dann fleißig mitgezogen, oder er hat auch die anderen mitgezogen. Das hat gewechselt, er war nicht nur Mitläufer.«
Mutter, ein Sohn, eine Tochter

Mitschwimmen und standhalten

Vor allem bei Jungen kann sich schulischer Erfolg stigmatisierend auswirken. Das Wort Peer stammt vom lateinischen »par« ab, das bedeutet: gleich oder ähnlich. Zur Peergruppe gehört, wer sich nicht zu stark unterscheidet, wer sich »auf Augenhöhe« begegnet. Das Prinzip der Gleichrangigkeit würde aber gestört, wenn sich ein Gruppenmitglied zu stark von den anderen abhebt, wenn er

»etwas Besseres« ist oder sein will. Das spüren Jungen und halten sich deshalb mit ihren Leistungen zurück oder vertreten offensiv, nichts für die Schule zu tun. Immer wenn Jungen zu stark aus der Gleichrangigkeit ausscheren, droht Bestrafung. Wissbegierige, strebsame und an die Schule angepasste Jungen laufen dabei Gefahr, die Akzeptanz ihrer Peergruppe zu verlieren. Allerdings gibt es innerhalb der Gruppe Unterschiede: Statushöhere können sich mehr Abweichung leisten. Diese Spannung, die Gefahr des Ausschlusses bei zu großer Anpassung, ist manchen Jungen bewusst, sie versuchen, vermittelnd damit umzugehen, um beide Seiten einigermaßen zufriedenzustellen. Jungen dagegen, die stark auf Anerkennung angewiesen sind, müssen sich an der Resonanz der Gleichaltrigen orientieren - mit negativen Auswirkungen auf die schulischen Leistungen.

Nicht alle Jungen haben starke Bezüge zu Gleichaltrigengruppen, es gibt auch Einzelgänger - was deren Eltern jedoch ebenfalls Sorgen macht. Die meisten Jungen aber bewegen sich in Peergruppen, und das aus gutem Grund: Die Gleichaltrigen haben eine wichtige Funktion bei der Ablösung von den Eltern. Deshalb ist es keine gute Idee, Kontakte zur Peergruppe zu verbieten, natürlich mal abgesehen von Extremfällen wie Drogenkonsum oder Kriminalität. Wie die Jungen müssen Eltern mit den anderen Jungen leben, während ihr eigener Einfluss in dieser Phase schwindet - aber das ist ja der Sinn der Sache.

Die für Eltern zentrale Frage lautet: Wie können Jungen trotz der Gleichaltrigen gut durch die Schule gebracht werden?

✳ Hilfreich und relativierend: Erinnern Sie sich an Ihre eigene Jugendphase mit Ihren Gleichaltrigengruppen und -aktionen.

✳ Stärken Sie das Selbstbewusstsein Ihres Jungen, vertreten Sie die Grundhaltung: Du bist okay! Selbstbewusste Jungen können sich gegenüber Gleichaltrigen behaupten.

✳ Setzen Sie den wertschätzenden, liebevollen Umgang in der Familie in der Jugendphase fort; dabei geht es um wirkliche, echte Anerkennung (unbedingte Liebe).

✳ Ermöglichen Sie Ihrem Jungen Vielfalt: Mehrere Bezugsgruppen verhindern zu hohe Abhängigkeiten – sinnvoll ist also beispielsweise ein Nebeneinander von Schulfreunden, Sportclique, Skatertreff, Band ...

✳ Natürlich dürfen Eltern es ansprechen, wenn sie sich Sorgen machen oder wenn sie eine Vergewisserung brauchen.

✳ Vor allem Väter können von ihrer eigenen Jugend erzählen und darüber, wie sie das Dilemma zwischen Schule und Peergruppe bewältigt haben.

✳ Eltern können auch ansprechen, wenn sie gemischte Gefühle in Bezug auf die Gleichaltrigengruppe oder auf einzelne Freunde haben – aber: ohne die Freunde abzuwerten! Sie können zum Beispiel fragen: »Willst du das, was du da machst?« Oder Empfehlungen abgeben: »Nimm dir Zeit zu entscheiden, ob du das wirklich möchtest.«

✳ Achten Sie auf eine Atmosphäre, in der die Persönlichkeit wertgeschätzt wird, in der Familie und in der Schule: Eltern (und Lehrkräfte) sollen darauf hinwirken, dass ein Abweichen von Geschlechternormen nicht zu Abwertung, Diskriminierung oder Ausgrenzung führt.

✳ Ermöglichen Sie Ihrem Sohn schon vor der Pubertät reichlich Erfahrungen in Gruppen: So erwerben Jungen das Handwerkszeug, um in Gruppen nicht unterzugehen und sich dennoch nicht unterwerfen zu müssen.

✳ Respektieren Sie Ihren Jungen und nehmen Sie ihn ernst; unterstützen Sie ihn in der Familie darin, sich argumentativ behaupten und damit durchsetzen zu können.

Wenn die Schule nicht zum Jungen passt

 »Wenn man so ›kritische‹ Jungen hat, sollte man den Schulwechsel ernsthaft in Erwägung ziehen, sagen: Gut, komm, geh in eine andere Schule, guck, dass du das machst, was dir liegt. Und wenn sie unbedingt das Abi brauchen, vielleicht in ein berufliches Gymnasium, es gibt so viele Möglichkeiten.«
Mutter, drei Söhne

Bei allen Bemühungen, den Sohn gut durch die Schule zu bringen, muss berücksichtigt werden: Massenschule bedeutet immer auch Normierung. Es sind zwar wenige, aber es gibt Jungen, für die die Standardschule einfach nicht geeignet ist: Manche leiden darunter, dass sie angesichts so vieler Mitschüler unterzugehen drohen, die Klassenstärke ist für sie immer zu groß. Besonders feinfühligen, sensiblen Jungen kann der Trubel einer großen Schule zu viel sein; wieder andere leiden an massiven sozialen Ängsten oder Phobien. Manche verweigern deshalb den Schulbesuch völlig. Lehrer und Eltern überlegen dann oft, wie die Schüler »passend gemacht« werden könnten für die Schule - nicht immer der beste Weg.

Die deutsche Schulpflicht ist restriktiv und tendenziell unmenschlich: Bei Schule handelt es sich um eine Zwangsveranstaltung, individuelle Besonderheiten werden nur beschränkt akzeptiert. Alternative Lernformen wie Fernunterricht oder Unterricht durch die Eltern sind nicht möglich und werden kriminalisiert. Sie könnten aber für einen (sehr kleinen) Teil der Jungen durchaus eine Möglichkeit sein, anders als im engen Korsett der Normalität zu einem Schulabschluss zu gelangen.

Manchmal helfen Jungen und ihren Eltern große Schnitte und Schritte, die radikale Veränderungen bewirken: freiwillig die Klasse wiederholen, eine Klasse überspringen oder die Klasse wechseln. Vielleicht ist seine Schule aber auch einfach nicht die richtige für Ihren Sohn? Wenn alle wirklich ihr Bestes gegeben haben, sollte auch ein Schulwechsel bedacht werden. All das sind Entscheidungen, die Eltern zusammen mit den Fachleuten aus der Schule oder mit Beratungsprofis wie beispielsweise Schulpsychologen oder einer Elternberatung treffen sollten.

Darauf zu warten, dass sich die Schulen in nur wenigen Jahren im größeren Stil ändern werden, halte ich für aussichtslos: »Schools change slower than churches« lautet ein geflügeltes Wort aus den USA, und das gilt auch hierzulande. Desinteresse an geschlechterbezogener Qualität in Schulen, kleinstaatlerische Schulpolitik aus Bundesländern oder Kantonen, parteipolitische Ideologiegefechte, hierarchische Schulverwaltungen mit preußischem Erbe und eine traditionalistische Lehrerausbildung verhindern das Nötige. Auch von den Hochschulen ist in dieser Hinsicht wenig zu erwarten, dort beschäftigt man sich nicht mit der Frage, wie das Schulsystem im Interesse derjenigen verbessert werden müsste, die ihm täglich als Zielpublikum ausgesetzt sind.

Was *in* der Schule passieren muss – darüber streiten Fachleute. Nach Geschlechtern getrennte Unterrichtsphasen, kleinere Klassen, andere Unterrichtsinhalte oder -methoden für Jungen, welche Didaktik Jungen gefällt oder hilft, wie handlungsorientiertes Lernen besser aufgenommen werden könnte, ob G8 Jungen nützt, schadet oder egal ist – zu all diesen Fragen gibt es keine eindeutigen Antworten. Auch in diesem Buch sind Ideen und Erfahrungen dazu eher knapp gehalten: Es wäre dafür mehr fundierte Forschung nötig – die es aber fast nicht gibt. Fragen der Geschlechterqualitäten und -aspekte gehen derzeit hinter allgemeinen Leistungs- und Effizienzinteressen unter.

Eltern bleibt also vor allem, im eigenen Einflussbereich, in ihrem persönlichen Nahraum anzusetzen, wo viel bewirkt werden kann. Sie sind zu Hause, in ihrem eigenen Terrain gefordert, aber auch als Partnerinnen und Partner der Schule. Die Mitarbeit in der Schule sollte sich nicht nur aufs Kuchenbacken beim Schulfest beschränken, sondern ist durchaus auch inhaltlich gefragt.

»... dass die Eltern sich mit den Lehrern auch auseinandersetzen dürfen. Ich finde es gut, und das schätze ich bei uns an der Schule sehr, dass das Eltern-Lehrer-Verhältnis größtenteils einfach sehr freundlich ist und auch sehr kooperativ (...), dass da eine Zusammenarbeit ist eben und nicht jeder nur sein Ding macht.«
Mathelehrer

Weniger Mutter ist manchmal mehr

Bei der Begleitung von Jungen in der Schule sind grundsätzlich beide oder besser alle Eltern gefragt, egal ob verheiratet oder nicht, getrennt oder zusammen, ob gepatchworkt oder alleinerziehend, gemischt- oder gleichgeschlechtlich. Es ist gut, wenn die Eltern am gleichen Strang ziehen und dabei das Wohl des Jungen im Blick behalten. Selbstverständlich sind Eltern dabei in ihrer Persönlichkeit unterschiedlich – und das ist gut so, optimalerweise ergänzen sie sich dabei wechselseitig. Eher schädlich ist die Rollenaufteilung der Eltern in »good guy« und »bad guy«; das produziert Polarisierungen, oft in Form einer überfürsorglichen Mutter und eines überstrengen Vaters. Dies bringt Jungen in Loyalitätskonflikte, und sie lehnen den einen oder anderen Elternteil ab, der aber nötig ist, um wirklich erfolgreich zu sein. Idealerweise verhalten sich beide Elternteile nah, warm, liebevoll, Orientierung gebend, klar und konsequent zugleich.

Geschlechterunterschiede zwischen Vätern und Müttern können dabei zu einer Unwucht, zu Ungleichgewichten führen, zu einem Zuviel auf der einen, einem Zuwenig auf der anderen Seite. In der Beratung und in der Elternbildung fällt mir diese Tendenz immer wieder auf, die - sofern sie spürbar wird - für Jungen nicht leicht zu bewältigen ist und ebenfalls Teil der Jungenmisere in der Schule sein kann: zu viel Mutter, zu wenig Vater! Um Schule gut zu bewältigen, helfen Jungen eher moderate Geschlechterkonzepte. Deshalb ist es für den Sohn dienlich, bei den Eltern keine allzu rigide Rollen- oder Arbeitsteilung zu erleben.

Neben individuellen Unterschieden sind Mütter und Väter auch Männer und Frauen. Die Mutter ist für den Jungen immer die erste Bezugsperson überhaupt und zudem die erste Frau in seinem Leben, sein Musterfall des Weiblichen. Die Beziehung zur Mutter prägt sich tief in den Jungen ein, sie wirkt sich auf sein Selbstbild und auf seine Beziehungsfähigkeit aus. Dementsprechend bedeutsam ist die Mutter dafür, wie er durch die Schule kommt und sich dort entwickelt. Die meisten Mutter-Sohn-Beziehungen sind ausgewogen gestaltet und allenfalls mit kleineren Störungen versetzt. Das zu betonen ist wichtig, denn Mütter neigen viel mehr als Väter dazu, Schwierigkeiten auf sich zu beziehen, Erfolge dagegen nicht mit sich in Verbindung zu bringen. Sehr viele Mütter machen ihren Erziehungsjob gut; viele Jungen, die gut durch die Schule kommen, sind der Beweis dafür.

Weil die Mutter für den Sohn so wichtig ist, ist die Beziehung zu ihr aber auch anfällig, einerseits für individuelle Beeinträchtigungen, die mit der Biografie oder der Persönlichkeit der Mutter zusammenhängen (auf die an dieser Stelle nicht näher eingegangen werden kann), andererseits auch für strukturelle Störungen, die eher sozial bedingt sind oder gesellschaftlich in der Luft liegen.

Schwieriger Spagat

Die institutionelle Erziehung in Kindergarten und Grundschule ist überwiegend Frauensache. Viele Jungen richten dort ihre Erwartungen, die von ihrer Mutterbeziehung geprägt sind, an die Erzieherinnen beziehungsweise Lehrerinnen. Auch wenn Jungen in Kindergarten und Schule die Erfahrung machen, dass Frauen verschieden sind, wird jede doch an der Mutter gemessen. Der Junge erwartet dabei, bekannte Muster wieder zu erleben, er möchte seine Beziehungstaktik mit der Mutter auf andere Frauen übertragen.

Schwierig wird es für ihn, wenn er von zu viel Nachgiebigkeit ausgeht, wenn er zum Beispiel bei der Mutter immer durchsetzen kann, was er will - sei es durch Quengeln, Weinen oder Brüllen -, wenn er seine Wünsche als kleiner Prinz erfüllt bekommt oder wenn ihn die Mutter grenzenlos umsorgt: Dann erwartet er dies von der Lehrerin ebenso, und umso kräftiger sind die Auseinandersetzungen, wenn er auf Widerstand trifft.

»Man spürt einen Unterschied, wie Eltern mit Jungen umgehen und wie sie mit Mädchen umgehen. Wir haben vor allem mit Müttern zu tun, und Mütter gehen mit Jungen anders um als mit Mädchen, im Durchschnitt (...). Wir haben ein großes Überbehüten bei den Jungen (durch Eltern beziehungsweise Mütter), viel mehr als bei den Mädchen (...). Bei Jungen erlebe ich immer wieder, dass Mütter diesen Jungen die Tasche hinauftragen bis vors Schulzimmer, am Anfang sogar noch die Hausschuhe wechseln - bei siebenjährigen Jungen! (...) Und das sind dann auch die Jungen, die sehr respektlos sind mit ihren Müttern. Die sie als Lastesel sehen. (...) Diese Jungen haben dann das Konzept: Frauen sind die, die einem alles hinterhertragen, die einen bedienen, die tun, was wir ihnen sagen.«
Rektorin, Grundschule bis 6. Klasse

Zu viel Mütterlichkeit ist kein vereinzeltes, individuelles Problem, wie die täglichen chaotischen Verkehrsverhältnisse vor Grundschulen beweisen, wenn überwiegend Mütter ihre Kinder bis vor die Tür chauffieren und ihnen noch die Schultaschen hinterhertragen. Ein Zuviel an Mutter hat viele Gesichter: das Verwöhnen, Überbehüten und Überversorgen, das Nicht-Loslassen der Jungen durch nicht mehr altersgemäße Betreuung. Woher kommt das? Meistens führen zwei Motive zur Überversorgung, die eigentlich aus unterschiedlichen Zeiten stammen: ein eher traditionelles Überbleibsel weiblicher Identität und bei modernen, berufstätigen Müttern die Schuldgefühle.

Wenn sich das Selbstverständnis einer Frau auf Traditionen ausrichtet und stark oder ausschließlich aus ihrem Muttersein speist, ist die Verführung groß, es mit der Mütterlichkeit zu übertreiben. So stellen Jungen sich auf eine lebenslange Serviceleistung durch Frauen ein, und Mädchen bleiben in engen traditionellen Bildern von Weiblichkeit gefesselt. Dabei wird ein fürsorglicher Vater oft als Bedrohung dieser Identitätsfacette gesehen, weshalb manche Mütter versuchen, ihn herauszuhalten. Die moderne Frauenrolle fordert von Müttern, Berufstätigkeit und Muttersein unter einen emotionalen Hut zu bringen, ohne nur eine Spur der perfekten Mutter zu opfern. Ein schwierig zu bewältigender Spagat, und so ist eine Form der Kompensation berufstätiger Mütter das Überbemuttern, um den Kindern in der reduzierten Zeit alles zu geben, was diese vielleicht vermisst haben, und dabei die eigene innere Spannung und ihr schlechtes Gewissen auszugleichen.

»Wenn die Mütter diese Angst haben: ›dann liebt mein Sohn mich nicht mehr‹, das ist für mich das Allergefährlichste. Das erlebt man sehr oft – gerade auch berufstätige Mütter, die haben ein bisschen ein schlechtes Gewissen und denken: ›Da muss ich alles nachholen am Abend – und dafür darf mein Kind alles, was es will.‹ Die (Jungen) sind auch sehr resistent, nicht nur wenn es um das Thema Ordnung geht, sondern beim Thema respektvoller Umgang – dann wollen die nicht hören. Dann kommt auch so das: ›Ja, es ist halt ein Junge, die sind halt so grob.‹ Solche Mütter, mit so schlechtem Gewissen oder mit Angst vor ihren eigenen Söhnen, das finde ich ganz gefährlich.«

Rektorin, Grundschule bis 6. Klasse

Erst allmählich setzt sich das Bewusstsein durch, dass es schlicht unmöglich ist, eine perfekte Mutter zu sein.

Hintergrund des Dilemmas ist die im deutschsprachigen Raum immer noch wirkende Ideologie von Mütterlichkeit; französische Mütter zum Beispiel sind in dieser Frage deutlich entspannter. Hinzu kommt die Wirkung eines in vielen Kulturen verankerten Mythos der Mutter, die sich aufgibt und sich selbst als Opfer für ihre Kinder bringt. Sicher: Jede Elternliebe zum Kind benötigt auch Opfer. Es ist aber wichtig, den Kindern etwas zu geben, *ohne* sich aufzuopfern. Dafür bedarf es Selbstbewusstsein. Eine Mutter, die sich selbst aufgibt, wird als Lohn vom Kind erwarten, dass es ihrer Vorstellung entspricht, was das Kind nicht erfüllen kann. Es handelt sich um ein verdecktes Tauschgeschäft, bei dem beide Beteiligten verlieren.

Besonders wenn Mütter beruflich gut für sich sorgen und ihren Kindern keine Rundum-Versorgung bieten, werden sie oft unsicher: Darf ich mir das rausnehmen? Habe ich als Frau ein Recht auf meinen Beruf? Opfere ich mich nicht genug für meine Kinder auf? Solche Fragen sind Einfallstore für Schuldgefühle. Werden sie zu stark, und gleichzeitig nicht bewusst verhandelt, dann droht die Gefahr der Überreaktion, und zwar in zwei unterschiedlichen Formen: Entweder die Mütter verhalten sich kalt, nehmen die Bedürfnisse der Jungen nicht wahr, verbieten sich Mitgefühl oder verlagern ihr schlechtes Gewissen in Form von Schuldvorwürfen aufs Kind. Oder aber – was nach meinem Eindruck häufiger vorkommt – sie überreagieren mit zu viel Wärme.

Überbehütung erfahren natürlich auch Mädchen, aber es wird in Bezug auf Söhne in besonderer Weise akut, weil geschlechtliche Wechselwirkungen im Gange sind. Die Mütter bringen etwas von ihrer Weiblichkeit mit in die Beziehung, vielleicht ist dies ein überkommenes Stammhalter-Syndrom. Die Jungen wiederum gestalten die Beziehung aktiv mit, etwa mit ihrer ambivalenten Idee aus der Kindheit, die Mutter heiraten zu wollen, was das Verhältnis zur Mutter prägt. In meinem Buch *Jungen – eine Gebrauchsanweisung* gehe ich ausführlicher darauf ein. Sowohl Unter- wie Überversorgung schadet Jungen: Zu wenig Bemutterung lässt sie mit ihren Bedürfnissen und Bedürftigkeiten allein, wodurch sie überfordert sind. Zu viel dagegen erdrückt sie, gibt ihnen zu wenig Entwicklungsmöglichkeiten, sie sind nicht herausgefordert, die nächsten Schritte zu tun, bleiben auf die Mutter fixiert und können sich nicht lösen, sie bleiben psychisch unterentwickelt.

In unserer Jungenstudie fanden sich Hinweise, dass Überbehüten stärker in der Mutter-Sohn-Achse auftaucht als in anderen Elternkonstellationen. Die befragten Lehrkräfte und Schulleitungen berichteten, dass generell Mütter mehr zur Überfürsorglichkeit neigen (zwar kommt dies auch bei Vätern vor, wenn auch seltener) und dass Mütter eher bei ihren Söhnen zum Übermuttern neigen und seltener bei ihren Töchtern.

»An meinem letzten Elternabend habe ich genau das gehört von einer Mutter (...), dass sie quasi dem Sohn alle Schwierigkeiten abzunehmen versucht und ihn nicht auf die Nase fliegen lassen will. Da hat mir der Vater gesagt, die Mutter sei so, und das sei ein großes Problem für den Sohn, der werde so behütet – und das ist einer der auffälligsten Jungen in dieser Klasse, elfte Klasse –, der ist wirklich problematisch, und offenbar ist das der familiäre Hintergrund.«
Mathelehrer, Gymnasium

»Ich habe den Eindruck, dass vor allem Jungenmamas sich sehr schnell, also etwas schneller angegriffen fühlen als Mädchenmamas. Weil sie ihre schützende Hand über den Jungen halten. Ich habe das Gefühl, dass das bei Mädchen nicht so schnell der Fall ist.«
Lehrerin, Grundschule

Umgekehrt gab es keine Interviewpartner, die das Gegenteil behaupteten, also: Mädchen würden mehr bemuttert als Jungen oder Väter würden Mädchen mehr überbehüten. Auch aus der Beratung kenne ich eher Mütter, die es mit der Fürsorge übertreiben, aber auch solche, die gut Maß halten können und dennoch unsicher sind, ob sie nicht mütterlicher sein müssten.

»Ich bin doch die Mama, ich muss doch jetzt gucken, das muss doch hier jetzt laufen – und da auch mal (zu sagen): ›Stopp, stopp – muss ich gar nicht immer!‹ Das auch zu akzeptieren.«
Mutter, ein Sohn, eine Tochter

Mut zum zeitgemäßen Muttersein

Die Praxis zeigt, auf die Entwicklung von Jungen scheinen berufs-tätige und beruflich erfolgreiche Mütter heute einen positiveren Einfluss zu haben als solche, die sich auf Traditionen ausrichten. Denn gerade berufstätige Mütter schaffen dem Jungen Platz für eine Erweiterung seiner Männlichkeitsbilder, selbst wenn der Vater des Jungen das moderne Muster dies noch nicht völlig umsetzt. Durch ihre Mutter erleben Jungen den schwierigen Spagat zwischen Be-ruf und Muttersein und wachsen daran, indem sie die Belastungen bewältigen, die durch eine berufstätige Mutter auf sie zukommen. Jungen erfahren dabei sogar eine Entlastung traditioneller Zumu-tungen des Männlichen, da das Modell des Alleinversorgers auf dem Schrotthaufen der Geschlechtergeschichte entsorgt wird.

Wo Mütterlichkeit besonders intensiv ist, hat es der Vater mit seiner Fürsorglichkeit meist schwer. Eine überidealisierte Mutter ist allmächtig und kann in der Erziehung sozusagen alles besser als ein Mann. Auch dies ist ein eher seltenes Extrem, aber die Ten-denz dazu ist während der Kindheit des Kindes oft zu erleben; die-se Mütter drohen den Mann zu verdrängen: »Lass mal, ich mach schon«, »So kannst du das nicht machen, das geht so«. Das lässt unsichere Väter, die sich in der modernen Rolle erst einfinden müssen und viel weniger über Vorbilder aktiver Väterlichkeit ver-fügen, eher den Rückzug antreten. Bis der Junge dann in die Schule kommt, hat sich solches Verhalten verfestigt, und es ist klar: In der Erziehung hat der Vater nicht viel zu sagen. Damit klinkt er sich aus schulischen Themen und Fragen aus oder schon von vornherein gar nicht erst ein – für die Schulkarriere des Jungen kann sich das schädlich auswirken.

Weil dieser ganze Komplex nicht einfach ist und eine Heraus-forderung darstellt, hilft es, offen mit Fragen und Zweifeln umzu-gehen.

* **Bekämpfen Sie Impulse** von Schuldgefühlen offensiv, da sie überflüssig sind und in die Irre führen.

* **Überlegen Sie selbstkritisch:** »Könnte es sein, dass ich meinen Sohn ein wenig zu viel bemuttere?«

* **Beziehen Sie nicht** jeden Misserfolg und jede Schwierigkeit sofort darauf, dass Sie berufstätig sind.

* **Vergleichen Sie sich** nicht mit hyperaktiven Müttern und lassen Sie sich nicht durch diese beirren. Frage Sie lieber die gelassenen Mütter: »Wie macht ihr das?«

* **Vertrauen Sie Ihrem** Jungen und muten Sie ihm etwas zu, zum Beispiel, dass er den Schulweg zu Fuß oder mit dem Fahrrad bewältigen kann; oft hilft es, sich klarzumachen, dass der Junge zunehmend selbstständig wird, eigenständig handelt und Luft braucht, um sich zu entfalten.

* **Ziehen Sie Lehrkräfte** als Fachleute zu Rate und fragen Sie, wenn Sie unsicher sind: »Sagen Sie mal ehrlich: Betüttele ich? Oder kümmere ich mich zu wenig?«

* **Teilen Sie das** schlechte Gewissen mit dem Vater (so vorhanden) gerecht auf, sodass jeder 50 Prozent trägt.

* **Verstehen Sie das** Muttersein als Experimentierraum und drehen Sie das Muster »lieber zu viel als zu wenig umsorgen« phasenweise um: Schauen Sie, ob weniger nicht vielleicht schon genügt oder sogar besser ist.

* **Fragen Sie sich:** »Traue ich meinem Sohn zu wenig zu? Neige ich dazu, ihm Schwierigkeiten abzunehmen und alles hinterherzutragen? Verhält er sich manchmal respektlos mir gegenüber?«

* **Als Mutter sind** Sie nicht als Hausaufgaben- und Nachhilfepersonal zwangsverpflichtet.

* **Sprechen Sie bei** Bedarf das Thema bei Elternabenden offensiv an.

* **Nehmen Sie sich** als Mutter zurück, halten Sie sich raus: Lassen Sie den Vater die Dinge so machen, wie der Vater sie nun einmal macht.

Mehr Vater für die Söhne

ür die Einstellung zur Schule und für den Schulerfolg ist für Jungen der Vater in besonderer Weise bedeutsam, schließlich ist er so etwas wie der Prototyp des Männlichen, der den Jungen prägt. Sein Vater gibt dem Jungen Orientierung, er ist sein männliches Modell; der Sohn imitiert seinen Vater und übernimmt, meist unbewusst, »männliche Aufträge« von ihm. Im Gegensatz zu Bildern von Männlichkeit, mit denen Jungen durch die Außenwelt gut versorgt sind, zeichnet sich der Vater durch den echten Kontakt, das männliche Geben und Nehmen aus. Er ist deshalb kein Vor-Bild, sondern ein Entwicklungsgegenüber für die wechselseitige Anregung. Dies ist abhängig von der Nähe, der Intensität der Beziehung, aber selbstverständlich haben auch getrennt lebende Väter eine hohe Bedeutung für den Sohn; und sogar dann, wenn der Sohn ihn gar nicht kennt, bleibt der Vater für viele Jungen bedeutsam: Sie phantasieren sich ihren Vater über die wenigen Fakten hinaus, die sie kennen. All dies strahlt auf die Einstellungen des Sohnes, seine Haltung zur Schule aus.

Manche Väter sind sich dieser herausgehobenen Rolle für das Leben ihres Sohnes gar nicht bewusst, andere erschrecken darüber und lehnen die Verantwortung ab, die ihnen dadurch zuwächst. Der Vater ist einerseits einfach der andere Elternteil, den jedes Kind braucht. Er ist aber auch der männliche Elternteil des Jungen und damit für seine Vorstellungen vom Männlichsein relevant. Der Junge übernimmt unmerklich vom Vater Botschaften über »die Männer« und orientiert sich an den Männlichkeitsvorstellungen des Vaters. Gleichzeitig durchleben viele Väter in der Einfühlung mit dem Sohn ihre eigenen biografischen Phasen und Stationen des Männlichseins erneut. Väter erhalten dadurch Gelegenheit, sich dessen bewusst zu werden, das eine oder andere weiterzuentwickeln oder zu revidieren.

Es lohnt sich ganz besonders, diese Offenheit zu nutzen, um das Männliche zu modernisieren. Denn Jungen, die moderne und egalitäre Männlichkeitsbilder vertreten, haben es in der Schule leichter. Jungen orientieren sich in vielem zuerst an ihren Vätern; später kommen Männlichkeitsvorstellungen anderer Jungen, Männer oder der Medien hinzu. Sie übernehmen in der Identifikation mit dem Vater grundlegende Einstellungen und Bewertungen, selbstverständlich auch solche über die Schule. Söhne sehen die Welt ein Stück weit mit den Augen ihrer Väter. Vor allem kleinere Jungen registrieren genau, was ihr Papa tut: Was er wirklich meint, kommt in seiner Haltung und in seinem Handeln zum Ausdruck, mehr als in dem, was er sagt.

Immer hat der Vater als Modell fürs Männlichsein eine tragende Bedeutung: wie sich der Vater gegenüber anderen verhält, ob er mehrere Wege entwickelt hat, um sich männlich zu fühlen, ob er eine harte Abgrenzung zwischen männlich und weiblich nötig hat oder nicht. Jungen hilft ein Vater, der mit ihnen (auch allein) gemeinsame Erfahrungen macht und damit signalisiert: Männlich ist, in Beziehung zu sein, sich zu mögen, sich zu stärken, sich mit Positivem und mit Schwächen zu sehen und zu zeigen. Und nicht zuletzt in seiner Leistungshaltung der Schule gegenüber ist der Vater wichtig mit der tragenden Grundbotschaft: Schule war für mich wichtig, sonst wäre ich heute nicht der Mann, der ich bin.

Warum Väter für Söhne ganz besonders zählen

Auch jenseits von den Eckpunkten des Männlichen sind Väter ein Modell für Jungen. Ihre Einstellungen und ihr Handeln bestimmen die Haltung des Jungen gegenüber Schule und gegenüber Fertigkeiten, die helfen, Schule gut zu bewältigen. Weil er fürs Männliche als so zentral dargestellt wird, ist zudem die Einstellung zum

Beruf ein wesentliches Medium. Die meisten Männer spüren die hohe Bedeutung der Berufsarbeit für ihr Vatersein, aber auch für ihr Männlichsein. Das ist für die Söhne gut so. Schwierig wird es, wenn die Berufsarbeit die einzige Quelle fürs Männliche ist: Väter, die extrem viel arbeiten, die ständig um den Beruf kreisen, die sich nach Feierabend noch im Arbeitsmodus befinden, bieten dem Sohn nur eine sehr eingeschränkte Form, das Männliche zu erkennen.

Wenn das Aktiv- oder das Tätigsein stark verknüpft wird mit dem männlichen Selbstwertgefühl, wenn durch die Berufsarbeit gehetzte und noch in der Freizeit gestresste Väter kontinuierlich vermitteln, dass nur diese Existenzform berechtigt ist, dann erleben Jungen: Handeln ist männlich, alles andere ist nichts wert. Sich zu entspannen, abzuschalten, es sich einfach gut gehen zu lassen scheint dann bedrohlich, weil diese Passivität anscheinend das Männliche beunruhigt oder angreift. Daraus kann erheblicher Leistungsdruck entstehen; viele Männer empfinden sich als wert- oder nutzlos, wenn sie nichts tun (können). Der Nebeneffekt kann dabei sein, dass in der Schule vieles in diesem Sinne »unmännlich« und langweilig erscheint, wodurch bei Jungen die Aufmerksamkeit und Leistungsbereitschaft geschmälert wird. Jungen fällt es dann schwer, Schule zu akzeptieren, die über weite Strecken eine passive Haltung verlangt.

 Fabian wurde beim Wechsel in die achte Klasse nicht versetzt. Seine Eltern versuchten zwar durch ein engagiertes Gespräch mit dem Klassenlehrer die Versetzung zu retten – aber alle Lehrer waren anderer Ansicht, es war nichts zu machen. Sein Vater Friedrich ist als Leiter einer sozialen Einrichtung ein vielbeschäftigter und darüber hinaus politisch engagierter Mann und dementsprechend wenig zu Hause.

Nun will er in einem Gespräch mit Fabian die Ursachen gemeinsam ergründen, was der Sohn aber, nur leicht schuldbewusst, über sich ergehen lässt. Friedrich versucht, Strategien aufzuzeigen, um ein ähnliches Problem künftig zu vermeiden. Abschließend sagt er: »Und wenn du nochmal Probleme hast, du weißt ja, du kannst immer zu mir kommen!«

Da platzt Fabian der Kragen und er schnauzt seinen Vater wütend an: »Ja, wann denn? Nachts um halb zwei?« Diese Antwort hat Friedrich sehr getroffen. Er ahnte, dass er selbst Teil von Fabians Problemen war. Der Anlass war für Friedrich mit ausschlaggebend dafür, weniger und anders zu arbeiten, sich mit sich selbst auseinanderzusetzen und wenigstens ein wenig mehr und verlässlicher für seine Kinder (Fabian hat noch zwei Schwestern) da zu sein.

Väter sind für Jungen Modelle für Autonomie, Bedürfnisse und Bedürftigkeiten, daraus können sie Verbote und Erlauben ableiten, etwa was die Bewältigung von Aufgaben angeht oder wie mit Anforderungen umgegangen werden soll oder darf: Muss Papa alles allein schaffen oder erlaubt er sich, um Hilfe zu bitten? Ist Papa als einer erkennbar, der selbst bedürftig ist, Bedürfnisse hat und etwas dafür tut, sie zu befriedigen, oder ist davon nichts spürbar? Die Fähigkeit, sich Hilfe zu suchen, orientiert sich bei Jungen unter anderem daran, wie sich ihr Vater verhält. Wenn er ein rigides, eingeschränktes Bild des Männlichen lebt, hat es der Sohn schwerer, Unterstützung anzunehmen, darum zu bitten oder sich selbst als hilfsbedürftig zu akzeptieren; stattdessen versucht er das überfordernde Motto zu leben: »Du musst alles allein können, sonst bist du kein Mann.«

Auch in anderer Hinsicht sind Väter männliche Muster für den Sohn. Wenn Jungen über den Vater vermittelt bekommen, dass

Männlichsein bedeutet, zu dominieren, stets im Mittelpunkt zu stehen, sich als universell kompetent zu präsentieren oder sich immer durchzusetzen, dann wird es für den Jungen in der Schule schwierig. Schule verlangt in vielen Bereichen, sich einzuordnen, die Autorität der Lehrkraft zu akzeptieren, etwas anzunehmen, sich für etwas zu interessieren, was andere besser können, und diesen Zustand auszuhalten, abzuwarten, bis die eigene Kompetenz wieder gefragt ist. Dafür in der Familie und in der direkten Beziehung zum Vater ein Modell zu haben erleichtert es dem Jungen, Schüler zu sein. Auch das Interesse des Vaters an den Schulerfahrungen des Sohnes und das väterliche Engagement z.B. beim Besuch von Elternabenden, dem Schulfest, der Theateraufführung von der ersten Klasse an prägen den Jungen – und selbstverständlich auch der umgekehrte Fall.

Meine Frau und ich haben eine Tochter und einen Sohn, was für die Aufteilung unserer Schulaufgaben ganz praktisch war, weil wir uns so abgesprochen haben: Bei der Tochter ging meine Frau zu den Elternabenden und ich beim Sohn. Es spricht einiges dafür, die Zuständigkeit nach dem Geschlecht der Eltern und Kinder zu verteilen, wenn das möglich ist.

Hilfreich für Söhne: der schulaffine Vater

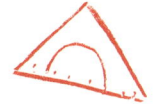

Manche Väter hängen in der Bewertung von Schule in ihrer eigenen Schulbiografie fest. Gerade wenn Väter die Schule als schwierig oder entwertend erlebt, wenn sie unter Ängsten oder Leistungsdruck gelitten haben, überträgt sich das unbewusst auf den Sohn. Auch wenn sie Schule als irrelevant bewerten, werden Söhne diese Einstellungen übernehmen. In dieser Haltung präsentiert sich der Vater dem Jungen als »Gleicher«, ohne den elterlichen Abstand. Allerdings haben Jungen in Gleichaltrigen genug Freunde auf der »Kumpelebene«, dafür brauchen sie ihren Vater nicht. Ihn brauchen und wollen sie als das, was er ist: als Vater. Dieser Rollenwechsel vom gewesenen Schüler zum schulaffinen Vater gehört gleichsam zur Grundschule des Vaterwerdens.

Vor allem Väter kokettieren mit schlechten schulischen Leistungen: »Ich habe Mathe auch nie kapiert«, »In Sprachen war ich immer eine Niete«. Oder sie betonen ihr minimalistisches Engagement für Schulisches. Ich erlebe es immer wieder, dass Väter schelmisch grinsen, wenn sie berichten, dass sie selbst nichts für die Schule getan, viel geschummelt, häufig gestört oder ihre Lehrer gereizt haben. Es gehört zu den Aha-Erlebnissen solcher Väter, wenn sie verstehen, dass sie damit doppelbödige Botschaften aussenden, die ihren Sohn erreichen. Überzeichnet vermitteln sie ihm einerseits, er solle fleißig sein, sich anstrengen, machen, was die Lehrerin sagt; gleichzeitig teilen sie ihm mit: Schule ist nicht wichtig, Lehrer sind Idioten, sorg lieber dafür, dass du Spaß hast, pfeif auf Noten, sei so toll und rebellisch wie ich. Widersprüchliche Botschaften sind für Jungen nur schwer auszuhalten, deshalb entscheiden sie sich gern für die leichtere Variante, die in Opposition zur Schule steht und mit Männlichkeitsbildern der Coolness und der Überlegenheit korrespondieren, die auch Gleichaltrige großartig finden: Sie schlagen so zwei Fliegen mit einer Klappe, unterm Strich aber leider zu ihrem Nachteil.

Faulheit wird nicht vererbt. Aber es fällt auf, dass es sich dabei um ein generativ weitergegebenes Merkmal handelt. Manche Jungen sagen, ihr Vater sei eher ein fauler Schüler gewesen – nie werden dabei nachlässige Mütter ins Spiel gebracht. Einige Väter von desinteressierten Schülern beichten halb stolz, halb schuldbewusst, dass sie als Schüler früher selbst faul waren und dass ihr eigener Vater, der Großvater des Jungen, ebenfalls ein unmotivierter Schüler gewesen sei. Jungen spüren genau, wenn Väter die Schule als nicht so wichtig abqualifizieren, sie legitimieren damit ein Stück weit ihre eigene Schuldistanz.

Damit Väter ihren Söhnen nicht im Weg stehen, ist es wertvoll, wenn sie bewusst einen Rollenwechsel vornehmen. Im Kontakt mit ihrem Sohn spüren Väter, dass es jetzt von Belang ist, eindeutig zu sein, eine klare Haltung zu beziehen. Für Jungen ist es hilfreicher, wenn Väter die (vielleicht wenigen) Momente betonen, in denen sie Leistungsbereitschaft und Motivation gezeigt haben, in denen sie sich richtig angestrengt haben. Oder wenn sie ihr Bedauern darüber äußern, dass sie mit ihrer nachlässigen Haltung Lern- und Kompetenzchancen verpasst haben.

Durch die selbstkritische Auseinandersetzung mit der eigenen Vergangenheit als Schüler kann es gelingen, zu einer Neubewertung aus der Erwachsenenperspektive zu gelangen und eine klare Haltung dem Sohn gegenüber einzunehmen.

Der Vater als der Schulheld des Jungen

Jungen wollen vor allem in der Kindheit bis zur frühen Jugend vom Vater wissen, wie er die eigene Schulbiografie gemeistert hat. Väter sollten dann von ihrer eigenen Kindheit und Jugend erzählen, von ihren Stärken, aber auch von Versagensängsten oder darüber, wie sie das Dilemma zwischen Schule und Peergruppe bewältigt haben. Jungen erhalten dadurch wichtige Metainformationen, die anders als konkretes Wissen abgespeichert werden, nämlich in Haltung und Einstellung zur Schule. Dabei geht es überhaupt nicht darum, dass Väter die eigene Schulvergangenheit idealisieren, sich selbst als Musterschüler ohne jegliche Probleme darstellen oder das Blaue vom Himmel schwindeln, sondern um den Übergang von der eigenen Haltung als Junge in die neue Haltung als Vater und um die damit verknüpfte Eindeutigkeit.

Das »Männliche« ist zwar weitgehend eine gesellschaftliche Konstruktion, aber dennoch sehr wirksam. Es wird für Jungen beispielsweise über Heldengeschichten lesbar, die der Vater erzählt. Wenn der Vater seine Schulmythen ins Spiel bringt, hat das für den Sohn Bedeutung. Erzählt er sie aus der Schülerposition, dann berichtet er von der eigenen Großartigkeit und der Dummheit der Lehrkräfte, von der eigenen Faulheit, vom Stören oder von fehlenden Ambitionen. Das hilft dem Sohn nicht weiter.

Eine erwachsene Heldengeschichte des Vaters schildert vielleicht, wie schwer es ihm gefallen ist, sich anzustrengen, sich selbst zu disziplinieren, Ordnung zu halten, Texte zu erfassen oder leserlich zu schreiben, wie wenig Lust er darauf hatte, wie groß die Verführungen der anderen aus der Clique waren, welche Abstürze oder schlimmen Misserfolge es gab - und wodurch die Wende eingeleitet wurde oder wie die Rettung kam, wie er sich angestrengt hat, wie er plötzlich ein Ziel sah oder merkte, dass er ja weiterkommen will, und es schließlich geschafft hat.

Ohne Überhöhung und Selbstidealisierung helfen Jungen solche Mythen stärker, weil deutlich wird, worauf es ankommt. Selbstverständlich ist dies nur ein Teil des Materials, aus dem Jungen schließlich ihr Eigenes basteln, aus dem sie sich bedienen, das ihnen hilft, Entscheidungen zu treffen und ihren eigenen Weg zu entwerfen; aber weil es der Vater ist, hat es für den Jungen eine besondere Bedeutung.

Ehrlicherweise muss Vätern aber zugestanden werden, dass es ihnen von der Schulseite oft nicht leicht gemacht wird, ein »Schulheld« zu werden. Viele Väter fühlen sich nur unzureichend aufgefordert und eingeladen, Schule mitzugestalten. Das Unstrukturierte, oft Diffuse schreckt nicht nur Jungen ab, sondern auch Väter. Unklarheiten, Planlosigkeit und fehlende Konzepte locken Väter nicht in die Schule, sondern treiben sie von ihr fort. Aus eigener Erfahrung, zum Beispiel mit zahlreichen Elternabenden in Schulen, kann ich sagen: Unstrukturiertheit, weitschweifige Erläuterungen von Nebensächlichkeiten und daraus folgend der Eindruck von Ineffizienz führen dazu, dass Männer nicht gerne zu solchen Veranstaltungen gehen oder gleich wegbleiben. Ich habe mich ein paarmal zum Elternvertreter wählen lassen, weil ich solche Elternabende schlecht aushalten konnte, und habe sie dann gemeinsam mit der Lehrkraft vorbereitet und selbst geleitet.

Was kann und soll der Vater machen?

War der Vater früher traditionell dadurch für die Familie da, dass er nicht präsent, sondern draußen, im »feindlichen Leben«, aktiv war, hat sich diese Rolle mittlerweile entscheidend geändert. Mit dem Bewusstsein, wie wichtig Väter für Kinder allgemein, aber im Besonderen für das Geschlechtliche von Mädchen und für Jungen sind, hat sich ein Rollenwandel vollzogen. Heute wollen die meisten Väter bewusst zugegen sein, was sich beispielsweise an der Zunahme von Erziehungszeiten durch Väter zeigt, aber auch dadurch erkennbar wird, dass Väter tatsächlich mehr da sind: indem sie ihre Kinder am Kindergarten abholen, mit dem Jungen zur Kinderärztin gehen oder auf dem Spielplatz mit ihren Kindern aktiv sind.

Ein solch gravierender Wandel, eine solche enorme Entwicklung vollzieht sich nicht ohne Spannungen. Der moderne Väterkonflikt präsentiert sich wie die Vereinbarkeitsprobleme der Mütter, nur mit umgekehrten Vorzeichen. Väter leiden unter ihrer Doppelbelastung als Vater und Berufsmensch; sie fragen sich, ob sie es sich erlauben können, Beruf und Karriere zugunsten ihres Vaterseins zu vernachlässigen, ob es nachteilig ist, um vier Uhr Feierabend zu machen, um den Kleinen von der Kita abzuholen, oder eine Karrierechance nicht zu ergreifen, die sich jetzt gerade bietet, aber leider noch mehr Arbeitszeit erfordert. Für ihr Engagement in der Familie oder für Erziehungszeit müssen sie kämpfen und brauchen dafür viel Selbst- und Gottvertrauen, dass sie dennoch beruflich nicht abgewertet werden, denn dies droht ihnen real oder in der Phantasie. Je nach Berufs- und Lebenssituation erfordert es deshalb von Vätern wirklich viel, stabil zur eigenen Vaterrolle zu stehen und es durchzuhalten, ein aktiver und guter Vater zu sein. Zuallererst verlangt es eine gewisse Entschiedenheit, sich in diesen Zeiten des Übergangs zu engagieren und bei auftretenden Schwierigkeiten dranzubleiben.

Neben der Entwicklung einer väterlichen Haltung kommt es im Alltag mit dem Jungen vor allem auf das konkrete Verhalten an, das der Sohn wahrnimmt. Er will nicht ständig dieselben Ansprachen oder Heldengeschichten hören, er braucht darüber hinaus vom Papa aktive Substanz im direkten Handlungskontakt.

Gerade bei Schwierigkeiten mit der Schule haben Väter Handlungsmöglichkeiten. In der Beziehung zum Jungen, in seiner Haltung und besonders in drei Kernbereichen des Engagements sind Väter gefragt: beim Lesen, beim Interesse und beim Engagement in der Schule.

✳ **Wegen des Rollenwandels** muss immer wieder betont und wiederholt werden: Väter sind wirklich wichtig für den Schulerfolg von Jungen. Wenn Väter mehr Verantwortung übernehmen, können sorgende Mütter leichter loslassen.

✳ **Für die Schulen** bedeutet das, Väter gezielt einzuladen, ausgehend von der Haltung: Wir brauchen die Väter, gerade in der männerarmen Grundschule. Väter sind auf neuem Terrain unsicher und scheu, Lehrkräfte dagegen zeigen sich schnell enttäuscht. Nach einem einzigen Elternbrief, in dem die Väter explizit angesprochen werden, oder nach einem Väternachmittag werfen sie das Handtuch und sagen: Wir haben es doch versucht. Aber eine innovative Zusammenarbeit muss sich über mehrere Schülergenerationen entwickeln, es muss sich unter Vätern herumsprechen, dass sie wirklich gefragt sind. Es gilt, in der Schule eine Väterkultur zu erarbeiten und über einen längeren Zeitraum zu installieren.

✳ Väter lassen sich, wenn sie da sind, gerne einspannen. Damit sie sich nicht unsicher oder überflüssig fühlen, brauchen sie Aufgaben, die sie am Anfang selbst noch nicht so leicht erkennen können. Das heißt: Väter sollten von den Lehrkräften gebeten werden – oder diese sagen einfach: »Machen Sie das?«

✳ Väter müssen eingebunden und motiviert werden: »Leon mag es so, wenn du mit ihm spielst – kannst du es dir heute noch einrichten?«

✳ Lesen gilt als wesentliche Kompetenz und als ein Fundament für den Schulerfolg. Viele Jungen bremsen sich selbst aus, ein Grund für das Dilemma liegt an fehlenden männlichen Vorbildern. Väter sind hier besonders gefragt. Denn um das Lesen als Praxis zu erleben, die geschlechtlich zum Jungen passt, sind männliche Lesevorbilder wichtig. In den ersten zehn Lebensjahren sind Väter als Geschlechtsmodell gefordert, damit Jungen erfahren: »Lesen ist männlich.« Der Appell an alle Väter lautet deshalb: Vorlesen! Ab an die Lesefront, und zwar möglichst früh. Väter sind gefragt beim Umgang mit Büchern, beim gemeinsamen Anschauen von Büchern, später dann indem sie sich vom Jungen etwas vorlesen lassen: »Was liest du da gerade, lies mal vor!« Aber auch als Modell aus der Distanz, also indem sie für sich lesen – Tageszeitungen, Bücher, Fach- und Freizeitmagazine –, dies signalisiert dem Jungen: Wer ein richtiger Mann ist, der liest.

✳ Väter müssen Interesse an Schule haben und zeigen. Jungen erkennen die »männliche« Bedeutung der Schule daran, dass ihr Vater ihre Schülerseite wahr- und ernst nimmt. Es ist für Jungen keine Nebensächlichkeit, Schüler zu sein. Inhalte, die der Sohn sich aneignet, Interessen und Kompetenzen, die er entwickelt, sind für ihn als Person bedeutsam und genauso dafür, wie er später in der Welt wirksam wird. Ein Vater bestätigt dies, indem er sich für Schulisches interessiert, nachfragt, selbstverständlich die vom Jungen verfasste Fünf-Wort-Geschichte liest und würdigt, das selbst gemalte Bild betrachtet, Klassenarbeiten vor dem Unterschreiben lobt und Weiteres.

✳ **Väter müssen erkennbares** Engagement in der Schule zeigen: Ist der Vater persönlich in der Schule aktiv und beteiligt, nützt dies dem Image der Schule in den Augen der Jungen ungemein, weil es symbolisch die Bedeutung von Schule unterstreicht: Teilnahme am Elternabend ab der ersten Klasse Grundschule; der Kontakt mit der Lehrerin oder dem Lehrer; ein selbst produzierter Beitrag fürs Buffet am Schulfest. Gerade für Söhne, für die Schule ein schlechtes Image hat, ist deren Wertschätzung durch die Väter besonders wichtig. Noch stärker wird der Eindruck, wenn sich Väter zudem als Elternvertretung oder im Schulförderverein engagieren.

✳ **Was für Jungen** auch toll ist: Wenn die Klassenlehrerin beim Ausflug oder der mehrtägigen Klassenfahrt von Vätern unterstützt wird; wenn diese sich dafür extra Urlaub nehmen. Damit wird Schule gleichsam geadelt. Allerdings ist dies für den Sohn ab der Pubertät wegen des Peinlichkeitsfaktors möglicherweise nicht mehr so toll.

✳ **Väter müssen explizit** zu Elternabenden eingeladen werden. Die Abende sollten gut strukturiert werden, eher nebensächliche Informationen müssen nicht ausführlich vorgetragen, sondern können vorab mitgeteilt werden, sodass beim Elternabend nur noch Frage- oder Diskussionsbedarf zu klären ist: »Gibt es zu dem Punkt, der im Elternbrief stand, Fragen?«

Teil III

Besonderheiten von Jungen in Stärken verwandeln

Die Stärken in den Blick nehmen

Oft bleibt die Diskussion über die Probleme von Jungen in der Aufzählung von Fakten, bei Zuschreibungen oder in schlichten Klischees stecken, ohne dass Ansätze für eine Veränderung der Situation gefunden werden. Seit fast zwanzig Jahren hören wir dieselben Klagen, aber die Situation von Jungen verändert sich nicht zum Besseren oder verschlechtert sich gar. Das muss sich ändern, und Eltern können - gemeinsam mit Jungen und der Schule - dazu ihren Teil beitragen. Ein wesentlicher Schritt dabei ist, die Besonderheiten von Jungen zu erkennen und zu versuchen, sie produktiv in Stärken umzuwandeln.

Wenn Tendenzen als Unterschiede hervorgehoben und bestätigt werden, sind blitzschnell verallgemeinernde Zuschreibungen zur Hand: »die« Jungen sind »alle« laut oder wild - und sie müssen es auch sein, sonst sind sie keine »richtigen« Jungen. Das ist einerseits falsch und andererseits eine geschlechtsbezogene Verengung. Selbst wenn beispielsweise viele Jungen Lust am Kämpfen haben: Man kann ohne Raufereien männlich und ein Junge sein. Auf der anderen Seite verweisen Vergleiche unterschiedlicher Gruppen immer auf strukturelle Aspekte, die jenseits von Individuen, Einzelbiografie oder Charakter liegen: Sie zeigen Verbindendes im Männlichen, im Jungesein oder in Bedürfnissen von Jungen. An einem Beispiel: Jungen sind zwar nicht mehr die kleinen Prinzen und Thronfolger in der Familie, aber es gibt dennoch Unterschiede im Umgang mit Geschwistern: Zum Beispiel wird in Jungen mehr investiert, ihre Spielsachen kosten mehr; und in der Tendenz werden bei Jungen die Zügel etwas lockerer gelassen, tendenziell wird von Jungen etwas weniger gefordert.

»Ich erlebe es (häufig), dass Eltern, vor allem Mütter, sich gar nicht trauen, ihrem Prinzen was zu sagen. Also, wir erleben es immer wieder, dass Mütter sagen: ›Können Sie das bitte meinem Sohn sagen?‹ (...) Und dann sage ich: ›Das Leben ist hart, also, ich sage auch meinen Jungs Sachen, die sie nicht hören wollen.‹«
Rektorin, Grundschule bis 6. Klasse

Bedürfnisse von Jungen zu benennen, die Dynamik innerhalb ihrer Peergruppe zu verstehen und zu akzeptieren führt häufig zu einem Kurzschluss, der mit Männlichkeitsbildern zusammenhängt: Jungen und der Umgang mit ihnen wird dann auf lautes oder robustes, auf sexualisiertes oder wettbewerbsorientiertes Verhalten reduziert. Aus dieser Haltung bildet sich ein Kreislauf, der die beengte Perspektive bestätigt.

Tendenzen, die sich bei vielen Jungen und im Geschlechtervergleich zeigen, sind nicht etwa Schicksal, sie erklären vielleicht manches und weisen ansonsten auf Entwicklungspotenziale oder Förderbedürfnisse hin. Werden sie angenommen und akzeptiert, fühlen Jungen, dass sie schon richtig sind, dass insbesondere ihr Männlichsein nicht falsch ist. Werden Eigenarten aufgegriffen und erfahren Jungen Unterstützung in der Weiterentwicklung, wandeln sich solche Charakteristika in Stärken, mit denen sie gut durchs Schulleben kommen können. Sie fordern Jungen, Eltern und Lehrkräfte heraus, ihr Bewältigungspotenzial zu sehen und dafür zu sorgen, dass Jungen gut in der schulischen oder familiären Welt aufgehoben sind. Statt nur Defizite festzustellen oder schlechte Bewertungen abzugeben, muss es vielmehr darum gehen, die Entwicklungswünsche und -möglichkeiten zu erkennen. Dass Jungen anecken, ist nicht das Ende, sondern der Anfang: Einstieg und Impuls für Auseinandersetzung, um das Beste aus ihnen herauszulocken.

Um Jungen zu unterstützen, die Schule gut oder besser zu schaffen, gibt es dementsprechend eine Reihe von Ansatzpunkten. Jungen hilft es,

✳ wenn Eltern sie verstehen und sie mit ihnen fühlen,
✳ wenn Eltern mit diagnostischem Blick erkennen, was gerade bei ihnen los ist, auch mit ihren speziellen Männlichkeitsthemen: Zugehörigkeit zur Gleichaltrigengruppe, sich als männlich beweisen, mit ihrer Art Männlichkeit nicht ankommen und Ähnliches,
✳ wenn Eltern ihren Sohn unterstützen, indem sie ihn ermutigen oder indem sie ihn informieren und aufklären,
✳ wenn Eltern Räume für die Erweiterung des Männlichen öffnen,
✳ und manchmal auch, indem sie klar Stellung beziehen und den Sohn konfrontieren, wenn in seinen Männlichkeitsexperimenten etwas schiefläuft oder er übers Ziel hinausschießt.

Jungen als Experten ernst nehmen

m motiviert zu sein, brauchen Schüler als stabilen Untergrund, dass sie sich in der Schule akzeptiert, beheimatet und wohlfühlen.

> Jungen fühlen sich im Vergleich zu Mädchen in der Schule viel weniger wohl, mehr als doppelt so viele Jungen wie Mädchen benennen dies so. Umgekehrt sagen deutlich weniger Jungen als Mädchen, sie seien gern in der Schule. Fast die Hälfte der Jungen erklärt, dass die Schule ein Ort sei, an den sie nicht hingehen möchten, aber nur für ein Drittel der Mädchen trifft dies zu. Der Aussage »Ich fühle mich sicher, wenn ich in der Schule bin« stimmt jeder zehnte Schüler überhaupt nicht zu (bei Mädchen: nur 4,6 Prozent).

Solche Unterschiede sind so deutlich wie erschreckend. Hier muss hingeschaut werden! Hier muss sich dringend etwas ändern! Hinweise, wie die Schule im Hinblick auf Jungen verbessert werden kann, werden in diesem Buch an vielen Stellen gegeben. Pauschal gesagt geht es darum, dass Jungen sich altersentsprechend in der Schule mit ihren Interessen wiedererkennen.

Im ersten Schritt erscheint es mir jedoch notwendig, wirklich zu registrieren, dass es vielen Jungen in der Schule nicht gut geht, sie in ihrem Empfinden ernst zu nehmen und gemeinsam nach Ursachen zu forschen. Bislang neigen Schulen wie Eltern dazu, darauf zu drängen, dass die Jungen sich eben an die Schule anpassen müssten. Wenn aber die Schule unpassend und zu wenig auf die Bedürfnisse von Jungen hin entwickelt ist, kann das keine Lösung sein.

Es ist also kein Wunder, dass Jungen das Gefühl haben, Schule sei nichts für sie. Viele kommen bereits nach der Grundschule mit niedrigeren Werten bei der Lernfreude in die Sekundarstufe; und diese Werte verschlechtern sich weiter. Interessanterweise leidet darunter nicht unbedingt der Selbstwert der Jungen - allerdings das Lernverhalten und damit der Schulerfolg. Überspitzt ausgedrückt denken Jungen: »Ich bin in Ordnung, aber die Schule taugt eben nichts, sich dafür reinzuhängen oder einzusetzen lohnt sich nicht.«

Die Besonderheit, dass Jungen Schule nicht so sehr als das ihre erleben, verwandelt sich in eine Stärke, wenn diese Einschätzung als wichtige Wahrnehmung und als Hinweis auf Veränderung und Verbesserung genommen wird. Wenn Interessensbereiche oder Handlungsformen zu wenig ausgeprägt sind, kann und sollte gegengesteuert werden. Das ist zuerst Aufgabe der Schule. Aber was können Eltern hier tun?

* **Einen schlechten oder** Unlusttag hat jeder mal, nicht immer kann Schule total spannend sein. Jungen hilft es, wenn Eltern mitfühlen und ihnen Mut zusprechen: neue Runde, neues Glück!

* **In ihrer Haltung** können Eltern den Unterschied zwischen Schule mit hohem Pflichtanteil und Freizeit mit hohem Lustanteil deutlich machen.

* **Vor allem, wenn** sich der Sohn in der Schule oft langweilt oder sich immer wieder und dauerhaft unwohl fühlt, wenn er mehrere Fächer und Inhalte blöd findet, dann können Eltern gemeinsam mit ihm nach den Gründen suchen.

* **Selbstverständlich müssen Jungen** lernen, sich an die Anforderungen der Schule anzupassen. Umgekehrt kann sich aber auch Schule verändern und verbessern, damit sich Jungen wohlfühlen.

Hier gilt es für Eltern genau hinzuschauen und mit dem Jungen gemeinsam zu überlegen, wo Kritik an die Schule heranzutragen ist.

* Wenn Eltern den Eindruck haben, dass sich ihr Sohn in der Schule grundlegend nicht wohlfühlt, sollten sie das Gespräch mit der Klassenlehrerin oder dem Klassenlehrer suchen und gegebenenfalls die Gründe dafür mitteilen – oder gemeinsam danach suchen.

Interessant wird Schule für alle Kinder immer dann, wenn sie eigene Themen und Interessen wiederfinden oder diese selbst einflechten können, wenn sie ankommen mit ihren Interessen. Deshalb: mehr Raum dafür in der Schule! Aber Vorsicht, nicht stereotypisieren (»Fußball, Autos, Wettkämpfe«), das schafft oder bestätigt Klischees, besser ist die Frage: Was interessiert diese(n) Jungen wirklich? Was begeistert sie hinter dem Thema: Ist die Faszination des Fußballs zum Beispiel Geld, die Möglichkeit, reich zu werden, der Status, toll und voll kompetent zu sein, oder geht es um Größenphantasien oder anderes?

Solche eher kleinen Veränderungen würden dem Ruf der Schule im Jungendenken nützen. Sie sind deshalb wichtig, weil sich Erfahrung in und mit Schule im Verlauf einer Jungenbiografie verstärken und anreichern kann. Dann wird Schule für Jungen mehr und mehr zur Entfremdungszone, aus der wieder herauszukommen schwer, manchmal unmöglich ist.

Oft scheint es fast so, als hätten Jungen nach der Grundschule mit der Schule abgeschlossen. In solchen Fällen fehlen die reizvollen Innovationen neuer Situationen, die Jungen umlenken und motivieren können. Wie beim Übergang in die Grundschule lockt die weiterführende Schulform mit einem Statusgewinn. Für Jungen wäre es hilfreich, wenn sich dies zudem in einer veränderten Pädagogik abbilden könnte: in der es von Anfang an mehr Praxisbezug und weniger bloße Trockenübungen gibt, wo echtes Leben, wirkliche Arbeit und Handlungsfähigkeit im Mittelpunkt stehen, wo die Herausforderungen der Pubertät begleitet werden, wo Jungen als werdende Männer gesehen, erreicht und unterstützt werden.

Jungeninteressen in die Schule bringen

in weitverbreiteter Mythos lautet: »Schule ist nichts für Jungen.« Aber ist da tatsächlich etwas dran? Was Jungen in der Schule erleben, wie sie sich dort mit ihren geschlechtlichen Interessen willkommen und angenommen fühlen, ist für ihr Befinden und ihren Erfolg bedeutsam. Das gilt selbstverständlich auch für Mädchen. Nur machen Jungen in der Tendenz als Gruppe und als Meinungskollektiv entscheidend andere Erfahrungen: Schon im Grundschulalter ist das, was für viele Jungen interessant ist, nicht gefragt: zum Beispiel einen Status zu erlangen, sich behaupten zu lernen, Wettstreitigkeiten körperlich auszutragen. Was sie reizt, interessiert oder in welchen Themen sie sich kompetent fühlen – beispielsweise Sport, Heavy Metal, *Star Wars*, Technisches, Kampf, Spaß und Witze –, zählt in der Schule meist wenig.

Solche Eindrücke prägen den Ruf, den Schule in den Augen der Jungen hat, dass sie langweilig und nervend sei. Ihre Enttäuschung verschattet dann die Schulzeit, die allenfalls von einzelnen Ausnahmen aufgehellt wird. So gesehen ist die Einschätzung mancher Jungen schon zu Beginn ihrer Schulkarriere verständlich, dass die Schule insgesamt wahrscheinlich nichts für sie ist. Aber es gibt selbstverständlich viele Ausnahmen: Lehrerinnen und Lehrer, die Jungeninteressen aufnehmen und integrieren können, die Raum fürs Männliche der Jungen geben und sie so bei der Stange halten.

Für das Image von Schule zählen aber mehr die Haupttrends, und die sind eher als jungenskeptisch zu bewerten.

Die meisten Jungen sind zu Beginn der Schulzeit gut motiviert, sie freuen sich über ihren Statusgewinn, nicht mehr Kindergarten-, sondern Schulkind zu sein. Allerdings macht sich bei vielen Jungen Enttäuschung breit, wenn sie sich von der Schule nicht abgeholt, gewollt und mit ihren Interessen ein Stück weit bedient fühlen. Dadurch entwickeln viele Jungen eine innere Distanz zur Schule, was Motivation und Lernfreude hemmt. Mit zunehmender Erfahrung kann sich dies verfestigen, bis zu der Überzeugung, dass Schule »nichts bringt«.

Viele Jungen erleben vor allem das spielerische und experimentelle Lernen, kämpferische Spiele und Sport, vor allem Fußball, als förderlich für ihre Lernfreude - im alltäglichen Schulleben findet sich dies eher selten. Sicher sind manche Jungen vorsichtig, aber dort, wo sie Experimentierfreude und Risikobereitschaft mitbringen, wollen sie mit diesen Eigenschaften lernen. Sich kompetent zu fühlen und Anschlüsse an vorhandene Fähigkeiten zu erkennen gilt als wesentlicher Motivator für Leistungs- und Lernfreude, nicht nur für Jungen. Wenn Jungen nicht erkennen können, dass diese Anschlüsse an »ihr« Männliches gefragt sind, werten sie Schule ab. Nicht alle Jungen mögen Sport, manche sind in ihrer Fokussierung zu sehr auf Fußball beschränkt, aber für viele Jungen und fürs »Jungenimage« einer Schule kann Sport bedeutend sein: Manche Jungen empfinden es als Ehre, für ihre (!) Schule anzutreten, sich im Fußball, Basketball, Rugby oder Schwimmen mit anderen zu messen, im Training zu einem Team zu werden; all das kann die Motivation befeuern, die in andere schulische Bereiche ausstrahlt.

Grobmotorisch sind Jungen im Durchschnitt besser entwickelt als Mädchen, bei der Feinmotorik ist es umgekehrt. Auch dies sind Folgen von Erfahrungen im Jungenleben, ebenso wie räumlichvisuelle Fähigkeiten, bei denen Jungen etwas besser abschneiden. Aktivitäten, die die Feinmotorik fördern, sind in Jungenaugen oft mit einem Geschlechteretikett versehen: Basteln oder Handarbeit gelten oft als »weiblich«. Von solchen Stempeln gilt es wegzukommen, denn sie sind unsinnig. Trotzdem helfen Zwänge wenig (»du musst jetzt häkeln lernen«), besser ist es, akzeptable feinmotorische Übungsfelder zu erschließen. Beim Werken, Reparieren oder Zerlegen von Geräten können Jungen ihre Feinmotorik und Konzentration üben, ohne sich dagegen wehren zu müssen.

Jungen sind in der Tendenz eher experimentell oder explorativ orientiert. Viele Jungen handeln in neuen Situationen schneller und ohne vorher groß zu planen, sie probieren einfach etwas aus nach dem Motto: mal schauen, was passiert. Bei diesem Herangehen liegt die Idee des Erforschens nicht weit, die Freude daran, herauszufinden, was dahinter- oder drinsteckt. Gleichwohl ist es nicht »männlich«, alles zu zerlegen oder immer sofort zu handeln - nachdenken ist ja ebenso »männlich« (was an männlichen Denkern und Philosophen deutlich wird).

Viele Jungen neigen dazu, Funktionen in den Vordergrund zu stellen: Wozu? Wie funktioniert es? Was kann man damit machen? Was bewirkt der Gegenstand? Das sind funktionale Fragen - im Gegensatz zu sogenannten prädikativen Zugängen, die Eigenschaften beschreiben, also: wie ist der Gegenstand. Ihre Interessen beziehen Jungen im Durchschnitt stärker sachorientiert auf Dinge, Gegenstände, Fahrzeuge. Das schlägt sich auch in kindlichen Berufswünschen nieder: Rennfahrer, Pilot, Astronaut, Erfinder. Wirkungszusammenhänge und Prozesse sind oft interessanter als Qualitäten oder Beziehungsnetze.

Der prädikative Denkstil hingegen ist prozessorientiert und mit vorwärtsgerichteten Problemlösungsstrategien verknüpft. Deshalb entwickeln Jungen oft Lösungsideen im Dialog und im Handeln mit dem Gegenstand, bevor sie eine Sache strukturiert oder durchschaut haben. Zwar bevorzugen viele Jungen den funktionalen Denkstil, es gibt aber natürlich auch prädikativ denkende Jungen; funktional denkende Mädchen sind dagegen seltener. Jungen tun sich in der Tendenz schwerer mit dem prädikativen Denken; deshalb sollten sie in der Schule und zu Hause darin unterstützt werden, immer wieder das Ganze in den Blick zu nehmen und Zusammenhänge, Eigenschaften oder Beziehungsgeflechte zu verstehen.

Pubertät braucht Vielfalt

In der mittleren Schulzeit oder im zweiten Vierjahreszeitraum - in der Regel fällt dieser Wandel mit dem Schulwechsel zusammen - verändern sich die Lernbedürfnisse der Jungen aufgrund der Pubertät radikal. Jede Pubertät verläuft anders, aber viele Jungen ziehen sich in dieser Zeit von den Eltern zurück; viele werden, wenn sie es nicht schon vorher waren, einsilbiger, auch was Schulangelegenheiten angeht. Die Eltern müssen dem Sohn Informationen mühsam aus der Nase ziehen oder anderweitig einholen, zum Beispiel bei den Eltern von Mädchen. Manche Mütter und Väter können nur schwer damit umgehen, abgeschrieben zu sein. Aber sie sollten sich darüber freuen, denn insgesamt ist das ein gutes Zeichen dafür, dass der Junge selbstständig wird. Und wo gäbe es dafür ein besseres Gebiet als in der Beziehung zu den Eltern?

In der Schule wird mit dem Pubertieren der Geschlechterunterschied markant. Dafür ist der Entwicklungsabstand von Jungen im Vergleich zu den Mädchen um durchschnittlich ein bis zwei Jahre verantwortlich, aber auch die heftig zunehmende Bedeutung der geschlechtlichen Facette der Identität in diesem Alter: In der Unsicherheit der Pubertät finden Jungen Sicherheiten in der Zugehörigkeit zum Männlichen. Im Übergang von der Kindheit zur Jugendphase wirken sich die mentalen und körperlichen Veränderungen verunsichernd aus, Jungen werden labil und verletzlich und zeigen sich deshalb nach außen distanziert, cool oder mit einer harten Fassade als Schutz. Besonders interessant und wichtig werden nun Gleichaltrige und Beziehungen. Gleichzeitig überholt die körperliche Entwicklung nicht selten die geistige Reife. Emotionen wallen regelrecht auf und wollen erfahren, bewältigt und reflektiert werden.

 »Zum Beispiel habe ich einen Jungen in meiner Klasse, der pubertiert jetzt, glaube ich, weiß ich aber nicht. Der Leo zum Beispiel, der kann sich in der Schule gar nicht mehr konzentrieren, der macht die ganze Zeit nur noch Quatsch.«
Finn (11), 5. Klasse

In dieser heftigen Umbruchs- und Neufindungszeit ist der Junge mit Leib und Seele gefordert und beschäftigt. Das wirkt sich auf Schule und aufs Lernen aus. Längere, rein auf kognitives Lernen ausgerichtete Phasen lassen sich in dieser Zeit nur mit viel Aufwand und mit Druck durchhalten.

 »(Ich war) einfach total pubertär und hab im Unterricht nicht aufgepasst, hab immer dazwischengeredet und mich nicht auf den Unterricht fokussiert, sondern immer nebenbei irgendwelche Kleinigkeiten gemacht und hier mit dem Nebensitzer gequasselt – und das hat sich dann negativ ausgewirkt.«
Tibor (17), in einer Ausbildung

Eigentlich wäre in dieser Lebensepoche nach dem Übergang in die weiterführende Schule (unabhängig von der Schulform) eine veränderte Didaktik und Methodik sinnvoll, die Jungen Wege in ein anderes Lernen aufweisen. Davon ist im Schulsystem leider kaum etwas zu erkennen. Schule wird nach den üblichen Mustern, Zielen und Methoden fortgesetzt. Wache Aufmerksamkeit, Freude oder Begeisterung lässt sich deshalb bei Jungen in der Unterrichtszeit immer weniger feststellen. Aber Jungen sind in diesem Alter ja nicht grundsätzlich gelangweilt - nein, es ist die soziale Situation der Schule, die offenbar nicht mehr oder immer weniger passt.

Eltern stehen dabei im Kreuzfeuer der Jungenkritik. Sie sind zwar notwendig und als Unterstützung gern gesehen, aber gleichzeitig wollen und müssen sich Jungen von ihnen lösen, weshalb die Eltern nun als völlig antiquiert gelten, in ihren Ansichten bescheuert sind und sowieso von nichts Ahnung haben. Angesichts solcher Zuschreibungen Verständnis und Mitgefühl mit den Jungen zu empfinden fällt nicht gerade leicht, ist aber dennoch ein wesentlicher Beitrag, den Eltern leisten können. Darüber hinaus gilt es für sie, dranzubleiben, ihre Werte und entsprechende Regeln zu vertreten, durchaus Forderungen zu stellen und immer zu wissen, dass dies nur eine Phase ist, die vorübergehen wird. Näheres dazu finden Sie in meinem Buch *Jungen brauchen klare Ansagen*.

»Wir bemühen uns einfach, den Kontakt zu halten (...).
Der 12- und bald 13-Jährige, der kommt halt nach Hause und
verzieht sich in sein Zimmer (...). Aber ich versuche, da ein-
fach dranzubleiben, also ich würde nicht sagen: erzwingen,
aber schon so einen gewissen Druck ausüben, immer auswei-
chen ist nicht erlaubt bei uns.
Vater, drei Söhne, eine Tochter

Schule hat für viele Jungen – zumindest sofern sie einigermaßen integriert sind – gegenüber ihrem Zuhause einen entscheidenden Vorteil: dass hier ihre Freunde anwesend und die Eltern fern sind. Diese Tatsache rettet viele Jungen durch diese schwierige Lebensphase und sorgt für eine Basismotivation, um die Schule nicht verlassen zu müssen.

In der Pubertät verlagern Jungen ihre Interessen und ihre Leistungsziele. Eine stabile Identität ist noch nicht gefunden, damit fehlen längerfristige Perspektiven, die den Jungen locken und selbst disziplinieren könnten. Unlust gehört bei vielen Jungen zur Pubertät. Gut so – für die Jungen. Eltern kann es zur Verzweiflung bringen, ständig »kein Bock«, »langweilig«, »bringt doch nichts« zu hören, während sie gleichzeitig mit dem notenbezogenen Leistungsabfall konfrontiert sind.

 »Ich meine, mein Sohn ist jetzt auch in der Pubertät und so, da ist er noch ein bisschen bockloser als normalerweise, aber ich habe den Eindruck: Er hat das, er kann das.«
Mutter, drei Söhne

Was in der Phase der Pubertät dominiert, sind Risikofreude, die Lust auf Neues und Unbekümmertheit. Gleichzeitig sprudeln Kreativität und Phantasie, sie kochen über, während in der Schule Pauken, Nachdenken und regelorientiertes Kommunizieren verlangt wird. Analytisches Denken funktioniert in dieser Zeit weniger gut, die Verbindungen im Hirn, die dies ermöglichen, müssen sich erst wieder zusammenfinden. Das Problem vieler Jungen in dieser Lebensphase ist die Einseitigkeit. Schule bestimmt ja einen sehr großen Teil ihrer Zeit. Unsere beschränkten Schulen passen so gar nicht zu pubertierenden Jungen. Es ist schon wichtig, Fähigkeiten im Denken, Auswendiglernen, zum elaborierten Kommunizieren, für Ruhe und Disziplin zu erwerben - in der Reduktion darauf liegt jedoch eine Zumutung für Jungen.

Weiter gedacht ist es eine Aufgabe für Schule, pubertierenden Jungen mit ihrer Risikofreude und Kreativität Raum zu geben: über Erlebnispädagogik, Abenteuer, Kunst, Theater, Musik, Perkussion (animierend in diesem Zusammenhang: die Videos von *Stomp* bei YouTube), Gemälde und bildhauerische Werke beziehungsweise Aktionen, Performance, Kochen und Backen - solche Aktivitäten wecken Begeisterung, die Jungen den anderen, eher trockenen Pflichtteil leichter überstehen lässt. Die »schwierige« Pubertät kann sich dabei in eine produktive und die Entwicklung fördernde Lebensphase verwandeln.

Das Schönste an der Pubertät, sagen viele Eltern im Rückblick, ist, wenn sich ein Ende abzeichnet oder wenn die Jungen zumindest zeitweise wieder aus ihren Rückzügen auftauchen. Es ist eine wahre Freude, sie dann zu sehen und neu kennenzulernen: »Ah, das ist er, so hat er sich entwickelt.« Oft wirkt sich dies in einem stärkeren Interesse der Schule gegenüber aus. Jungen finden ihre intrinsische Motivation, lassen sich packen oder fesseln, oder sie erkennen Ziele, für die es sich lohnt, die Schule durchzustehen.

»Irgendwann habe ich gemerkt, jetzt pass mal besser auf im Unterricht und mach nicht so viel Scheiß (lacht) und hat ja dann auch ganz gut geklappt.«
Tibor (17), in einer Ausbildung

»Erstaunlich ist nämlich, dass die Jungs so ab 16 - und besonders, wenn sie die Schule wechseln - auf einmal durchstarten. Weil, dann wissen sie, auf was es ankommt, worum es geht.«
Mutter, drei Söhne

Führung schafft Klarheit

Selbstregulation und Impulskontrolle sind wichtige Voraussetzungen für schulischen Erfolg. Jungen verfügen tendenziell über weniger Selbstregulationsfähigkeiten, sie können sich schlechter konzentrieren und ihre Impulse nicht so gut kontrollieren wie Mädchen. Dieser Unterschied vergrößert sich während der Grundschulzeit. Jungen zeigen im Durchschnitt geringere Werte bei der Kontrolliertheit und höhere bei der Lebhaftigkeit. Hier gilt der doppelte Zugang: den Zustand zunächst zu akzeptieren und gleichzeitig dafür zu sorgen, dass Jungen ihren Steuerungsnachteil ausgleichen können. Mehr dazu finden Sie im Kapitel »Basisfähigkeit Impulskontrolle« in Teil IV dieses Buches.

Das Bedürfnis nach Sorgfalt, Gründlichkeit oder Exaktheit ist bei Jungen in der Tendenz nicht so groß, Eigenschaften wie Gewissenhaftigkeit und Detailfreude sind bei Jungen weniger stark ausgeprägt. Nicht, dass sie es generell nicht könnten, aber sie halten diese Eigenschaften für weniger wichtig beziehungsweise die Motivation genügt nicht, sich wirklich »reinzuhängen«.

Durch die ganze Schulzeit hindurch werden Jungen in der Tendenz eher als unordentlich charakterisiert, also mit einer Neigung zum Chaotischen, geringer fokussiert auf die schulischen Aufgaben, nicht so konzentriert oder gar desorientiert. Auch hier finden sich selbstverständlich große Bandbreiten, aber einen Trend in diese Richtung bestätigten viele Lehrkräfte und Eltern. Zu Hause geschieht oft dasselbe, man muss nur einen Blick in ein Jungenzimmer oder in die Schultasche riskieren.

Auslöser für Chaossituationen können Reize sein: der Blödsinn eines anderen Schülers, die Möglichkeit eines Positionskampfes oder einer Selbstbehauptungsübung mit anderen Jungen oder mit einer erwachsenen Person, die Gefahr einer körperlichen Attacke, das Überschreiten von Reviergrenzen, ein Angriff auf die eigene

Integrität oder Ehre, wenn ein vorher enger Regelbereich durch einen anderen Jungen geöffnet wird, und Ähnliches - all das löst bei vielen Jungen Impulse aus, die ruhiggestellt oder gebändigt werden müssen, sonst führen sie zu Ablenkungen: Schon ist die Aufmerksamkeit weg von den aktuellen Fragestellungen, Anfordernissen oder Aufgaben, sie treten in den Hintergrund.

Eine Lehrerin in einer Inklusionsklasse hat mir von einer interessanten Beobachtung berichtet. In der Klasse ist ein Schüler mit einer schweren ADHS-Störung, der sich oft nicht regelkonform verhält, sondern Geräusche von sich gibt, aufsteht, Dinge auf den Boden wirft oder einen Schrei loslässt. Bei den Mädchen in der Klasse perlt dieses Verhalten ab; Jungen dagegen empfinden es als Aufforderung. Sie überschreiten dann selbst Grenzen, fangen an zu rangeln oder nehmen sich Regelverstöße heraus. Jungen fällt es viel schwerer, das Verhalten des Jungen als *seine* Störung zu sehen, die mit ihnen eigentlich nichts zu tun hat; sie beziehen es auf sich und reagieren darauf.

Schule bietet viele Reize und Ablenkungen, auf die reagiert werden kann. Vor allem in der Pubertät, wenn sich ganze Hirnareale auflösen, wird zusätzlich noch ein Sturm von lustvollen Ideen und Kreativität freigesetzt, der Jungen noch mehr chaotisiert. Mit diesen Tendenzen bringen Jungen entwicklungsbedingt auf der anderen Seite oft ein stärkeres Bedürfnis nach Klarheit mit. Sie wollen oder müssen wissen, woran sie sind: klare Beziehungen, klare Strukturen, klare Aufgabenstellungen, klare Verhältnisse in Bezug auf Regeln. Dabei geht es nicht um Kälte, sondern durchaus um mitfühlende Ausrichtung und die Möglichkeit, sich in diesem Rahmen sicher bewegen zu können.

Hinzu kommen ihre Wertungen vor dem Hintergrund des Männlichen, das sie ja schon früh kennenlernen und vertiefen. Männlichsein wird eher mit Eindeutigkeit assoziiert, besonders was Positionen angeht (oben – unten), es ist funktional ausgerichtet (Ursache – Wirkung), informations- und faktenorientiert (richtig – falsch) und in der Kommunikation fokussiert (»ein Mann, ein Wort«). Das sind Eckpunkte des Männlichen, denen Jungen Bedeutung und Wert zumessen. Haben Jungen den Eindruck, die Lebenswelt sei zu wenig an solchen Maßstäben ausgerichtet, fällt es ihnen schwer, sie richtig ernst zu nehmen. Dies gilt vor allem dann, wenn sie bereits über viele Erfahrungen in klaren Verhältnissen verfügen, wenn es zum Beispiel in der Familie eher traditionell oder streng zugeht oder wenn eine Sportart, bei der eindeutige Regeln vorherrschen, emotional hoch besetzt erlebt und mit viel Ernsthaftigkeit verbunden wird.

Deshalb sind Jungen tendenziell stärker auf eindeutige soziale Strukturen angewiesen. Je größer das Chaospotenzial im Jungen, je geringer seine Fähigkeit zur Impulskontrolle, desto mehr wird er durch diffuse Verhältnisse verwirrt und desto mehr ist er auf Eindeutigkeit und Entschlossenheit angewiesen.

Als Antwort auf ihre Neigung zum Chaotischen verlangen Jungen nach Sicherheit und Klarheit, um ihre Aufmerksamkeit zu kanalisieren – dann kann sich das Chaos in Kreativität, Engagement und Leistungsbereitschaft verwandeln. Die beiden wesentlichen Entwicklungsbereiche dafür sind die Familie und die Schule. Hier erwerben Jungen die Kompetenz, sich im Unklaren selbst zu orientieren und zu organisieren. Das braucht Zeit und Vorgaben. Defizite in beiden Lebenswelten addieren sich: Jungen, die weder zu Hause noch in der Schule die erwünschte Klarheit erleben, geraten häufig völlig aus der Spur, weil die beiden wesentlichen Orientierungsfelder fehlen.

Leider erleben viele Jungen gerade die Schule als unklare, diffuse Angelegenheit. Vielleicht spielt hierbei die große Zahl von Lehrerinnen eine Rolle. Besonders in der Grundschulzeit, wenn sich beim Jungen sein Bild von Schule entwickelt, ist bei vielen Lehrerinnen der pädagogische Stil mit einer guten Portion Mütterlichkeit verbunden; den eher kreisenden und ausführlicheren weiblichen Kommunikationsstil interpretieren Jungen als unklar, sie sind ungeübter darin, auf dieser Frequenz zu kommunizieren, und können deshalb die Codes nur schwer direkt verstehen. Worum es geht, was konkret verlangt wird, bleibt vielen Jungen schleierhaft, verschwommen wie hinter einer Milchglasscheibe.

Hilfreich für Jungen sind deshalb Eckpfosten, Orientierungen und eine gewisse Beständigkeit der Struktur. Dies bezieht sich zunächst vor allem auf die Lehrkräfte, die Jungen als starke Persönlichkeit spüren wollen, um mit ihnen in Beziehung zu sein, um ihnen folgen zu können. Sie verlangen nahe, durchaus auch emotionale und feinfühlige Personen, die wissen, was sie wollen und wie sie dies durchsetzen können, also Führungspersönlichkeiten, die Sicherheit garantieren und die es Jungen erlauben, sich nicht ablenken zu lassen. Jungen wollen dabei nicht etwa »hart angepackt«, grob behandelt oder fest »rangenommen« werden, aber sie benötigen stabile, geradlinige, zugewandte und konsequente Erwachsene. Jungen provozieren Positionskämpfe mit der Lehrkraft, um sich dessen zu vergewissern: Wer führt? Sie schätzen dabei die Eindeutigkeit in der Kommunikation; ein pädagogischer Redeschwall dagegen erhöht in ihren Augen die Diffusität. Klare Kommunikation erleichtert es Jungen, zu folgen und Ablenkungen zu ignorieren.

Fehlende Konsequenz sorgt für Unklarheit bei Jungen, die Lage wird undeutlich: »Was gilt jetzt?« Außerdem demontiert Inkonsequenz die Lehrkraft in Jungenaugen: Sie hat nicht genug Kraft und übernimmt zu wenig Verantwortung. Wenn Jungen nicht oder zu wenig erleben, dass ihr Handeln Folgen hat, werten sie dies als Freibrief, tun zu können, was sie wollen. So überträgt sich das innere Chaos wieder nach außen und verstärkt dort die Unordnung und den Zerfall von Strukturen.

Auch andere Unklarheiten machen Jungen nervös: Offene Grenzen und Nischen werden gern genutzt, um sich auszubreiten. Deshalb helfen Jungen in der Schule wie zu Hause eindeutig formulierte Erwartungen, etwa was die Zusammenarbeit, Respekt oder Höflichkeit angeht, verständliche Abläufe, verbindliche und regelmäßige Rituale, präzise Aufgabenstellungen, eindeutige Regeln. Mehr dazu erfahren Sie in meinem Buch *Jungen brauchen klare Ansagen*.

Unstrukturierte, schwammige Lehrkräfte sind für manche Jungen ein Graus, den sie mit Ungehorsam und Rebellion quittieren. Eltern bekommen dies mit, wenn der Sohn schimpft oder wenn Lehrkräfte sich über den Sohn beschweren, ohne zu sehen, dass das Verhalten des Jungen eine Reaktion auf ihre eigene Diffusität darstellt. Dass Eltern in dieser Situation direkt Einfluss nehmen, ist allerdings oft nur eingeschränkt möglich, weil ihre Rückmeldungen direkt ins Herz der Lehrerin oder des Lehrers träfen; niemand lässt sich gerne sagen, dass sie oder er zu wenig Struktur mitbringt oder eine schwächliche Persönlichkeit hat.

Wenn Eltern zu Hause für klare Verhältnisse sorgen, erleichtert das Jungen, mit der Unklarheit in der Schule umzugehen. Zudem ist bei allem Mitgefühl die Klarheit der Eltern in ihrer Haltung der Schule gegenüber ausschlaggebend. Auch die Aufgabenstellung für die Entwicklung des Jungen können Eltern eindeutig formulieren und ihm bei der Umsetzung helfen: »Lerne, dich selbst zu strukturieren und zu organisieren.« »Lerne, dich selbst zu steuern, entscheide.« »Quäle dich selbst, nicht andere.« »Lerne, bewusst mit Ablenkungen umzugehen.«

Die zwei Gesichter der Langeweile

iele Jungen erleben viele Inhalte der Schule als eintönig und fad, das prägt das Image der Schule insgesamt als langweilig. Das ist nicht nur individuell, sondern auch statistisch erkennbar.

Nach den IGLU-Ergebnissen ist Schule schon für Grundschuljungen ein Ort, an dem sie sich oft langweilen; fast doppelt so viele Jungen wie Mädchen stimmen der Aussage voll zu: »Ich langweile mich oft in der Schule.« Weniger als vier von zehn Jungen (38,5 Prozent) geben an, das stimme überhaupt nicht – aber über die Hälfte (51,8 Prozent) der Mädchen.

Zunächst ist Langeweile ein Eindruck oder ein Gefühl. Eine Situation wird als anregungsarm, als ein Mangelzustand erfahren, es fehlt etwas: Abwechslung, Handeln, Neugier, Anregung, Interesse, Spannung, Ideen, Kreativität oder Anforderungen. Langeweile entsteht, wenn nichts oder zu wenig geschieht oder wenn das, was geschieht, nicht als bedeutsam bewertet wird. Die Zeit wird deshalb leer und negativ erlebt.

Diesem Eindruck können körperliche Aspekte zugrunde liegen: Im oft bewegungs- und handlungsarmen schulischen Rahmen stellt sich im Erleben von Jungen schneller Langeweile ein. Auch das stärkere Interesse an Status- und Positionskämpfen mag eine Rolle spielen; viele Inhalte der Schule eignen sich nicht, um als Kampfszenarien aufbereitet zu werden. Manchmal ist es auch einfach die Kontrasterfahrung, weil viele Jungen in der Freizeit, beim Sport oder Beschäftigen mit Medien(spielen) erleben, wie intensiv es zugehen kann. Da mitzuhalten, tut sich nicht nur die Schule schwer.

Zudem bekommen Menschen in westlichen Gesellschaften allgemein, aber Jungen und Männer im Besonderen als wesentlichen Wert vermittelt, dass Zeit produktiv, aktiv und sinnvoll genutzt werden müsse, Handeln und Männlichsein wird besonders gekoppelt. Ein Ergebnis: Vieles an der Schule ist in diesem Sinne handlungsarm, deshalb unmännlich und langweilig.

Dabei kommen zwei gegenläufige Geschlechterphänomene zum Tragen: Mädchen werden eher zur Anpassung, Duldsamkeit, auf »Nett-Sein« oder – mit der Perspektive der Mütterlichkeit – auf Selbstaufgabe hin erzogen, auf Kooperation und Service für andere. Jungen hingegen wird über Männlichkeitsbilder eine privilegierte Position, ein Prinzenstatus eingeräumt, inklusive dem Recht auf eine gewisse Egozentrik und eine sie bedienende Umwelt.

 »Schon die Sprache der Eltern über ihren Sohn in den E-Mails ist – wie der kleine König, also es ist wirklich sehr extrem, was da so vorgeht.«
Rektorin, Grundschule bis 6. Klasse

Damit verbunden wird ihnen vermittelt, dass sie einen Anspruch auf stets interessante Inhalte in der Schule haben, weshalb solche Jungen enttäuscht reagieren oder rebellisch werden.

Erlebnisverwöhnte Kinder und Jugendliche tun sich mit Phasen der Langeweile oft schwer. Mit ihr umzugehen erfordert Kompetenzen, die unter anderem dadurch entstehen, dass es die Möglichkeit gibt, Langeweile auch mal zu erfahren. Langeweile ist also gut? Aber ja! Dass viele Jungen Langeweile nicht als Genussmöglichkeit erleben, hängt mit unserer Erlebnisgesellschaft, mit intensivem Konsumerleben und teils mit der Familienkultur zusammen. Die meisten Eltern wollen ihre Sache gut und richtig machen, sie hängen sich rein und strengen sich an. Dabei zu erkennen, dass sie zu viel tun, ist nicht einfach. Manche Eltern überwachen ihren Jungen nonstop, machen ständig Vorschläge, andere sorgen für ein attraktives Dauerprogramm, das sie selbst veranstalten oder das sie für ihr Kind buchen, sie erlauben Medienkonsum als Lückenfüller oder sie stehen allzeit bereit, um in Leerlaufphasen für Action zu sorgen. Wer nicht gefordert ist, Zeit selbst zu gestalten, kann selbstverständlich nicht diese Fähigkeit entwickeln. Solche Jungen warten immer darauf, dass ihnen das nächste Highlight geboten wird. Je länger das so geht, desto dramatischer werden die Lücken der Ereignislosigkeit bewertet, Jungen wollen sie unbedingt vermeiden.

Langeweile ist aber phasenweise schlicht normal. Deshalb ist es gut, wenn Jungen sie kennen und damit zurechtkommen. So gesehen ist das Umgehen mit Langeweile durchaus etwas Nötiges und Sinnvolles. Es hilft dabei, nicht so interessante Phasen in der Schule zu überstehen, ohne gleich die ganze Schule verdammen zu müssen. Manche leistungsstarke Schüler nützen langweilige Phasen im Unterricht, um eine Denkpause einzulegen, um Gelerntes weiterzudenken oder zu wiederholen. Sie können Langeweile als stützenden Faktor ihres Selbstkonzepts einbauen: »Wenn ich mich langweile, ist das ein Zeichen dafür, dass ich gut bin, denn ich hab's ja bereits kapiert.«

Viele Eltern halten die Langeweile in der Schule einzig für das Problem der Schule selbst. Das ist zu kurz gedacht. Denn Jungen bringen die *Bewertung* von Langeweile, ihre Motivation, die über Langeweile hinwegtröstet, oder ihren Umgang mit langweiligen Momenten von zu Hause mit. Was können Eltern tun?

✳ **Halten Sie es** im Alltagsleben und im Urlaub mit dem Jungen zusammen aus, wenn es mal langweilig ist. Füttern Sie Ihren Sohn nicht sofort mit Ideen und neuen Aktivitäten ab. Lassen Sie in der Kindheit unverplante Zeiten frei und sorgen Sie so für produktive Langeweile.

✳ **Arbeiten Sie gemeinsam** mit Jungen an der Bewertung (mehr dazu im Kapitel »Motivation: Auf der Suche nach dem Turboantrieb«): Wofür lohnt es sich, die Schulzeit inklusive ihrer langweiligen Phasen durchzuhalten? Schule wird für den Jungen subjektiv bedeutsam, wenn er sich seine größeren Ziele vor Augen halten kann.

✳ **Vermitteln Sie Strategien** der Selbstmotivierung: Wie kann Langeweile überstanden werden? »Da muss ich durch, ohne einzuschlafen«, »es ist langweilig, aber ein Stück Weg zu meinem Ziel«.

✳ **Nehmen Sie Langeweile** als Normalität an: »Ja, phasenweise ist Schule wirklich nicht so prickelnd, aber das ist nicht immer so.«

✳ **Reden Sie über** Langeweile bei der eigenen Arbeit – und warum Sie trotzdem weiterarbeiten. Sprechen Sie dabei über Berufsarbeit, aber auch über Hausarbeit wie das Zusammenlegen der Wäsche oder Bügeln. Was ist der Sinn der langweiligen Tätigkeiten?

✳ **Ein wichtiger Beitrag** der Eltern, damit es Jungen in der Schule nicht so schnell langweilig wird, ist, dafür zu sorgen, dass Jungen Bildschirmmedien beschränkt und kontrolliert nutzen. Selbst einfache Medienspiele sorgen für Dauerspannung, wogegen jeder Alltag langweilig werden muss. Und natürlich sollten alle Kinder nicht vor Bildschirmen abgestellt werden, wenn die Eltern keine Zeit oder keine Geduld haben.

✳ **Vermitteln Sie bei** Unterforderung Ihres Sohnes Strategien, was er in der freien Zeit Sinnvolles tun kann, beispielsweise Weiterüben, Wiederholen, andere unterstützen, sich Geschichten ausdenken, Raptexte verfassen und Ähnliches. Bei echter Hochbegabung darf natürlich auch über einen Klassen- oder Schulwechsel nachgedacht werden.

✳ Wenn Langeweile durch andauernde Überforderung entsteht, wenn das Niveau von Unterrichtsinhalten oder Aufgaben zu hoch ist, ist es sinnvoll, über eine weniger anspruchsvolle Schule nachzudenken.

Mehr Action in der Schule

 anchmal ist es also gar nicht so schlimm, dass Schule langweilig ist. Dennoch darf der Langeweilestempel nicht das gesamte Schülersein prägen, und so sind Antilangeweile-Programme für Jungen vor allem in der Phase nach der Grundschule, in den Klassenstufen fünf bis acht, notwendig. Aber wie sollen gerade in diesem Alter Lernfreude, Spontaneität, Aufmerksamkeit, Ausdauer und Begeisterung entstehen? Das scheint vielen Lehrkräften und Eltern wie ein Widerspruch in sich.

Die Lösung scheint auf, wenn man sich ansieht, wie leidenschaftlich männliche Jugendliche in anderen Zusammenhängen sein können: bei Ballspielen in den Pausen, gemeinsam mit Gleichaltrigen, bei ihrem Sport oder Hobby, aber auch wenn sie von Projekten oder Praktika erzählen. Hier sehen wir, was Jungen fehlt: Interesse und Erfolg wird für sie besonders dort erlebt und spürbar, wo sie konkret oder im wahrsten Sinne des Wortes Hand anlegen können, wenn sie etwas herstellen, verarbeiten, machen können, wenn sie planen, durchführen und Resultate am eigenen Leib erleben können – kurz: Es fehlt mehr Action in der Schule! Mehr reale Situationen fürs Lernen! Raus aus der Schule und rein ins wirkliche Leben!

 Ich höre und vergesse. Ich sehe und erinnere.
Ich handle und verstehe.
Konfuzius

Jungen brauchen gleichzeitig und gleichermaßen körperliche und mentale Herausforderungen mit hohen grob- und feinmotorischen Handlungsanteilen:

→ Dafür eignen sich handwerkliche oder künstlerische Aktivitäten oder solche in natürlichen Umgebungen: Landwirtschaft, Fahrzeugbau, Handwerk, Hausbau oder -renovierung und Ähnliches.

→ Viele Schulen verfügen über Erfahrungen mit Schülerfirmen: Unternehmen, die von Schülerinnen und Schülern initiiert werden. Produkte werden entwickelt, hergestellt und vertrieben. Eine solche Schülerfirma zu gründen und erfolgreich zu führen kann ein vielfältiges Praxiserlebnis mit vielschichtigen Lernmöglichkeiten und Kontakt zum wirklichen Leben sein.

→ In Baden-Württemberg gibt es – ein winzig kleiner Lichtblick – »BOGY«, die Berufsorientierung am Gymnasium: eine Woche lang Praktikum außerhalb der Schule, mit Vor- und Nachbereitung. Diese Idee kann gut ausgebaut werden.

Ein gutes Beispiel ist auch die Jugendschule Schlänitzsee, die die Direktorin der Schule, Ulrike Kegler, in ihrem Buch *Wo sie wirklich lernen wollen. 7 Jahre Jugendschule Schlänitzsee* beschreibt. Deren 7. und 8. Jahrgangsstufen verbringen große Teile des Schuljahres, eingebunden in unterschiedliche und verantwortungsvolle Projekte, auf einem »Schulbauernhof«. Die Schüler und Schülerinnen pflegen dort Tiere, kochen für sich selbst und arbeiten in der Landwirtschaft. Erwachsene begleiten die Jugendlichen mit ihren pädagogischen und fachlichen Kompetenzen

In der Französischen Schule in Tübingen wird regelmäßig das »Projekt Herausforderungen« durchgeführt, bei dem sich Schülerinnen und Schüler der Lerngruppen 7 und 8 zwei Wochen lang Herausforderungen stellen, die sie sich selbst gewählt haben: Einige arbeiten auf einem Bauernhof mit, andere absolvieren ein professionell begleitetes sportliches oder musikalisches Trainingsprogramm, manche anspruchsvolle Fahrrad- oder Kanutouren. Eine Gruppe ließ sich sogar einmal 200 Kilometer entfernt aussetzen und versuchte, nur mit Hilfe eines Kompasses den Weg zu Fuß zurück zu finden. Den Jugendlichen stehen dabei Studierende einer Pädagogischen Hochschule zur Seite – aber diese greifen nur in Notfällen ein. Mehr dazu hier: http://www.franzoesische-schule.de.

Solche gelingenden Ansätze und Erfahrungen sind kein Jungenprivileg, denn sie finden üblicherweise in geschlechtergemischten Schulen oder Klassen statt. Das zeigt, dass handlungsorientierte Konzepte zwar auf das Interesse vieler Jungen treffen, aber gleichwohl nicht »jungenspezifisch« sind, auch Mädchen profitieren davon. Zwar kommen Handlungsmöglichkeiten und konkrete Erfahrungen den Bedürfnissen und dem Entwicklungsstand von Jungen spürbar entgegen, aber wenn Mädchen das ebenfalls schätzen, ist eine gute Jungenschule vielleicht einfach eine adäquate Jugendschule?

Mehr Männliches in die Schule integrieren

eistens sehen Jungen die Schule als Ganzes zwar nicht als »weiblich« an (Mädchen interessanterweise schon eher), allerdings bewerten sie häufig genau das Verhalten als weiblich, auf das es in der Schule ankommt. Zum Glück sind Menschen nicht nur durch das Geschlecht bestimmt, und Jungen unterscheiden sich sehr in ihren Vorstellungen darüber, was Männlichsein bedeutet.

Reste traditioneller Männlichkeitsbilder können zu einer inneren Distanzierung der Jungen von der schulischen Welt und ihren

Aufgaben führen, zu einer Entfremdung von der Schule. Dies wirkt sich unmittelbar auf schulische Leistungen aus: Je größer die Schulentfremdung, desto weniger Erfolg in der Schule. So steht die Idee, in der Schule erfolgreich und gut zu sein, bei vielen Jungen nicht so weit oben auf der Agenda, was sich bei Leistungsergebnissen, an Notendurchschnitten und Schulabschlüssen zeigt.

Wenn Jungen den Eindruck haben, mit ihrem Männlichsein in der Schule nicht gefragt zu sein, zeigt dies Auswirkungen auf ihr Handeln und ihre Motivation. Früher galten Mut, Durchsetzungsfähigkeit, Leistungswille oder Autonomie als erstrebenswert, heute werden solche Eigenschaften schnell als Aggressivität, Egoismus, Kooperations- oder Beziehungsunfähigkeit stigmatisiert. Solche Kritik ist nicht ganz falsch oder unberechtigt, aber Jungen orientieren sich an überholten Männlichkeitsbildern, weil ihnen die zukünftigen abhandengekommen sind. Nicht nur in ihrem Verhalten zeigen sich die Folgen davon. Immer wieder hört man von Arbeitgebern, die bemängeln, gerade jungen Männern würde es an Leistungswillen, Disziplin oder Frustrationstoleranz fehlen. Deshalb braucht es eine neue Diskussion über das Männliche, darüber, was im positiven Sinne als männlich bezeichnet werden kann, und zwar sowohl in der Schule als auch in den Familien.

→ Zum Beispiel könnte Selbstbeherrschung, »sich im Griff zu haben« als Leitidee dienen, um Jungen Impulskontrolle nahezubringen: nicht, weil Mädchen das besser können, sondern weil es (auch) männlich ist.

→ Handeln oder Kämpfen als Qualitäten zu verstehen fühlt sich interessant an. Mehr dazu erfahren Sie etwas weiter unten.

→ Größenphantasien von Jungen müssen nicht skandalisiert oder gekappt werden, sie können verstanden werden als Wille, über sich hinauszuwachsen.

→ Die Bereitschaft, Risiken einzugehen oder sich Herausforderungen zu stellen, anstatt ihnen auszuweichen - dazu können »männliche« Bilder und Vorstellungen inspirieren, die Jungen das Schulleben erleichtern: Rund 90 Prozent der Existenzgründer sind männlich - so gesehen brauchen wir unbedingt Männer, die Risiken eingehen.

Viele Jungen erleben Schule leider so, dass genau das, was ihnen Spaß macht, verboten ist oder nicht auftaucht. Verbales und kognitives Lernen und Kopfbildung dominieren, Handlungslernen mit allen Sinnen findet nur sehr reduziert statt. Beziehungen zu anderen Schülern und zu Lehrkräften sollen harmonisch sein, Konflikte stören oder müssen verbal ausgeglichen und mediatisiert werden. Diese Art von Schule wirkt kontrolliert, artig und gezähmt - ist aber in vielen Jungenaugen brav, unmännlich und leblos.

Die Gestaltung von Schule als bloß kognitivem, verbalem oder harmonisierendem Ort begründen populistische Kritiker damit, dass die Zahl der Lehrerinnen stetig zugenommen hat, wodurch es zu einer »Feminisierung« gekommen sei, die Jungen und ihr Männlichsein systematisch unterdrücke. Dafür gibt es keine Belege, es handelt sich eher um eine Verschwörungstheorie. Denn Feminisierung ist ein Begriff, der meist von Personen verwendet wird, die nicht mit dem Wandel der Geschlechterrollen klarkommen.

Was sich allerdings tatsächlich verändert hat und sich in der Schule niederschlägt, sind Männlichkeitsvorstellungen und -ziele. Heute ist eine größere Vielfalt zulässig. Männlichsein zeigt sich unterschiedlich und darf das auch. Dieser Wandel des Männlichen sorgt einerseits für eine größere Heterogenität und für mehr Möglichkeiten; andererseits sorgt sie auch für Verunsicherung. So ist es nicht eine ominöse »Feminisierung«, was zu Schwierigkeiten führt, sondern dass es der Schule an vielen Stellen noch nicht gelungen ist, sich als Entwicklungsort für modernes Männlichsein zu begreifen. Lehrkräfte projizieren in viele Bedürfnisse oder Verhaltensweisen von Jungen vorschnell traditionelle Männlichkeit und definieren sie als unerwünscht oder schädlich. Damit wird vieles von dem aus der Schule ausgeschlossen, was Jungen lernen oder klären wollen, der Rest ist im Jungendenken eine leblose, uninteressante Bildungswüste.

Darüber hinaus wirken sich Effizienzorientierung und Ökonomisierung von Bildung in einer stark beschleunigten Wirtschaft auf Jungen negativ aus. Lernen wird immer mehr aufs Kognitive und auf Leistung reduziert, Bildungsziele wie Persönlichkeitsentwicklung, Erkenntnis, Kritikfähigkeit oder Bewusstheit stören dabei. Bildung soll zügig profitabel verwertbar sein, Lernen muss effizient gestaltet werden: schnell aneignen, leicht wiedergeben, abfragen oder sofort als richtig oder falsch einsortieren, eine hektische Abfolge von lernen, abfragen, bewerten – das ist gefragt. So sind Lehrpläne zwar vollgestopft, aber vieles davon ist Wegwerfwissen, das nur einmal gebraucht wird, nämlich in der Klassenarbeit. Lehrer eilen durch die Lehrpläne, sie befürchten, mit dem vorgeschriebenen Stoff nicht durchzukommen. Viele haben Angst, die Kontrolle über den Unterricht und damit wertvolle Zeit zu verlieren, persönliche Konflikte oder Besonderheiten stören; Stress und Langeweile sind gleichermaßen die Folgen. Fehler können dabei kaum als Lernchance gesehen und gemeinsam analysiert werden; die Lehrkraft sagt, was richtig ist, und weiter geht es im Stoff. Dabei wird die Fähigkeit zu einer Art »Bulimie-Lernen« entwickelt, die ja auch an den Hochschulen gefragt ist.

Nicht wenige leistungsorientierte und zukunftsängstliche Eltern unterstützen und befeuern diesen Trend der Schule, weil sie befürchten, ihre Kinder und vor allem die Söhne könnten im Wettbewerb mit anderen unterliegen oder den Anschluss verlieren. Verdichtung und Beschränkung der Lernformen führen zu Oberflächlichkeit, Anpassung und zu einer besonderen Form der

Inkompetenz. Das Bedürfnis, in der Jugendphase Dinge, Beziehungen und das Leben zu begreifen und sich all dies handlungsorientiert anzueignen, ist deshalb ein wichtiger Gegenimpuls, der besonders von Jungen gespürt und formuliert wird. Insofern ist es traurig, dass viele Jungen mit Macht und fast mit Gewalt dazu gebracht werden, sich an eine Schule anzupassen, die entgegen ihren Lerninteressen organisiert ist.

Warum Jungen mehr Männer brauchen

Bei Geschlechterfragen ist die Symbolik bedeutsam, das gilt auch für das Personal in der Schule. Wenn der Vater in der Familie nicht aktiv sichtbar wird, assoziieren Jungen Familienarbeit als weiblich und versuchen, sich fernzuhalten. Wenn in der Schule keine Männer sind, zeigt dies Auswirkungen in der Bewertung von Schule. Tatsächlich hat sich die Geschlechterverteilung in Schulen gravierend verändert, heute arbeiten dort sehr viele Lehrerinnen und immer weniger Lehrer.

Ist also nicht doch die »weibliche« Schule das Problem? Bezogen auf die Noten und die Leistungen ganz klar Nein: Das Geschlecht der Lehrkräfte ist für den notenmäßigen Schulerfolg von Jungen nicht ausschlaggebend. Wenn sich Unterschiede in der Benotung zeigen, dann bekommen Jungen von Männern sogar etwas schlechtere Zensuren

Indirekt zeigt die Geschlechterverteilung der Lehrkräfte allerdings durchaus Wirkungen. Bei Beziehungen, Interessen und beim Image der Schule für Jungen kann es eine gewichtige Rolle spielen, dass vor allem in der Grundschule überwiegend weibliche Lehrkräfte zu finden sind.

2011 wurden in Deutschland weniger als 10 Prozent der Viertklässlerinnen und Viertklässler von männlichen Lehrkräften unterrichtet; dieser Anteil ist innerhalb von nur zehn Jahren von 20 Prozent abgesunken, Tendenz: weiter fallend.

Wenn Jungen traditionelle Geschlechterbilder vertreten, sich scharf gegen Weiblichkeit abgrenzen müssen und sie abwerten, fällt es ihnen schwerer, Aufgaben oder größere Bildungsziele zu übernehmen, die von Lehrerinnen vertreten werden. Mediale Leitbilder von Kämpfern, Abenteurern oder Anführern werden die Disziplin von Jungen jedenfalls nicht fördern. Die meisten Mittelschichtsjungen vertreten solche Bilder nicht in Reinform. Dennoch sind über ihr Männlichsein Spuren traditioneller Männlichkeitsbilder enthalten, die sich als mehr oder weniger starke Tendenzen auswirken.

»Für ihn wäre natürlich ein Lehrer – das war ihm, glaube ich, auch immer wichtig. Also sein Augenmerk war schon auf einen Lehrer gerichtet, und ich hätte es mir gewünscht, dass es da noch ein paar mehr gegeben hätte. Der männliche Part wäre gut für ihn gewesen. (...) Ja, weil, klar, weil sein Vater ja auch nicht so präsent war, also, das wäre wichtig gewesen für ihn.«
Mutter, ein Sohn, eine Tochter

Auch schulische Erziehung ist zuerst Beziehung. Das Geschlecht der Lehrkräfte hat Einfluss auf die Beziehungsqualität. Für die Schule wurde dies noch nicht wissenschaftlich untersucht, aber in Kindergartenstudien stellte sich heraus, dass Beziehungen zwischen Erzieherinnen und Jungen schwieriger herzustellen und weniger intensiv ausgeprägt sind; in Beobachtungen wurde erkennbar, dass die Beziehungsqualität der Erzieherinnen zu Mädchen besser ist als zu Jungen. Wird dies auf die Schule übertragen, lässt sich erklären, warum sich Jungen dort weniger wohlfühlen und weniger den Eindruck haben, dass sich die Lehrkräfte um sie kümmern.

Es ist schwer zu untersuchen, und es gibt dazu keine belastbaren Daten, aber es könnte durchaus sein, dass viele (nicht alle) Lehrerinnen mit einem Teil der Interessen der Jungen, die »männlich« sind, weniger anfangen können. Viele Jungen wünschen sich gleichgeschlechtliche Beziehungsgegenüber, oft verknüpft mit der Hoffnung, dass sie mehr Verständnis erfahren – unabhängig davon, ob das wirklich so ist. Jungen, die einen Mann als Lehrer bekommen, noch dazu als Klassenlehrer, freuen sich darüber, weil ein Bedürfnis befriedigt wird: nach nahen und realen Erfahrungen mit Lehrkräften desselben Geschlechts. Wo Beziehungen zu Lehrkräften tragen, wo Kontakt entsteht, lassen sich Jungen auch auf Stoffe ein, die auf den ersten Blick uninteressant scheinen.

Erzieher und männliche Lehrkräfte ermöglichen, dass Jungen tatsächliche Erfahrungen mit Männern machen. Dieses Erleben von wirklichen Männern ist gerade dann nicht zu unterschätzen, wenn Jungen dabei feststellen, dass Männer und Frauen in vielem gar nicht so verschieden sind! Denn die Ähnlichkeit ist eine elementare Erfahrung, welche die Vorstellung von Geschlechtlichkeiten prägt. Sie vermittelt letztlich die Freiheit, sich geschlechtlich individuell zu entwickeln: »Werde, der du bist – und nicht der, der du aufgrund deines zugeschriebenen Geschlechts werden sollst.« Fehlende Männer in den kindlichen Lebenswelten schaffen und unterstreichen Unterschiede, denn nichtanwesende Männer lassen die Phantasien überborden darüber, wie extrem verschieden Frauen und Männer doch sein müssen. Bilder, Vorstellungen, wie »die« Männer sind, werden dann vor allem unter den Jungen jenseits von realen Erfahrungen kommuniziert, bestätigt und verfestigt.

Fazit: Jungen brauchen Männer in der Grundschule, weil sie dadurch feststellen können, wie Männer wirklich sind: nämlich unterschiedlich und in vielem gar nicht so verschieden von Frauen. Erfahrungen im Kindergarten und den ersten Schuljahren setzen sich fest und vertiefen sich. Fehlende Männer tragen mit ihrer Geschlechtersymbolik dazu bei, dass die Bedeutung der Schule in der Tendenz schlechter bewertet wird.

Jungen in der Imagefalle

Das alles beeinträchtigt das Image der Schule in Jungenaugen. Statt Selbstdisziplin und Lerneifer zu entwickeln, orientieren sich Jungen eher am minimalen Aufwand und an der Arbeitsvermeidung – um Zeit und Energie für Aktivitäten freizuhalten, die ihnen wichtiger sind und die auf dem »Männlichkeitskonto« eher Gewinn versprechen.

> Der Zusammenhang zwischen dem Image, das Schule in Jungenaugen hat, und der eigenen Einschätzung als »männlich« wurde in Studien nachgewiesen: Jungen, die Schule als »weiblich« assoziieren und sich selbst als maskulin beschreiben, haben schlechte Noten. Untersucht wurde dies bezogen auf das Fach Deutsch.

Ohne Korrektiv kommt ein Kreislauf in Gang: Aus ihrem Männlichsein heraus überschätzen sich Jungen gern in ihren Fähigkeiten und sehen deshalb wenig Notwendigkeit, sich anzustrengen. Ihre Anstrengungsfeindlichkeit zeigt Wirkungen, in der Pubertät gilt es unter Jungen meist als ziemlich uncool, viel für die Schule zu tun. Die abgelieferten Leistungen sind mäßig, aber die schlechte Arbeitshaltung wird als »männlich« verklärt, was sicher nicht zu besseren Leistungen führt. Stattdessen werden Jungen, die sich bemühen und anstrengen, entwertet und als »Streber« bezeichnet. Demonstratives Nichtanstrengen dagegen verspricht die Anerkennung anderer Jungen.

Die Bewertung von Fleiß, Selbstdisziplin und Engagement in der Schule als »weiblich« kann an der Geschlechtsidentität von Jungen nagen, die ja über weite Strecken der Schulzeit noch recht unsicher ist. Jungen riskieren scheinbar ihr noch instabiles Männlichsein, wenn sie viel für die Schule tun; dabei schielen sie stark auf gleichaltrige Jungen und deren Bewertung. Dem drohenden Angriff auf ihr Männlichsein wirken sie dann entgegen, indem sie sich in Opposition zur Schule stellen oder zumindest ihr Engagement deutlich reduzieren. Störverhalten gilt als ein Grund für schlechtere Noten von Jungen. Schwierig ist dabei: Wenn Jungen im Unterricht stören oder den Clown spielen, steigert dies ihren Status; wenn sie gut mitarbeiten, sinkt ihre Beliebtheit. Bei Mädchen ist es genau umgekehrt. Jungen, die sich für die Schule anstrengen, werden eher als weiblich eingeschätzt - eine Zuschreibung, die Jungen aus vielen Gründen vermeiden möchten.

Allerdings ist gute Noten zu haben nicht so das Problem, sondern die Anpassung an schulische Erwartungen: das Anstrengen und die Bemühung, das Sich-Einfügen in die Schule. Denn Jungen, die sehr gute Noten haben und dafür wenig tun, werden von anderen als besonders männlich angesehen! Weil echte Genies eher selten sind, kann davon ausgegangen werden, dass es offenbar Jungen gibt, die ihre Schulkonformität gut vor anderen verstecken können.

Jungen reflektieren und durchschauen solche gesellschaftlichen Imagethemen und Männlichkeitsdynamiken nicht. Hier können Eltern direkt ansetzen, indem sie Jungen aufklären und sie unterstützen:

✳ Für mehr Lehrer können Eltern meistens nicht sorgen, aber sie können Kompensierungen vorschlagen oder initiieren: Sie können politische Forderungen stellen und unterstützen, die dafür sorgen, dass mehr Männer als Lehrkräfte eingestellt werden; sie können externe Fachmänner für die Schule organisieren und fordern, dass Männer von der Schule engagiert werden; sie können männliche Studenten oder Honorarkräfte als Hausaufgabenbetreuung suchen.

✳ Eltern können Jungen zeigen, wie sie sich »geheim« anstrengen oder gut vorbereiten können, ohne dass die anderen Jungen etwas davon merken.

✳ Eltern und Lehrkräfte sollten Energie darauf verwenden, Jungen ein realistisches Bild von sich selbst zu vermitteln, ohne dass sie die Motivation verlieren.

✳ Eltern können das Image der Lehrer stützen und den Lehrerberuf wertschätzen, auch in der Grundschule: Lehrkräfte sind Profis – das hilft vielleicht langfristig, dass der Lehrerberuf für Männer attraktiver wird.

✳ Eltern können ihre Söhne darin unterstützen, pädagogisch-fürsorgliche Aufgaben zu übernehmen, zum Beispiel als Leiter in der Jugendarbeit, als Trainer im Sport, bei einem BOGY-Praktikum, bei »Soziale Jungs« (www.sozialejungs.de) und Ähnlichem.

✳ Was zudem dem männlichen Image der Schule in den Augen der Jungen nützt, ist das offensive Engagement der Väter (siehe dazu oben).

Beziehungen, die tragen

Jungen haben in der Schule ein vielfältiges Beziehungs-
leben: zu sich selbst, zu anderen Jungen, zu Mädchen, zu
Eltern, Lehrerinnen, Lehrern, Fachkräften der Schulsozi-
alarbeit, zu Rektorin oder Rektor, zu Hausmeisterin oder
Hausmeister und Ähnliches. Beziehungen beinhalten immer auch
eine geschlechtliche Seite: Jungen verstehen sich selbst als Jungen, zeigen sich, wollen - vor allem von anderen Jungen - auch
als männlich gesehen und kategorisiert werden; umgekehrt werden sie von anderen in ihrer Geschlechtlichkeit gesehen, definiert
oder interpretiert. Deshalb ist es unmöglich, die geschlechtliche
Färbung zu neutralisieren, weil in jeder Beziehung immer das Geschlecht mitwirkt.

Dies gilt auch für die Beziehung zur Lehrerin oder zum Lehrer.
Viele Jungen folgen ihnen, weil oder wenn sie gut führen. Ist das
nicht der Fall, sehen Jungen dies als eine Gelegenheit für Verhal-
tensexperimente und Machtkämpfe. Die Beziehung zu Lehrkräften
ist für Jungen auch eine Möglichkeit, ihren Status oder ihre Position zu klären und zu behaupten, letztlich geht es dabei darum, die
Beziehung zu bestätigen oder sich ihrer zu vergewissern.

Jede Beziehung beinhaltet Konfliktpotenzial. Harmonische Beziehungen zu pflegen ist einfach, in der Dissonanz wird erkennbar,
wie viel eine Beziehung aushält. Kritik an der Schule oder an der
Lehrkraft ist im Schulalltag eine gute Möglichkeit, um das zu prüfen. Mit ihren Männlichkeitsbildern im Hintergrund sind Jungen
oft eine Art Seismograf, der anzeigt, wenn Schule nicht rund läuft.
Mangelhafter Unterricht, schlecht aufbereitete oder uninteressant
präsentierte Inhalte, keine spürbare Beziehung: So etwas ärgert
Jungen, und sie haben recht damit. Weil sie in Beziehungen nicht
so nett sein müssen wie Mädchen, die das aufgrund ihrer Weiblich-
keitsbilder eher sind, zeigen Jungen das auch gern; die Art, wie sie

Kritik äußern, ist nicht immer verbal, sondern zeigt sich in ihrem Verhalten, durch Unruhe, Nebenbeschäftigungen, Gesten, auch mal durch freche oder patzige Bemerkungen. Das ist ein guter Indikator für Mängel. Die Schule schmettert solche Kritik jedoch gern pauschal ab. Wenn sie aber berechtigt ist, sollten Lehrkräfte sich ändern, nicht die Jungen.

Jungen äußern Kritik oft pointiert, direkt und statusorientiert mit der verdeckten Frage: »Wer hat recht? Wer ist hier Chef, Sie oder ich?« Dann geht es um Grundsätzlicheres, um einen Statuskonflikt. Diese offensive Form missfällt vielen Lehrerinnen und Lehrern. Sie lehnen diese Direktheit ab - und verweigern sich damit in den Augen der Jungen. Provokationen, Reibungen, Widerstand und Konflikte sind bei einem Teil der Jungen auch eine Form des Kontakts oder der Beziehungsaufnahme. Das geschieht sicher in vielen Fällen in etwas unterentwickelter Form, aber es sind ja auch Kinder oder Jugendliche.

Wenn sich Lehrkräfte hierauf nicht einlassen, irritiert das Jungen in ihren Beziehungswünschen oder sie interpretieren das Verhalten der Lehrkräfte als Ablehnung oder Beziehungsverweigerung. Solche Missverständnisse führen zu Beziehungsstörungen; dann kann es sein, dass Jungen das Interesse verlieren, sich zurückziehen oder aber noch heftiger reagieren. Eltern sind in solchen Fällen als Übersetzer und Vermittler gefragt, und zwar in beide Richtungen, also sowohl für die Lehrkräfte als auch für die Jungen.

Bindung und Respekt

Wie die Schule in der Jungenperspektive haben umgekehrt Jungen in den Augen vieler Lehrkräfte einen zweifelhaften Ruf. Jungen gelten häufig als schwierig und anstrengend. Heimlich vertreten manche Lehrerinnen und Lehrer die Einstellung: Schule könnte so schön sein, wenn es die Jungen nicht gäbe! Natürlich sind sie eher die Ausnahmen. Die meisten Lehrkräfte arbeiten gern, manche sogar lieber mit Jungen. Aber in der Tendenz ist das Jungenimage in Schulen mäßig bis schlecht. Das hängt teils mit Erfahrungen, teils aber mit selektiver Wahrnehmung und geschlechtsgeprägten Assoziationen zusammen, wenn Störungen im Unterricht oder auf dem Schulhof erkennbar werden: Im Zweifel sind es Jungen.

So bilden und verfestigen sich Vorurteile, die als »Homogenisierung« auf Jungen zurückwirken. Leise oder zurückhaltende Jungen werden, wie auch das gelingende Verhalten von »schwierigen« Jungen, leicht übersehen. Wenn auf unterschiedliche Jungen mit unterschiedlichen Bedürfnissen homogenisierend eingewirkt wird, nehmen diese aber eine verdeckte Botschaft wahr, die für sie lautet: Alle Jungen sollen gleich sein, Jungen dürfen sich nicht unterscheiden. Meistens wirkt Homogenisierung negativ, das Register wird bei unangemessenem Verhalten oder bei Regelverstößen gezogen. Dann werden »die« Jungen ermahnt oder sanktioniert.

Dieser Sachverhalt wirkt dann gleich mehrfach: als sich selbst erfüllende Vorhersage, als Etikett, das Jungen aufgeklebt wird, aber auch als Beziehungsstörung in Form von Ablehnung, die Jungen spüren, sie haben den Eindruck, von den Lehrerinnen und Lehrern nicht gemocht zu werden. Das liegt nicht nur an einem befangenen Blick, denn auch »schwierige« Mädchen haben häufig das gleiche Gefühl. Gestörte Beziehungen bestätigen und verstärken einen negativen Blick auf Schule; die Folge: Die Jugendlichen sagen sich:

»Schule ist nichts für mich als Person.« Und sofern Jungen den Eindruck gewinnen, die Lehrkräfte mögen insbesondere die Jungen nicht, gilt speziell: »Schule ist nichts für mich als Junge.«

Solche Beziehungsthemen werden in der Schule fast sträflich vernachlässigt. Dies gilt für Kontakte unter Jungen, zwischen Mädchen und Jungen, aber besonders für die Beziehung zwischen Schülern und Lehrkräften. Studien von John Hattie, einem australischen Bildungsforscher, belegen, dass Bildungserfolg stark mit der Beziehung zwischen der Lehrkraft und den Schülern zusammenhängt. Die Einfühlung der Lehrkräfte in die Kinder ist dabei ein entscheidender Faktor.

Jungen erreichen

Gute Lehrerinnen und Lehrer können Kontakt zu Jungen herstellen, sie begeistern und motivieren. Dabei hilft eine positive Einstellung Jungen gegenüber, auch den schwierigeren Exemplaren. Jungen lassen sich von Lehrkräften erreichen, die eine gewisse Leidenschaftlichkeit mitbringen, die für ihr Fach brennen und damit die Gefühle der Jungen beim Lernen ansprechen können. Lehrerinnen und Lehrer brauchen dazu die Fähigkeit, zu Jungen eine Beziehung aufzubauen und sie mit dem zu akzeptieren, was sie mitbringen: Lehrerinnen und Lehrer, die sich als Lern- und Entwicklungspartner verstehen, die Jungeninteressen als Themen und Inhalte akzeptieren; Lehrkräfte, die sich nicht von den bisweilen originellen Formen der Kontaktaufnahme und Auseinandersetzung der Jungen irritieren oder abschrecken lassen.

Eine Klasse gilt als sehr schwierig, als fast nicht unterrichtbar. Drastische Disziplinierungsversuche sind bereits an ihr gescheitert – und was macht die neue, mutige Lehrerin? Sie fährt mit dieser Klasse und einem weiteren männlichen Begleiter erstmal für eine Woche in die Berge. Die gemeinsame Zeit bildet die Basis für Bindung und Gemeinschaft. Deshalb entwickelt sich etwas Neues, Kontakt, Beziehung, und sie scheitert nicht wie andere vor ihr.

Auf die Kompetenz, Jungen gut und wirklich autoritativ zu führen, wurden die meisten Lehrkräfte in ihrer Ausbildung überhaupt nicht vorbereitet: Geschlecht spielt dort keine oder so gut wie keine Rolle, die Persönlichkeitsentwicklung von Lehrerinnen und Lehrern wird nicht gefördert (und auch nicht gefordert), die Entfaltung von sozialen und Beziehungskompetenzen steht ebenfalls nicht oben auf der Agenda. Dass einer Lehrkraft einzelne Kinder oder Gruppen unsympathisch sein könnten, ist fast tabuisiert: Natürlich kommt so etwas bei professionellen Pädagogen nicht vor – das entspricht aber nicht der Wirklichkeit.

So wird neben der Notwendigkeit für eine Schulentwicklung ein hoher Weiterbildungsbedarf deutlich. Für eine gute Beziehung zu Jungen ist es notwendig, dass Lehrkräfte einerseits Jungen verstehen und ihre Fächer in Inhalte und Methoden übersetzen können, die bei Jungen ankommen. Andererseits sollten sie sich selbst in Beziehung setzen können, sodass sie Konflikte und Angriffe als Beziehungsanträge verstehen und Jungen mit ihrer Persönlichkeit ein stabiles Gegenüber bieten, an dem diese sich reiben und weiterentwickeln können. Engagierte Lehrkräfte und manche Schulen oder Schulträger zeichnen sich dadurch aus, dass sie experimentieren, sie nehmen das Jungenthema in den Blick, verändern den

Unterricht und die Pausenzeiten, führen Projektunterricht ein - von den Bildungseffekten her profitieren Mädchen genauso, Mädchen und Jungen gehen daraufhin mit mehr Freude und Überzeugung in die Schule.

»Das spürt man auch als Eltern, das spürt man auch von der Gesellschaft und von der Berichterstattung, dass die (Jungen) eher als Störenfriede wahrgenommen werden - und das ist natürlich - wenn ich einen Wunsch äußern dürfte an die Lehrer: Nehmt die (Jungen) mal wahr, was die alles können und wie man die eigentlich zum Leisten bringt, das ist die Frage. Weil, schlau sind sie ja hier in unserem Umfeld fast alle, daran liegt es ja nicht.«
Mutter, zwei Söhne

Wenn die Beziehung zu Jungen nicht stimmt, wirkt sich dies auf beide Seiten aus. Die Lehrkräfte erreichen dann die Jungen weniger, es fällt ihnen schwerer, mit ihnen in Beziehung zu sein. Darauf reagieren Jungen mit Rückzug, Ablehnung und Abwertung der Lehrkräfte, auch mit Rebellion. Wird die Beziehung zu ihnen schlechter, müssen Lehrkräfte ständig gegen den Widerstand der Jungen ankämpfen. Mit den Unterrichtsinhalten können Jungen nichts anfangen, wenn sie nicht durch die Beziehung der Lehrkraft getragen sind und dadurch mitgenommen werden. Und wenn der Stoff Jungen nicht anspricht und sie sich entsprechend verhalten, dann stumpfen die Lehrerin oder der Lehrer ab und die Intensität der Beziehung zu Jungen wird noch geringer, eine unerträgliche und für alle Seiten anstrengende Alltagssituation.

Ein Bedürfnis vieler Jungen ist es, dass sich Lehrkräfte auf das einlassen, was die Schüler mitteilen, dass sie ihre Stimmung und Bedürfnisse wahrnehmen, sie ernst nehmen und nicht nur disziplinieren. Sicher bringen Jungen bisweilen schon recht Schräges aus ihren geschlechtlichen Lebenswelten mit, und natürlich braucht Unproduktives nicht immer ernst genommen zu werden. Andererseits kann gerade das auf den ersten Blick Unlogische oder Vernunftwidrige interessant sein, denn es bietet Einblicke in die Lebenswelt des Jungen, wenn er die Frage beantwortet: »Wie kommst du denn darauf?«

Beziehung und Bindung sind Schlüsselbegriffe fürs Befinden und für den Erfolg von Jungen in der Schule. Die Beziehung zu den Jungen ist der Hauptjob der Lehrkräfte. Leider ist das Fachwissen über Jungen bei vielen Lehrpersonen eher gering. Eltern können an dieser Stelle allenfalls kompensieren und manchmal um mehr Verständnis für Jungen werben.

→ Jungen brauchen Lehrerinnen und Lehrer, die sich in Beziehung zu ihnen setzen können. Das geschieht selbstverständlich im Unterricht, wenn aktive Beteiligung wirklich gefragt ist und sich die Lehrkräfte für die Jungen (und Mädchen ebenso) interessieren, aber auch in anderen alltäglichen Begegnungen beispielsweise im Gang oder auf dem Pausenhof.

→ Beziehungen können besonders dort gut entstehen, wo es außerordentliche und außergewöhnliche gemeinsame Erlebnismöglichkeiten gibt, weil die Beziehungsmöglichkeiten in der normalen Lebenswelt der Schule und im Unterricht einfach beschränkt sind.

→ Besonders gemeinsame außerschulische Aktivitäten erweisen sich deshalb als förderlich: Sport, Grillen, Nachtwanderungen, soziale Einsätze (zum Beispiel im Altenheim), erlebnispädagogische Erlebnisse (mit Schülern und Lehrkräften!), kulturelle Produktionen (Theater, Musik, Kunst); hierbei ist es auch gut, wenn Schüler, Eltern und Lehrer diese Erfahrungen gemeinsam machen. Sicher, das fordert viel von Lehrkräften, aber sie bekommen dafür auch sehr viel zurück.

Aufgabenbeziehungen schaffen Nähe

Jungen kommen häufig über Aktivitäten und über die Bewältigung von Aufgaben in Beziehung: Es gibt etwas zu tun, eine Aufgabe will oder muss erledigt werden; man kann es allein bewältigen oder man macht es gemeinsam. Über das Tun entsteht Verbindung und Beziehung unter den Jungen, Bezüge auf- und zueinander, etwas Gemeinsames wächst.

Im Vordergrund oder im Mittelpunkt steht dabei die Aufgabe, Beziehung geschieht und entwickelt sich gleichsam nebenher. »Aufgabenbeziehung« ist darum ein passender Begriff dafür. Die Aufgaben, in denen Beziehung entstehen kann, sind so vielfältig wie die Umwelt: etwas aus Spielsteinen oder aus Holzteilen bauen, ein Fußballspiel gewinnen, ein Computerspiel bewältigen, den Gegner beim Kickern, mit den Pokemon-Karten oder an der Playstation besiegen. Aufgabenbeziehungen sind Side-by-Side-Beziehungen (im Gegensatz zum Gegenüber bei Face-to-Face-Beziehungen). Bildlich übersetzt wird dabei gemeinsam und nebeneinander in eine Richtung gegangen. Vielen Jungen liegt das Prinzip Aufgabenbeziehung näher, doch an der Schule ist diese Beziehungsform weniger gefragt, zumal die Aufgaben dort in Jungenaugen keine »richtigen« Herausforderungen, sondern theoretische Trockenübungen darstellen. Dass Jungen Aufgabenbeziehungen auch mit Lehrkräften schätzen, zeigt sich oft dann, wenn etwas Besonderes zu tun ist: die schweren Atlanten tragen, Tische umstellen, den Beamer holen – gemeinsames Tun bindet Jungen an ihre Lehrerinnen und Lehrer.

Über Aufgaben in Beziehung zu kommen, dafür gibt es in vielen Schulen, Vereinen oder Freizeiteinrichtungen Angebote und Initiativen, die durchaus auch auf Interessen von Jungen zugeschnitten sind:

→ In einer Gesamtschule in Hessen gibt es eine »Roboter-AG«, die ein Physiklehrer anbietet: Die wenigen Plätze sind hochbegehrt bei Jungen, jedes Jahr ist die AG überfüllt, und es gibt Wartelisten. In der AG bilden sich Teams, die Jungen kommen übers gemeinsame Tun in Kontakt und Beziehung.

→ Viele Sportarten nutzen das Prinzip der Aufgabenbeziehung, über das gemeinsame Interesse und Ziel werden Mannschaften gebildet, hier entstehen Freundschaften, die manchmal lebenslang halten.

→ Wettbewerbe wie »Jugend forscht« oder ein »Modellbrückenwettbewerb« bieten Jungen Aufgaben, Herausforderungen, die Möglichkeit zu kultivierter Konkurrenz, hier entwickeln Jungen gleichermaßen Beziehungen zueinander wie auch Wetteifer und Begeisterung.

→ Auch Musik ist eine Sache, eine Aufgabe oder ein Handeln, das Jungen faszinieren kann, für das sie sich begeistern, insbesondere Perkussion, Rockmusik oder Musikwerkstätten.

Im Modus der Aufgabenbeziehung hat das Reden selbst keine beziehungsstiftende Bedeutung; es ist wichtig als Informationsträger, für Anweisungen oder Absprachen. Eine Aufgabenbeziehung kann sich sogar als Schweigebeziehung erweisen. Es muss nicht unbedingt geredet werden, damit die Verbundenheit bestehen bleibt, die Beziehung existiert »einfach so« über das Handeln oder die Aufgabe. So ist es Jungen häufig nicht besonders wichtig zu reden, es genügt, einfach zusammen zu sein - irgendwohin zu gehen, etwas zu tun, zu sitzen und zu schauen; die Beziehung bleibt.

Das ist durchaus etwas Schönes, aber es bekommt leicht eine einseitige Tendenz. Reden ist nicht per se gut, aber auch nicht immer schlecht. Der Gegenpol zur Aktion ist die Reflexion: Reden vor dem Handeln, während des Tuns und gleich danach trägt dazu bei, das Erlebte zu integrieren. Ohne Reden geht vieles verloren,

Handeln hängt schnell im leeren Raum, weil es Selbstzweck wird. Reflexion im Reden über Aktion ist ein Entwicklungsaspekt, der in der Aufgabenbeziehung angelegt ist. Diesen Part können Eltern gut anregen, fördern und unterstützen, indem sie sich interessieren, nachfragen, auch die emotionalen Erlebnisqualitäten mitfühlen und verbalisieren, bei Herausforderungen mitfiebern, sich erzählen lassen, wie der Junge oder die Freunde die schwierige Aufgabe gemeistert haben.

 »Gemeinsam lernen, das hilft auch. Dann ist zum Beispiel noch der Kumpel dabei, und dann machen wir gemeinsam irgendwie so Abfragen, dann wirft man sich einen Ball zu und dann fragt man nebenher noch spielerisch was ab. (...)«
Mutter, zwei Jungen, 5. und 8. Klasse, Gymnasium

Mädchen und Frauen, auch Erzieherinnen oder Lehrerinnen haben aufgrund der fehlenden biografischen Erfahrung mit dieser Form der Beziehungsgestaltung oft Probleme. Das ist kein Wunder, denn ihr Beziehungsmodell ist häufiger die einander zugewandte Redebeziehung.

Aufgabenbeziehung ist eine Tendenz bei Jungen und Männern - aber kein männliches Schicksal. Ihre Stärke entwickelt diese Beziehungsweise, wenn das Gegenstück ebenfalls verfügbar ist. Bei Jungen ist deshalb eine Entwicklung hin zu Beziehungsaufgaben sinnvoll und durchaus möglich. Dies gilt besonders, wenn es um Freundschaft und Liebe geht, aber auch in der Berufsarbeit schadet vertiefte Beziehungskompetenz nicht.

Um sich weiterzuentwickeln, können Jungen Anregungen gebrauchen, vor allem dann, wenn sie sich viel in männlichen Milieus bewegen. Manchmal hilft schon ein Tipp vom Vater oder von der Mutter weiter, eine Art »Beziehungsaufklärung«. Weiter gedacht, erleichtert und verbessert Beziehungskompetenz auch die Aufgabenbeziehungen, ohne dass sich der Beziehungsaspekt nun in den Vordergrund schieben müsste. Es geht beim Thema »Jungen in Beziehung« nicht um ein »Entweder-oder« (entweder Aufgabenbeziehung oder Beziehungsaufgabe). Ziel ist vielmehr das »Sowohl-als auch«. Die Qualität der Aufgabenbeziehung kann weiterentwickelt werden, auf diese Weise vertieft sich der Aspekt der Beziehungsaufgabe stärker ins Jungen- und Männerleben.

Funken des Eifers kann man nähren – oder ablöschen

Etwas bewirken und damit leisten zu wollen ist angeboren. Wenn Jungen keine Leistung zeigen, muss es Einflüsse geben, die diese Neigung abwürgen. Oft hängt dies mit Vorstellungen von Eltern zusammen, wie der Sohn ist oder zu sein hat. Sein Wesen oder Weg kann aber ganz anders gelagert sein. Eltern zuliebe Leistung zu bringen oder Begeisterung zu heucheln, damit diese beruhigt sind, führt nicht dazu, dass Jungen ihr Eigenes entwickeln. Wenn Eltern das Eigene des Sohnes nicht wahrnehmen oder akzeptieren, sondern aus einem Besserwissen heraus ihm etwas aufdrücken, blockiert das die eigenen Impulse. Es entsteht eine Blockade.

Manchmal ersticken Eltern die knospende Begeisterung des Jungen im Keim, weil sie das entwerten, was den Jungen gerade mitreißt: Es gefällt ihnen nicht, sie finden es nicht gut; sie denken, es passt nicht zu ihrem Milieu oder zum Jungen: »Was, wenn andere erfahren, dass der Junge das macht?« Mangelnde Leistungsbereitschaft kann eine Folge vieler kleiner Entwertungen der Jungeninteressen während der Kindheit sein, wenn der Junge sucht, ausprobiert und häufig empfindet: »Ich habe mit meinen Interessen eh keine Chance gegen die moralische Übermacht der Eltern.« Dieselben Gefühle entstehen in der Schule, wenn Jungen den Eindruck bekommen, mit ihren Interessen isoliert zu sein, oder wenn sie keine Anschlüsse finden zwischen schulischen Leistungserwartungen und ihren Interessen. Auch dies löscht die Funken des Eifers.

Wenn und wo Jungen keine Leistung zeigen, kann es andererseits auch angebracht sein, Funken der Begeisterung zu schlagen. Vor allem in eingefahrenen Situationen können Abwechslung und Veränderung helfen: Ein Praktikum, ein Ferienjob, ein ehrenamtliches Engagement oder ein Auslandsjahr wirken manchmal Leistungswunder. Daneben gilt es, vorhandene Impulse des Leistens wahr- und ernstzunehmen, auch wenn sie dem Bild des fleißigen Schülers im engeren Sinn widersprechen, denn daraus lassen sich indirekte Leistungsmotivationen ableiten: Der Zehnjährige will Fußballprofi werden und konzentriert seine ganze Energie darauf - bitte schön, dann kann er seine Lesekompetenz im Sportteil der Zeitung oder mit einer Fachzeitschrift verbessern, seine Ausdauer und Konzentrationsfähigkeit auch beim Vorbereiten auf die Klassenarbeit trainieren, Mathe braucht er später, um seine Millionen richtig anzulegen, und Deutsch, um beeindruckende Interviews zu geben.

Gerade wenn Eltern Talente wittern, fällt es ihnen schwer zu akzeptieren, dass der Sohn sich dennoch nicht für Sprachen oder das Cellospiel interessiert. Jungen müssen sich nicht durch Sachen quälen, die sie nicht (mehr) interessieren, aber bevor sie ein Hobby ganz aufgeben, können sie, manchmal mit Vereinbarungen oder sanftem Druck, zu noch einer letzten Runde vor der Entscheidung motiviert werden. Mancher bleibt dann doch dabei und entwickelt seine eigene Begeisterung. Viele aber lassen die Chance ungenutzt, was auszuhalten für Eltern bitter sein kann.

Andere Eltern haben eine strenge Vorstellung, was die Kontinuität von Interessen betrifft: »Was man anfängt, muss man unbedingt auch fertig machen.« Aber nicht in jede Idee muss gleich groß investiert werden, manche Jungen geben auf, wenn sich erste Mühen des Kompetenzerwerbs abzeichnen. Das ist zwar schade, aber grundsätzlich können auch Eintagsfliegen und Strohfeuer Ausdruck von Begeisterung und Leistungswillen sein, aber eben eher klein portioniert und dafür häufiger. Manche Jungen brauchen viele, viele Anläufe, bis sie etwas finden, das wirklich für sie passt. Warum sollten sie es also schon beim dritten Versuch wissen?

Unsichere Jungen sind manchmal von etwas inspiriert, brauchen aber Ermutigung von den Eltern: »Klar, mach doch, wenn du dich für Karate interessierst, probier's aus; nein, da sind sicher nicht nur Größere; ich geh erstmal mit, ich denke, du kriegst das hin.« Bleibt die Unterstützung aus, springt der Junge ab, lange bevor er seine Leidenschaft entdecken konnte. Und schließlich gibt es auch Fälle, in denen der absolute Leistungswille und die große Begeisterung des Jungen den Eltern Sorgen oder Angst machen. Plötzlich entdeckt der Sohn seine Leidenschaft fürs Gitarrenspiel, er übt viel, merkt, dass er sich verbessert, dass ihm etwas glückt, übt Tag und Nacht - und das ist den Eltern nicht geheuer: Hat er noch genügend Freunde? Leidet die Schule nicht darunter? Müsste er nicht auch noch Sport treiben? In diesem Fall ist der vollbegeisterte und wirklich leistungswillige Junge auch wieder nicht recht.

Eltern können ihren Sohn unterstützen bei der Suche nach einer Leidenschaft:

→ Lassen Sie den Jungen suchen und finden, was ihn selbst fasziniert, auch (und viel) außerhalb der Schule.

→ Lassen Sie ihn vielfältige Erfahrungen machen und bleiben Sie dem Jungen emotional verbunden, um zu spüren: Ah, da beißt er an, da ist was, das ihn fasziniert.

→ Wenn sich Begeisterungsflämmchen zeigen, bestärken Sie den Jungen darin, weiter dranzubleiben – vielleicht entwickelt sich mehr daraus.

→ Jeder Leistungswille und jede Begeisterung ist zunächst positiv, es braucht keine Elternbewertung, weil es um das Innere des Jungen geht; Eltern können überrascht registrieren, dass ihr Sohn sich tatsächlich für *Star Wars*, den FC Bayern oder mittelalterliche Schwerter interessieren kann, auch wenn das weit weg von den Elterninteressen liegt.

→ Wenn Eltern Begeisterungsfelder mit Jungen entdecken, kann es manchmal sinnvoll sein zu überlegen, wo diese schulkompatibel sind. Ein Beispiel aus meinem Leben: Mein Sohn, basketballbegeistert, hielt ein Referat über die amerikanische Basketball-Liga NBA und bekam dafür eine wegweisend gute Note.

Bewegung macht schlau

Ein von Lehrkräften sehr oft wahrgenommener Unterschied zwischen Mädchen und Jungen bezieht sich auf Bewegungsimpulse: »Jungen sind unruhiger«, »Jungen wollen sich mehr bewegen« oder: »Mädchen gehen, Jungen rennen.« Oft werden Handlungs- und Bewegungswünsche von Jungen problematisiert und vorwurfsvoll kommentiert, etwa als »Unruhe« oder »Zappeln«. Das zeigt, dass in unserem Bildungsverständnis der Körper und seine Bewegungen wenig zählen. Wer statische Vorstellungen vom Lernen hat, wer Aufmerksamkeit mit Bewegungslosigkeit gleichsetzt, wer absolute Ruhe voraussetzt, um unterrichten zu können, der oder die wird sich mit den Bewegungswünschen von Jungen schwertun.

Bewegung und Lernen hängen aber enger zusammen, als lange Zeit gedacht wurde, Geist und Körper sind nicht getrennt, der Körper ist ein sehr wichtiges Instrument der Intelligenz. Deshalb müsste das Ziel weniger sein, die Bewegungsimpulse zu unterdrücken, sondern sie ins alltägliche und breite Angebot des Lernens zu integrieren. Das käme vielen Jungen in ihrer Freude an Bewegung entgegen, und überdies sind Männlichkeitsvorstellungen oft an Handlungsbilder geknüpft.

Beim Lernen lassen sich Körper, Bewegung und Handeln sinnvoll nutzen, Handlungslernen ermöglicht ein tieferes Verstehen. Viele Jungen mögen das aktive Tun, weil es konkret erlebbar ist, eine gewohnte Art der Beschäftigung. Vielleicht ist dafür eine gewisse Disposition im Erbgut angelegt oder Jungen werden vom Testosteron befeuert? Das mag sein, ist aber nicht so wichtig. Bedeutsamer ist, Bedürfnisse nach Bewegung oder Handeln zu erkennen und diese aufzugreifen und zu beantworten.

Jungen lernen keineswegs nur etwas, wenn sie brav, aufmerksam und stocksteif auf einem Stuhl sitzen, im Gegenteil. Pädagogisch ist es deshalb oft angebracht, Bewegungsinteressen von Jungen mit dem Lernen zu verbinden, etwas mit Jungen zu tun - oder auch Jungen während des Lernens etwas tun zu lassen, wenn es ihr Bedürfnis ist.

Neue wissenschaftliche Studien belegen eindrücklich: Nicht das Stillsitzen, sondern Bewegung macht Kinder schlau. Bewegung und Körpertraining trainieren das Gehirn. Demgegenüber werden in der Schule die Zusammenhänge zwischen Lernerfolg und Bewegung stark unterschätzt. So gesehen sind Jungen mit ihren Bewegungsimpulsen wichtige Indikatoren, die auf eine falsche Methodik bei den Lehrkräften hinweisen. Denn beim abstrakten Denken werden immer gleichzeitig Hirnareale für Motorik aktiviert, Mathematik oder Sprache werden besser verstanden, wenn sich Kinder oder Jugendliche bewegen.

Schon in den 1990er Jahren wurde in einem Modellversuch belegt, dass eine tägliche Sport- und Bewegungsstunde zu besserem Sozialverhalten und einer Steigerung der Leistungsfähigkeit führt; das Zeitbudget anderer Fächer wurde für diese Stunde der Bewegung gekürzt – aber überraschenderweise wurden die Leistungen in diesen Fächern dennoch nicht schlechter! Eine andere Schulstudie hat nachgewiesen, dass Kinder, die vor dem Unterricht freiwillig (außerhalb der Schulzeit) an einem Fitnesstraining teilnehmen und danach den Unterricht in einem Fach besuchen, in dem sie große Probleme haben, viel bessere Leistungen in diesem Fach bringen und außerdem körperlich durchtrainierter und weniger übergewichtig sind.

Bewegung wirkt sich also positiv auf das Gehirn aus und fördert im Nebeneffekt die körperliche, psychische und soziale Gesundheit. Bewegungsimpulse und -interessen von Jungen sollten deshalb begrüßt und unmittelbar in jedem Fach aufgegriffen werden. Schulen müssten intensive Bewegungsorte sein, stattdessen sind sie bei uns Trainingsanstalten für Bewegungslosigkeit, Zwangseinrichtungen für Starrheit und Stillstand. Das ganze Kinderleben war noch nie so arm an Bewegung wie heute. Ein großer Zuwachs an Bewegungsangeboten in Schulen ist jedoch nicht in Sicht, im Gegenteil: Bewegung macht Lehrkräften und Eltern vielerorts eher Angst, weil in Bewegung ungeübte Kinder sich leichter verletzen können. Risikofeindlichkeit, Unsicherheiten und befürchtete Haftungsfragen dominieren die Diskussionen, Bewegungslosigkeit herrscht auch hier vor.

Möglicherweise hängen die durchgängige Unterdrückung der Bewegungsimpulse und die Zunahme von ADHS gerade bei Jungen zusammen? Und vielleicht sind die actionreichen Computerspiele für viele Jungen auch deshalb so attraktiv, weil sie dort ihre Bewegungsimpulse wenigstens stellvertretend und unbeschränkt ausagieren (lassen) können?

»Und es ist zum Beispiel so: Vokabeln abfragen (...) das macht mich zwar wahnsinnig, aber wenn er da nebenher ›Bottleflip‹ macht (...), also eine PET-Flasche hochwirft, dann macht die so einen Salto und muss dann wieder landen, und das zehnmal hintereinander (...), wenn das nebenher läuft: also, ich finde, solche Sachen unterstützen dann einfach auch die Verknüpfung der Inhalte, dann macht es auch Spaß.«
Mutter, zwei Jungen, 5. und 8. Klasse, Gymnasium

»Unser Sohn rollte beim Lernen immer auf meinem Petzi-Ball hin und her. Das hat mich schier verrückt gemacht, aber er fand's cool. Und er konnte seine Vokabeln!«
Mutter, zwei Töchter, ein Sohn

Dennoch kommt es bei einer handlungsorientierten Ausrichtung auf Ausgewogenheit an. Jede Einseitigkeit wird schnell zum Stress oder langweilig, das gilt auch für Bewegung. Handeln, Erlebnisse und die Möglichkeit zum Entspannen, Ausruhen oder Reden sollten sich abwechseln. Gutes Tun führt zu Entspannung, man ist zufrieden und müde. In diesem Zustand setzt das Nachdenken ein, die Reflexion. Sie bringt die Qualität des Tuns zum Vorschein und macht, dass aus Erleben Erfahrung wird.

Manche gutmeinende Erwachsene erliegen allerdings einem häufigen Missverständnis, wenn es um die Aktivität geht. Bewegung muss für Jungen nicht immer wild oder extrem sein, und sie muss nicht immer lange dauern. Es darf also durchaus ruhig und entspannt zugehen: Mikrobewegungen, sich strecken und dehnen, etwas werkeln, Musik machen, malen oder abwaschen, Witze erzählen oder Frisbee spielen - solche Aktivitäten sind wertvolles Tun. Was gemacht wird, richtet sich nach den Möglichkeiten, nach der Jahres- und der Tageszeit: Wenn Jungen gerne etwas tun, gerne erleben, experimentieren, wenn sie sich spüren und lernen durch Tun, dann los! Darin liegt eine Chance für Lehrkräfte und Eltern, sie werden doppelt belohnt: Im Handeln tun sie etwas für Jungen und für sich, und überdies lässt sich darüber mit Jungen in Beziehung kommen.

»In der Schule wäre es natürlich generell schön, wenn es mehr praktischere Arbeiten gäbe, mal was Gestalterisches, nicht nur wie in Kunst, sondern auch so. Unser Sohn liebt das total, und wenn sie dann mal in der Schule so ein Modell gebaut haben, da war der da voll dabei. Und ich habe auch den Eindruck bei seinen Freunden, die sind da voll drin aufgegangen.«
Mutter, drei Söhne

Viele schulische Aufgaben werten Jungen nicht als Handeln, sie erkennen darin weder Tun noch Bewegung, sondern Theorie oder Trockenübungen. Da ihnen zu wenig gemacht und bewegt wird, ist Schule in den Augen dieser Jungen nur eine Spielwiese. Statuskämpfe mit anderen Jungen, spaßiger Unsinn oder Konflikte mit Lehrkräften sind dagegen Ernstfälle mit Erlebniswert – für die Enttäuschung ihrer Handlungsbedürfnisse ein verständliches Gegenprogramm.

Körperliche Bewegungs- und Handlungsimpulse von Jungen sind ein wunderbarer Fundus für Energie, Interesse und Motivation. Wenn der Körper zuckt, will etwas im Jungen loslegen. Paradoxerweise werden viele Jungen darin geschult, stillzuhalten und sich zu kontrollieren; wenn sie sich dann aber in der Pubertät unmotiviert und bewegungsarm durch Schule und Freizeit lümmeln, vermissen die Erwachsenen ihr bewegtes Engagement.

In einer körperfeindlichen Kultur wie unserer westlichen ist nicht damit zu rechnen, dass Bewegungswünsche oder Körperinteressen der Jungen in der Schule ausreichend berücksichtigt werden. Die körperliche Unruhe und der Bewegungsdrang vieler Jungen machen darauf aufmerksam, dass hier etwas schief-, nämlich kinderfeindlich läuft. Ihre Unruhe verlangt danach, wenigstens etwas mehr bewegt leben zu dürfen.

So können Fachkräfte und Eltern bewegungsfreudige Jungen unterstützen:

→ In der Schule genauso wie zu Hause beim Hausaufgabenmachen: Kleine Bewegungseinheiten geben dem Körper Resonanz und bringen ihn wieder ins Bewusstsein. Ein paar Beispiele dafür: kurz den Körper ausschütteln, sich strecken, am Platz hüpfen, prusten, kleine Yogaübungen im Stehen, auf der Stelle laufen, zehn Mal die Schultern heben und wieder fallen lassen und Ähnliches.

→ »Mikrobewegungen« sind kleinste Körperbewegungen, die aus der Ferne - von der Lehrkraft - nicht wahrgenommen werden, aber das Bewegungsbedürfnis bedienen. Jungen können sich so während des Unterrichts unbemerkt bewegen: die Faust anspannen und lösen, die Finger spreizen und lösen, die Fußspitze Richtung Knie ziehen; mit den Ohren wackeln; die Stirn runzeln und wieder entspannen; die Knie langsam zusammenpressen und wieder auseinanderbewegen und Ähnliches. Mikrobewegungen lassen sich selbstverständlich offen im Unterricht einsetzen, ohne dass dieser gestört wird.

→ Körperlichkeit und Bewegung können als selbstverständliche Elemente zur Alltagskultur gehören, zu Hause beim Zähneputzen oder Tischabräumen, in der Schule beim Üben oder Wiederholen: aufstehen, sich strecken, auf einem Bein stehend balancieren, Muskeln anspannen und lösen und Weiteres.

→ Der Sportunterricht - für viele Jungen die Bewegungsinsel in einem tristen Schulalltag - ist meist ebenfalls zu einseitig auf

Leistung und Noten ausgerichtet. Eine Weiterentwicklung für Jungen beinhaltet aber auch Antiprogramme und ist dann nicht nur auf Leistung, Sieg oder Egomanie geeicht, sondern enthält alternative Formen von Körperbezügen: mehr Körperempfindung, Entspannung, Dehnung (Yoga), Massage, Körperachtsamkeit und Vergleichbares.

→ Auch wenn Eltern zu Hause die Bewegungs- und Körperinteressen von Jungen registrieren, wenn Jungen »zappeln« oder »hibbelig« werden, empfiehlt sich Aktivität: rausgehen auf den Spielplatz, eine Runde Waldlauf oder wenigstens immer mal wieder aufstehen, durchatmen und sich strecken.

→ In der Freizeit können Eltern – als Kompensation zum handlungsarmen Schulleben – Jungen darin bestärken, sich (auch) Beschäftigungen zu suchen, die »Hand und Arm« brauchen, die also zum Beispiel handwerkliche Fähigkeiten erfordern und schulen; Hobbys wie Modellautos basteln, auch Kanu-, Skateboard- oder BMX-Rad-Fahren beinhaltet Handwerkliches; außerdem gibt es gezielte Vater-Kind-Angebote, bei denen gemeinsam etwas gemacht wird: einen Indianerbogen herstellen, schmieden oder Ähnliches.

→ Insgesamt muss die Schule wieder stärker zu einem Handlungsraum werden. Eltern können ihren Einfluss geltend machen, indem sie dies fordern und in der Praxis unterstützen, zum Beispiel in der Ganztagesschule oder in der Nachmittagsbetreuung.

Grenzen überschreiten als Entwicklungschance

isziplinprobleme« und Regelverstöße sind in den meisten Schulen mit deutlichem Übergewicht eher ein Jungen-problem: Unpünktlichkeit, trinken und essen im Unterricht, dazwischenrufen, ohne sich zu melden, Blödsinn machen, sich mit dem Smartphone beschäftigen, Hausaufgaben nicht erledigen, mit Bällen spielen und so weiter - eine Reihe solcher Vergehen ist schnell aufgezählt.

> *»Ja, so Handy-Geschichten natürlich, das Handy nicht ausgemacht, Langeweile gezeigt im Unterricht, ganz extrem auffällig natürlich, nicht mitgearbeitet, andere gestört einfach – ja, natürlich war er dann mit dabei bei den Jungs.«*
> Mutter, ein Sohn, eine Tochter

Viele Jungen sind in der Schule (und nicht nur dort) gezielt darauf aus, sich Regeln und Erwartungen zu widersetzen. Wenn ich in der Schule Mädchen und Jungen nach Unterschieden zwischen ihnen frage, kommt so gut wie immer die Antwort: »Jungen machen mehr Quatsch« - und damit sind nicht nur lustige, sondern auch lästige Aktionen gemeint. Lehrkräfte können das bestätigen. In der Schule (und zu Hause ebenso) kann solches Verhalten erheblich stören, Lehrkräfte sind davon genervt, Eltern in der Folge ebenso, wenn sie deswegen benachrichtigt werden. Sie können darin keine Stärke ihres Sohnes erkennen oder etwas, das eine Stärke werden könnte. Das Verhalten soll abgestellt werden und fertig.

Grenzüberschreitendes, regelwidriges Verhalten von Jungen hat jedoch durchaus eine gewisse Berechtigung: Es ist für Jungen sinnvoll. Zum Teil ist dies von der Schule hausgemacht und von Jungen gelernt: Untersuchungen haben gezeigt, dass bei den Jungen in der Tendenz leistungsschwache Schüler, die sich auffällig verhalten, die meiste Aufmerksamkeit und (negative) Resonanz bekommen. Unauffällige Jungen gehen eher unter, bei den Mädchen dagegen ist es umgekehrt. Bildung und Erziehung sind in erster Linie Beziehung. Jungen brauchen und wünschen eine Beziehung zu den Lehrkräften. Wenn prosoziales, regelkonformes Verhalten von ihnen keine oder viel weniger Feedback bekommt, dann drängt sie dies in die andere Richtung, und sie versuchen es durch Regelbrüche.

Disziplinstörungen und Provokationen gibt es – in geringerem Ausmaß – auch bei Mädchen, und bei allen Jugendlichen nehmen sie in der Pubertät zu. Aber es finden sich erhebliche Geschlechterunterschiede. Bei Jungen kommen die kleineren Regelverstöße öfter vor als bei Mädchen, und in der extremen Zuspitzung, nämlich bei der Kriminalität, führen Jungen bekanntlich die meisten Statistiken an. Grenzen zu überschreiten, Autoritätspersonen oder »das System« herauszufordern, das ist mit dem Männlichen verknüpft, vielleicht biologisch, sicher aber mit Männlichkeitsbildern: Es gehört zum symbolischen Kampf der Söhne gegen die Väter. Das sind keine bösen Erfindungen der heutigen Jungen oder männlichen Jugendlichen. Wenn deren Väter und Großväter ehrliche Gewissenserforschung betreiben, dann stoßen die allermeisten auf mehr oder weniger groben Unsinn, den sie in der Schule aus derselben Motivlage heraus angestellt haben.

In dieser Tradition bewegen sich heutige Jungen, auch wenn es im Lauf der Zeit Veränderungen gab, etwa was den generellen Respekt oder den Umgang mit Sachen angeht. Das Thema und das Prinzip ist dasselbe: Jungen wollen, dass sie »richtig« männlich wahrgenommen und anerkannt werden, und deshalb überschreiten sie die Grenzen. Das muss zwar nicht sein, es gibt schließlich noch andere Formen, um sich als männlich auszuweisen, aber es bietet sich Jungen als beliebte Strategie an.

»Also bei uns gibt es halt welche, die halt dann eher, sage ich jetzt mal, lauter sind, und die anderen, die sich richtig anstrengen in der Schule und halt immer nur dann richtig beim Unterricht sind. Und die, die halt lauter sind, kommen halt auch öfter zu spät.«

Sebastian (13), 8. Klasse, Gemeinschaftsschule

Um damit gut umgehen zu können, ist es wichtig, dieses Verhalten richtig einzuordnen. Denn wenn Jungen Regeln missachten, zielt das meist nicht auf Chaos oder Umsturz. Selbst als »rebellisch« wahrgenommenes Verhalten befindet sich ja meist noch im Rahmen relativer sozialer Verträglichkeit, auch wenn es auf das Überschreiten von Normen zielt. Jungen verhalten sich darin mal schlicht, mal durchaus kreativ, wenn dies den Unterricht stört oder phasenweise verunmöglicht. Sie fordern Lehrkräfte und Eltern zwar heraus, tragen in sich jedoch gleichzeitig die Sehnsucht, dass die Ordnung erhalten bleibt – was nötig ist, um den Erwachsenen auch weiterhin zu folgen.

Fachlich werden solche leichten Regelwidrigkeiten als »anomisches Verhalten« bezeichnet. Es ist grundsätzlich für die Entwicklung von Menschen, Gruppen und Gesellschaften wichtig, dass sich an Formen und Regeln gehalten wird, aber dass sie auch hinterfragt und erneuert werden. In der Schule wird das anomische Verhalten der Jungen von Lehrkräften als ausschließlich problematisch gewertet, viele interpretieren es als persönlichen Angriff oder Kränkung. Oft führt dies dazu, dass »die« Jungen generalisiert als Störenfriede wahrgenommen werden – ein teilweise sicher verständlicher Vorwurf, aber eben eine selektive Wahrnehmung. Selbstverständlich bleibt anomisches Verhalten nicht unbeantwortet. Jungen bekommen deshalb Einträge, Strafarbeiten, müssen nachsitzen, Ausgleichstätigkeiten erledigen. Und sie bekommen schlechtere Noten: Regelwidriges Verhalten und andere störende Aktivitäten haben bei Jungen (und nicht bei Mädchen) nachweisbar eine nachteilige Wirkung auf die Noten und den Schulerfolg.

Aber warum machen sie es dann? Der Nutzen für Jungen muss größer sein als die Kosten, sonst würden sie sich nicht so verhalten. Die Idee, anomisches Verhalten gänzlich auszurotten, ist deshalb wenig erfolgversprechend, es einfach durchgehen zu lassen allerdings ebenso wenig. Vielleicht ist es hilfreicher, es als ernsthaftes Beziehungsspiel zu betrachten, das Jungen nützt, wenn es gut gespielt wird: Regelüberschreitung – Konsequenz – Folgenkönnen, Regelüberschreitung – Konsequenz – Folgenkönnen und so weiter.

Jungen lernen, wenn sie Grenzen überschreiten

Ein großer Nutzen für Jungen und ein wesentlicher Grund für ihr regelwidriges Verhalten liegen darin, dass dies ihnen Erlebnis- und Lernmöglichkeiten sowie Entwicklungspotenziale bietet. Solche Verhaltensweisen bringen Spaß, Lebensfreude, und sie stillen den Erlebnishunger, zudem öffnet sich darin die Möglichkeit zum Kompetenzerwerb. Jungen eignen sich Fähigkeiten an, die sie für ihr späteres Männerleben gut gebrauchen können: Sie zeigen sich, erhalten Aufmerksamkeit, müssen Kritik und Konsequenzen aushalten, lernen die eigenen Grenzen und die von anderen kennen, testen Autoritätsbeziehungen aus und lernen sie dadurch kennen, üben sich darin, Konflikte durchzustehen – da ist doch schon einiges von Gewicht dabei!

»Das war eines der besten Gespräche, wo der Tibor mit dabei war. Das war knallhart, knall-hart! Das war richtig gut, ja (lacht). Dass der Rektor wirklich von Tibor gefordert hat: ›Tibor, wenn du hierherwillst, dann muss das und das und das stehen. Und ich muss es spüren, dass du es willst. Und ich will sehen, dass du dich dafür einsetzt.‹ Ich glaube, so hat er einen männlichen Partner noch nie mit sich reden hören. Das hat ihn ganz schön beeindruckt. Er war zwar danach fix und fertig und hat geheult und war völlig platt. Aber es war trotzdem für ihn, glaube ich, ein ganz wichtiges Gespräch.«

Mutter, ein Sohn, eine Tochter

Allerdings droht immer das Risiko, dass Jungen überziehen und daraufhin schulisch abgehängt werden. Die Wahrscheinlichkeit, dass die Rebellen und Provokateure auf der Strecke bleiben, ist hoch, wenn sie nicht gleichzeitig gute Leistungen abliefern. Unangepasstes Verhalten wird abgestraft: »Böse Buben« erhalten weniger Empfehlungen auf weiterführende Schulen oder werden schlechter benotet - die späte Rache der Schule.

Das anomische Verhalten anderer gefällt (in gewissen Grenzen) allerdings auch den eher »braven«, zurückhaltenden Jungen. Sie haben Spaß daran zu sehen, wie Provokateure versuchen, die Lehrkräfte herauszufordern. Es ist wichtig, dass diese stabil bleiben und reagieren. Denn alle fühlen sich sicher und zufrieden, wenn die Lehrerin oder der Lehrer dem standhält. Darin erwirbt die Lehrkraft Achtung und stärkt ihre Autorität.

Mit dem anomischen Verhalten wird Schule zum Ernstfall, sie wird lebendig und ist auf einmal voller Emotionen. Während der Provokation, aber vor allem in der Konfrontation und Begrenzung können Jungen persönlich wachsen, möglicherweise profitieren sie dabei mehr, als sie durch bessere Noten gewinnen würden. Sie erleben sich als selbstwirksam und erwerben Kompetenzen, die sie gut gebrauchen können: Selbstvertrauen, Positionierung, Durchsetzungsfähigkeit, Eigensinn, Kreativität. Es kommt also auf die Sichtweise an: Anomische Verhaltensweisen von Jungen können als pure »Störungen« oder als konstruktive Beiträge zum schulischen Leben und zur Selbstentwicklung von Jungen gesehen werden.

Trotz einer generell akzeptierenden Haltung geht es keinesfalls darum, solches Verhalten einfach zu dulden. Das gilt für die Schule und für Eltern: Wenn Jungen wegen Ungezogenheit, nicht erfüllten Erwartungen oder Regelverstößen ermahnt werden und Konsequenzen zu tragen haben, ist dies angemessen, es gehört mit zum anomischen Verhalten. Auch wenn ich weiß, dass Regelverstöße nicht böse gemeint sind und für Jungen zum Beziehungsspiel mit Autoritäten gehören, beantworte ich sie mit einem ernsten Gesichtsausdruck, selbst wenn ich mich kurze Zeit später darüber freue oder über die witzigen Frechheiten der Jungen lache.

Eltern sollten wie Lehrkräfte dies als Teil des Jungenlernens und -entwickelns verstehen und nicht torpedieren - und zwar, indem sie die Beziehung halten. Auch der Missetäter gehört dazu, oder er ist spätestens dann wieder mit dabei, wenn ein entstandener Schaden wiedergutgemacht ist: Schwamm drüber. Regelkonflikte sind eine Form der Beziehung, nichts Böses oder Schlechtes des Jungen; sie ähneln darin der assertiven, also der spielerisch motivierten Aggression und zielen meistens nicht auf Verletzung und Gewalt, sondern auf Präsentation, Selbstbehauptung und soziale Innovation. Deshalb werden sie von Lehrkräften und Eltern am besten aus der Beziehung heraus, stabil und wenn nötig konfrontierend beantwortet, immer mit der Idee: Auch Streit und Konflikte sind Kontakt, es sind sogar Formen liebevollen In-Bezug-Seins, selbst wenn es sich nicht harmonisch anfühlt.

→ Regelüberschreitungen und Störungen verlangen zügige Reaktionen, und sei es nur durch einen missbilligenden Blickkontakt, der ausdrückt: »Ich hab das gesehen, lass das bitte.«

→ Durch Konsequenzen erleben sich Jungen als Handelnde in ihrem Leben: »Ich mach etwas, und das hat Folgen, Ursache und Wirkung.«

→ Gute Konsequenzen schaffen in der Psyche des Jungen einen Ausgleich, wenn er etwas angestellt hat: Danach ist alles wieder gut.

→ Handlungsorientierte Konsequenzen bei regelwidrigem Verhalten nehmen Jungen ernster als Ansprachen und Ermahnungen: kein Ende beim Computerspiel gefunden, die Zeit weit überschritten? Ein Tag ohne Computer. Das kommt an (auch wenn der Sohn sich erst einmal beschwert).

Raufen – Kommunikation und Stressabbau

Es betrifft es nicht alle Jungen, aber es markiert eine Tendenz, nach der sich Jungen von Mädchen unterscheiden: Das direkte kämpferische Verhalten gilt im Geschlechtervergleich als ein Verhaltensmerkmal von Jungen. Jungen sind nicht nur sozial kompetent, wenn es kommunikativ, ruhig, friedfertig und harmonisch zugeht: Aktiv in die Auseinandersetzung miteinander zu gehen kann ein Zeichen von gegenseitigem Interesse sein. Die Impulse dazu sind bei vielen Jungen stärker ausgeprägt als bei Mädchen, sie sind wahrscheinlich körperlich angelegt, beruhen aber vor allem auf positiven Erfahrungen: Kämpfen macht Spaß! Auf einen fachlichen Begriff gebracht handelt es sich bei den lustvollen, oft körperlich akzentuierten Auseinandersetzungen um »assertive« Aggression, also um eine selbstbehauptende Qualität der Aggression. Diese ist nicht auf Schädigung oder Verletzung des Gegenübers angelegt, sie ist keine Gewalt! Assertive Aggression ist nicht feindselig, sondern spielerisch motiviert. Es sind Formen der Wettkampfaggression, der Selbstbehauptung und Konkurrenz, bei der es ums Kräftemessen oder ums Imponieren geht. Impulse dafür sind wohl biologisch bedingt, sie entstehen beim Zusammentreffen von zwei oder mehr Spielgefährten: Dieser Kontakt weckt die Idee, die Begegnung mit Spaß am Rangeln und Raufen in ein Kämpfchen ausarten zu lassen.

Weil kämpferische Spiele keine Gewalt darstellen, sollten Jungen dementsprechend erfahren, dass unterschiedlich damit umgegangen wird: Bei Gewalt muss interveniert werden, gegen Gewalt wird konsequent vorgegangen. Das ist bei assertiver Aggression nicht der Fall, im Gegenteil: Jungen, die das möchten, sollten Möglichkeiten bekommen, damit Erfahrungen zu machen. Es ist für das Leben und Arbeiten mit Jungen nicht nur in der Schule hilfreich, wenn schädliche und förderliche Formen der Aggression unterschieden werden - und wenn die assertive Aggression akzeptiert, gleichwohl aber auch kultiviert wird.

 »Die Jungen dürfen auch nichts mehr. (...) Früher gehörte das doch zu den normalen Spielen im Schwimmbad, ein bisschen rumschlägern mit dem Handtuch, Hose runterziehen oder beim Umziehen das Handtuch wegschnappen.«
Psychologische Beraterin an einem Schulamt

Assertive Aggression kommt viel stärker bei Jungen als bei Mädchen vor. Jungen sind dabei nicht von vornherein aggressiv aufgeladen, ihr Verhalten liegt nicht, wie ein Mythos besagt, an ihrem hohen Testosteronspiegel: In der Kindheit ist der Grundspiegel des

Testosterons bei Mädchen und Jungen nahezu gleich. Vielmehr reagieren Jungen auf andere Jungen und regen sich wechselseitig an: In einer Art Rückkoppelung werden sie durch andere zu Aktivität und Rivalität stimuliert.

So kann ein Junge ganz entspannt mit etwas beschäftigt sein – kaum kommt ein anderer hinzu, beginnen sie plötzlich zu rangeln oder raufen. Solche Spielkämpfe sind für Spiele unter Jungen charakteristisch, sie sind ein Merkmal männlicher Paare oder Gruppen. Die Präferenz für männliche Spielgefährten und für wildere Spiele wird durch positive körperliche Erregung beeinflusst, in die Jungen durch solche Anforderungen versetzt werden. Ein wichtiger Faktor ist die dabei erlebte Emotionalität: Im Vordergrund stehen positive Affekte, Lust, Freude, Begeisterung und Enthusiasmus – also keineswegs Wut, der Wunsch zu verletzen, Ängste oder Unterlegenheitsgefühle.

Alexander: »Schneebälle werfen darf man (nicht) – also die Lehrer finden es nicht toll, weil, da könnten kleine Steinchen drin sein.«
Interviewer: »Würdet ihr gerne?«
Alexander: »Ja, macht schon Spaß.«
Alexander (13), 8. Klasse, Gemeinschaftsschule

Unter diesen Voraussetzungen ist assertive Aggression eine Form des Kontakts unter Jungen, etwas Verbindendes, Kommunikatives: Wenn Jungen kämpfen, kommunizieren sie, sie unterhalten sich gleichsam körpersprachlich. Nicht nur für ihr körperliches Empfinden, auch für ihre Selbsterfahrung als männlich hat assertive Aggression also für Jungen Bedeutung. Möglicherweise sind Spaßkämpfe für sie eine gute Möglichkeit, um mit Stress umzugehen. Unter Stress produziert der Körper Cortisol, beim Abbau gibt es geschlechterbezogene Unterschiede: Jungen (und Männer) bauen bei körperlich-kämpferischer Aktivität mehr Cortisol ab, doppelt so viel wie Mädchen (und Frauen).

> *»Als Eltern will man zu schnell Konflikte beenden, man sagt: Das Wochenende soll ja harmonisch ablaufen, man hat so wenig Zeit zusammen, man schiebt das Rangeln und Streiten zwischen Geschwistern so schnell in eine Konfliktecke und hält es zu wenig aus. Und ich sage jetzt, nee, das ist was Normales – so wie Wölfe eben sich im Rudel raufen und kämpfen, so ist das eben verbales Raufen. Das haben wir zu oft auch in eine negative Ecke geschoben. Das auszuhalten ist ein wichtiger Prozess, und ich will das nicht mit Friede, Freude, Eierkuchen zudecken, sondern das als ein positives Konfliktüben sehen.«*
>
> Vater, zwei Söhne, eine Tochter

Selbstverständlich ist es ein wichtiges Ziel in der Erziehung von Jungen, dass Konflikte kommunikativ und gewaltfrei gelöst werden. Dafür brauchen Jungen Unterstützung, auch von ihren Eltern. Wenn aus Spaßkämpfen ernsthafte Gewalt wird, müssen Eltern intervenieren und das Geschehen mit dem nötigen Abstand erneut thematisieren.

Und sie dürfen und sollen ihre eigenen Bedürfnisse mit in die Waagschale werfen. Zum Beispiel dürfen sie sagen, wenn es ihnen reicht, wenn es ständig zu laut ist oder zu turbulent wird. Jungen können sich dann zum Beispiel andere Orte suchen, bevorzugt draußen, oder sie können den Kampf auf symbolische Spielebenen verlagern, indem sie »Mensch ärgere dich nicht« oder Ähnliches spielen. Auch Präventivmaßnahmen sind manchmal sinnvoll.

 Eine Mutter erzählte mir, dass ihre beiden Söhne sich immer im Auto lautstark zu kabbeln und zu kämpfen beginnen. Es fängt gleich beim Einsteigen an. Ist es ein Ritual, ist es die Nähe oder die Enge? Sie weiß es nicht, es geschieht aber in konstanter Regelmäßigkeit.

Deshalb ist sie dazu übergegangen, das Autofahren zu vermeiden. Nach der Arbeit beeilt sie sich, nach Hause zu kommen, das ist ein bisschen stressig. Dort stellt sie das Auto ab und geht zu Fuß zur Kita und dann mit dem einen Jungen zur Grundschule, wo sie den anderen abholen. Dann spazieren alle zusammen die zwei Kilometer nach Hause und kommen dort zwar etwas später, aber zufrieden und entspannt an.

Sehr häufig ist die assertive Aggression eine Übergangsphase zu entwickelteren Formen des Streits. Was sich Jungen hier erraufen und erbalgen, können sie später auf die verbale Konfliktbewältigung übertragen. Allerdings werden Formen assertiver Aggression in einer nur auf Harmonie, kommunikative Kompetenzen und Konsens ausgelegten Erziehungskultur vorschnell und undifferenziert abgewertet. Ihre Lern- und Entwicklungsoptionen werden nicht wahrgenommen oder unterschlagen: dass Jungen lernen, sich und andere zu spüren, sich zu behaupten und durchzusetzen, eigene Grenzen und die der anderen zu erfahren, Regeln auszuhandeln, sich an Vereinbarungen zu halten - ein reicher Schatz für das weitere Jungen- und Männerleben.

In der Praxis kommt es darauf an, assertive Aggression als Bedürfnis vieler Jungen anzunehmen und aufzugreifen, indem Möglichkeiten dafür angeboten werden: Toben, Raufen, Kämpfen in kultivierter Form auf der Basis von Wertschätzung und Regeln. Dafür benötigen Jungen Räume, um diese Aspekte spielerisch zu leben, zum Beispiel eine Turnhalle mit Mattenecke oder der Pausenhof. Oft helfen ihnen aber auch (alternative) Kampfangebote, kultivierte Formen des Kämpfens: Armdrücken, Fingerhakeln oder das Angebot von Schaumstoff-Schlägern (Batakas), mit denen voller Energie gekämpft werden kann. Ziel ist es, diese Form der Aggression in Bahnen zu leiten. Körperlich münden die Kampflüste in Regelsportarten, kommunikativ in Formen der Debatte und des argumentativen Wettstreits. Spaßkämpfe müssen also nicht verboten werden, es geht auch anders:

* **In einer Schule** habe ich ein Schild gesehen, auf dem ursprünglich stand: »Bälle werfen verboten.« Dieser Satz wurde aber so korrigiert, dass hinterher stand: »Bälle werfen *im Schulhaus* verboten.«
* **Fruchtbar ist es,** Bedürfnisse von Kindern nach Spaßkämpfen und dazu passende Regeln und Räume gemeinsam auszuhandeln und dabei Geschlechtstypisierungen zu vermeiden. Nicht »die« Jungen wollen immer Spaßkämpfe, es sind einige von ihnen, und manche Mädchen mögen dies auch.
* **Eine Lehrerin erzählt:** »Bei uns ist Schneeballwerfen in und an der Schule verboten, aber im Park direkt neben der Schule, der mit als Schulgelände genutzt wird, ausdrücklich erlaubt. Wenn es mal Schnee gibt, sind die Kinder ganz wild drauf. Es macht den Kindern so einen Spaß, und Lehrer sind voll mit dabei. Wer von den Kindern oder Lehrern nicht mitmachen will, bleibt eben an der Schule. Aber im Park geht's dann rund, die Jungs kämpfen mit Begeisterung, und am größten ist die Freude, wenn einer einen Lehrer trifft. Dass Schneebälle gefährlich sind, halte ich für einen Mythos, ich bin jedenfalls schon seit 17 Jahren Lehrerin, und es ist noch nie was passiert. Im Sommer gibt's was anderes, wir haben einen Brunnen, immer wieder gibt es Wasserschlachten und Wasserbomben, einmal bin ich danach pitschnass in den Unterricht, weil die Jungs mir von hinten einen Eimer Wasser über den Kopf geschüttet haben. Das sind doch schöne Momente!«

Teil IV

Elf Mal praktisch: Für eine Schule, die Jungen Freude macht

Es geht nur gemeinsam

Was kann oder muss getan werden, wo liegen die Ansatzpunkte, damit sich Jungen in der Schule besser entwickeln können? Aus der schulischen Praxis, der Elternberatung und unserer Jungen-Schulstudie haben sich eine Reihe von Schlüsselthemen ergeben, die sich zum Teil schon bewährt haben oder die sich als wichtige Aspekte und Kompetenzfelder erwiesen haben.

Diese Themen verweisen auf häufige Schwierigkeiten von Jungen in und mit der Schule, sie beinhalten aber auch die Geheimnisse ihres Erfolgs. Einige sind direkt auf das elterliche Verhalten oder auf Elternaufträge gemünzt, andere dienen dazu, Jungen einzuschätzen oder ihnen Hilfestellung zu geben. Es sind konkrete und praktische Ansätze oder Entwicklungsfelder, bei denen Innen- und Außensicht zusammenkommen, und gemeinsame Schlüsselthemen, zu denen alle drei Beteiligten mal mehr, mal weniger beitragen können. Das »Impression-Management« etwa ist für Eltern nicht so wichtig, sie können ihren Jungen aber mit diesem Handwerkszeug beraten, wie er sich in der Schule besser darstellt.

Solche Themen können nicht konfliktfrei sein. Es handelt sich bisweilen um eine Form der Einmischung in innere familiäre Angelegenheiten, wenn etwa Lehrkräfte den Eindruck haben, der Junge übertreibt seinen Medienkonsum. Umgekehrt können es

Lehrkräfte als Eingriff in ihre Bildungshoheiten begreifen, wenn Eltern den Jungen über die »Tricks« des Impression-Managements informieren.

Was Jungen eher verwirrt oder aufwiegelt, ist, wenn - ausgelöst durch Eltern oder durch Lehrkräfte - eine Front zwischen Elternhaus und Schule installiert wird. Jungen begreifen dann schnell, dass sie diese beiden Seiten gegeneinander ausspielen können (ähnlich wie bei Eltern, die sich bei wesentlichen Dingen nicht einig sind). Bei einem Gegeneinander von Eltern und Schule wird Verantwortung delegiert: »Damit habe ich nichts zu tun, das ist allein deren Aufgabe!«, und Jungen nutzen dies, um es sich bequem zu machen. Deshalb ist es am produktivsten, zu einer Art Arbeitsbündnis zu kommen, bei dem Jungen, Eltern und Lehrkräfte an einem Strang in dieselbe Richtung ziehen. Es ist in diesem Dreiklang unvermeidlich, dass es zu Dissonanzen kommt, weil es unterschiedliche Wahrnehmungen, Einschätzungen oder Auffassungen gibt.

Eltern sind die Basisstation für die Bildung ihres Sohnes. Sie legen die Grundlagen für seinen Umgang mit Bildungsthemen, und er zieht sie als qualifizierte Unterstützung hinzu. Daher dürfen Eltern sich durchaus als Experten für notwendiges Zusatzwissen präsentieren. Sie bringen ihre eigenen Erfahrungen mit, aber was noch viel wichtiger ist: Sie haben optimalerweise den distanzierten Außenblick auf die Schule, den Lehrkräfte und Jungen im Alltag leicht verlieren. Die Lehrkräfte dagegen sind den Jungen emotional nicht so nah wie die Eltern und bringen zudem ihre Professionalität mit. Sie registrieren Handlungsbedarf und können aus ihrer Perspektive Vätern und Müttern wertvolle Hinweise geben, zum Beispiel wenn Eltern sich allein verantwortlich fühlen für den schulischen Erfolg des Sprösslings und ihn dabei mit seinen Bedürfnissen, Fähigkeiten und Beschränkungen aus dem Blick verlieren.

Auch wenn sich Eltern und Lehrkräfte gemeinsam noch so

sehr bemühen: Ohne den Jungen geht es nicht, er muss selbst wollen. Die Voraussetzungen dafür zu schaffen ist unter anderem eine Aufgabe der Eltern und eine Möglichkeit, ihn für die Schule stark zu machen. Die folgenden Kapitel umfassen eine Art Grundausstattung für Schulfreude und Schulerfolg von Jungen: die elf wichtigsten Themen, bei denen Eltern ihre Söhne dabei unterstützen können, durch die Schule zu kommen und Schule gut zu schaffen.

1. Basisfähigkeit Impulskontrolle

Sich selbst zu regulieren, seine Impulse kontrollieren zu können ist eine bedeutende Fähigkeit, um gut durch die Schule und durchs Leben zu kommen. Im Alltag gibt es viele kleine und größere Anlässe, in denen diese Fähigkeiten bedeutsam sind, gerade für Jungen: nicht jeden Quatsch sofort auszuagieren; sich nicht von Kleinigkeiten ablenken zu lassen; aus Ärger keine Gewalt werden zu lassen, nicht einfach zuzuschlagen; abwarten zu können und Bedürfnisideen zurückzustellen; aus Ungeduld heraus nicht einfach loszuschreien; an einer Aufgabe dranzubleiben und nicht beim ersten Anflug von Unlust alles hinzuwerfen und so weiter. Schon im Kindergarten, vor allem aber in der Schule wird erwartet, dass Kinder sich immer mehr selbst steuern und kontrollieren können, dass sie nicht überreagieren oder auf jede Verführung anspringen und lernen, Bedürfnisse aufzuschieben. Impulskontrolle ist eine Fähigkeit, die sich Jungen aneignen müssen; sie darin anzuleiten und zu unterstützen ist eine Aufgabe der Eltern und der Schule - ein guter Anlass, um an einem Strang zu ziehen und gemeinsam erfolgreicher zu werden.

Für kleinere Jungen verbergen sich in der Impulskontrolle große Anforderungen. Jungen, die über zu wenig Selbstkontrolle verfügen, droht Disziplinierung, Ausgrenzung und Ablehnung. Verständnis und Geduld von Lehrpersonen, Eltern oder Freunden sind begrenzt.

»Ich hatte neulich Eltern hier, und ich habe sie gefragt, was sie tun, dass der Sohn macht, was sie wollen. Und sie haben gesagt: ›Er macht wirklich nur dann, was wir wollen, wenn wir mit etwas drohen.‹ Also, er ist jetzt elf, zwölf, also der Zug ist längst abgefahren – oder es ist viel Arbeit, wenn man es anpacken will, und ohne Hilfe, glaube ich, ist es schwierig.«
Rektorin, Grundschule

Solche Jungen geraten schnell in eine Abwärtsspirale; sie haben weniger Erfolgserlebnisse, sind frustriert und stören deshalb im Unterricht. Damit ecken sie an. Gleichzeitig fällt es ihnen schwer, aus Fehlern zu lernen, denn gerade dafür müssten sie sich selbst kontrollieren können. Dann gibt es Klagen aus der Schule bei den Eltern, die sich über den Jungen ärgern oder sich schämen. Die Eltern sind allerdings oft selbst schon gestresst, denn mit einem Kind zu leben, das sich nicht kontrollieren kann, ist anstrengend. Das erhöht den Druck auf den Sohn, der ihn über impulsive Gefühlsabfuhr und motorische Unruhe zu lösen versucht, was wiederum in der Schule neue Probleme schafft – eine Sackgasse für den Jungen.

Wegweiser in die Impulskontrolle

Um sich selbst kontrollieren zu können, muss das Gehirn reifen, was im Kindergarten- und Grundschulalter passiert. Bei Jungen geschieht dies ein bis zwei Jahre später als bei Mädchen. Ein Teil der Fähigkeit zur Selbstregulation ist wohl angeboren und hängt vom

Temperament ab - etwa von ihrer Ausgeglichenheit, wie sie sich beruhigen lassen, ihre Haltung zu Aktivität oder Vorsicht. Für die Fähigkeit zur Selbstregulation ist dieses »Grundtemperament« mit bestimmend. Schon bei den Kleinkindern lassen sich Unterschiede in der Lebhaftigkeit feststellen, es gibt eine große Bandbreite von willensstarken Draufgängern, die schwer zu bremsen sind, bis zu den gehemmten Schüchternen, die sich zurückhalten - also zwischen wenig und viel Kontrolle. So bringen manche Jungen als biologische »Risiken« ihre Lebhaftigkeit und Impulsivität mit und haben es damit schwerer mit der Impulskontrolle.

Neben der Reifung besteht der zweite Teil der Impulskontrolle aus Lernen. Die Umwelt vermittelt, was erwünscht ist und welche Normen gelten, Eltern sind dabei vor allem als Modelle zentral. Sind Eltern unkontrolliert oder unbeherrscht, rasten schnell aus oder agieren cholerisch, dann fällt es Jungen viel schwerer, sich selbst kontrollieren zu lernen. Geraten Eltern aber nicht aus der Fassung, wenn der Junge ausflippt, dann bieten sie ein passendes Gegenmodell für den Umgang mit überschäumenden Emotionen. Wenn der Junge wahrnimmt, wie andere sich selbst kontrollieren, fällt es ihm ebenfalls leichter.

Diese Lernprozesse dauern ihre Zeit, und Jungen benötigen dafür die Begleitung Erwachsener. Über Impulskontrolle zu verfügen ist ein Ausdruck innerer Stärke und Reife, dementsprechend ist es wichtig, Jungen zu vermitteln: »Nicht andere sind da, um dich zu kontrollieren, das musst du mehr und mehr selbst hinbekommen.« Dabei geht es darum, sich selbst einstellen zu können, sich im Griff zu haben - und bewusst zu entscheiden, wann und wie reagiert wird, etwa nach dem Motto: »Wann ich mich provozieren lasse, bestimme immer noch ich.« Wachsendes Bewusstsein hilft Jungen, den wesentlichen Zwischenschritt zwischen Reiz und Reaktion einzubauen, um immer weniger automatisch, sondern bewusst zu reagieren.

Bedürfnisse aufschieben

Um Impulskontrolle zu erlernen, sind viele alltägliche Lernschritte erforderlich, zum Beispiel indem vom Sohn verlangt wird, seine Bedürfnisse für eine kurze Zeit aufzuschieben und zu warten, bis Mutter und Vater Zeit haben, um sich mit ihnen zu beschäftigen: »Sei mal bitte etwas leiser«, »warte einen Augenblick, ich will noch fertig reden«; »nein, mach das nicht«. Damit üben Jungen die Fähigkeit zur Selbstkontrolle ein, sie verallgemeinern das Prinzip und können sich solche Sätze später selbst sagen. Ebenfalls von Bedeutung ist es, wenn Jungen lernen, über ihre eigenen Bedürfnisse, Gefühle oder über ihr Denken zu reden und darüber, was andere Menschen fühlen und denken. Sie werden auf diese Weise befähigt, sich in sich und andere einzufühlen und innere Dialoge zu führen, die hilfreich sind, um sich kooperativ zu verhalten.

Umgekehrt können sich Muster als Erfolgsschleifen im Gedächtnis verankern, wenn Jungen immer wieder die Erfahrung machen, dass sie sich mit impulsivem Verhalten durchsetzen können. Ebenso wird Impulskontrolle gebremst, wenn in Familien Konflikte um den Bedürfnisaufschub vermieden werden und stattdessen schnelle Sättigung bevorzugt wird. Es ist schwieriger, mit dem Jungen den Konflikt auszutragen, dass Hausaufgabe oder das Lernen für die Klassenarbeit Vorrang haben vor dem Computerspiel, als ihm seinen Willen zu lassen. Es ist mühsamer, es auszuhalten, dass der Junge Mama oder Papa blöd findet, weil er Wäsche aufhängen soll, als es eben schnell selbst zu machen. Unzählige solcher Minikonflikte tragen dazu bei, dass Jungen Impulskontrolle entwickeln. Desinteressierte oder überforderte Eltern ziehen sich vorschnell zurück. Aber auch beruflich stark engagierte Eltern können diese Standhaftigkeit in Konflikten wegen ihrer begrenzten Anwesenheit zu Hause oft nicht leisten.

Beim Erwerb von Handlungsstrategien, wie Jungen mit Gefühlen oder Bedürfnissen umgehen können, sind Eltern ebenfalls bedeutsam. Wenn etwas Aufregendes geschieht, kann dies zum Beispiel zu hysterisch verzweifelten Handlungen oder zu vernünftigen Aktionen führen. Auch hier lernen Jungen vor allem durch Nachahmen, dass es gelingen kann, nach der Selbstregulation ins konstruktive Handeln zu kommen.

 Im trubeligen Kinderbecken ist der kleine Erik plötzlich nicht mehr zu sehen. Seine Mama sucht ihn und wird nervös, dreht sich um, geht ein paar Schritte, sieht ihn immer noch nicht – was dann? Angst und Panik kommen hoch – oh Gott, was ist passiert? Was, wenn er untergegangen ist? Sie kann sich aber selbst beruhigen, holt Luft und sagt sich: »Jetzt mal ganz ruhig, was ist zu tun?« Sie bittet eine andere Mutter, ihr schnell beim Suchen zu helfen – und: ah, da ist er ja.

Anlässe, die Fassung zu verlieren und heftig zu reagieren, gibt es reichlich. Mit zunehmender Erfahrung funktioniert die Impulskontrolle besser, entstehende Gedanken können beeinflusst werden, Ärger muss nicht heftig ausagiert werden, Angst bauscht sich nicht zur Panik auf. Kleine Jungen, die dazu neigen, brauchen Hilfe darin, sich die richtigen Sätze zur Beruhigung sagen zu können. Die Fähigkeit, sich selbst Anweisungen geben zu können und danach zu handeln, entsteht über Erfahrung und Reflexion. Irgendwann weiß der Junge: Ich muss nicht wie wild rumschreien, wenn ich von mir enttäuscht bin, ich kann »so ein Mist« sagen, dann dreimal durchatmen und die Aufgabe nochmal versuchen.

Wenn Eltern grundsätzlich auf schnelle Bedürfnisbefriedigung des Jungen eingestellt sind und dabei ihre eigenen Bedürfnisse unterschlagen, ist das sicher nicht gut für die Selbstregulation. Erlebt der Junge, dass Eltern alles tun, um nur seine schlechte Laune zu vermeiden, führt dies dazu, dass er die Verantwortung für eigene Gefühle anderen zuschiebt. Umgekehrt können sich Jungen als selbstreguliert erleben, wenn sie Gelegenheit dazu bekommen. Eltern brauchen sich nicht dafür verantwortlich zu fühlen, unangenehme Stimmungen und Gefühle jeglicher Art zu beseitigen; das ist mit zunehmendem Alter immer mehr der Job des Jungen selbst. Eltern unterstützen Jungen darin, mit ihren inneren Zuständen umzugehen, sich zu beruhigen, sich selbst zu kontrollieren. Das kann eine längere Entwicklung sein. Ein Junge mit Problemen bei der Impulskontrolle braucht es in hohem Maße, dass die Eltern anerkennen, wenn er einen kleinen Schritt geschafft hat. So kann er allmählich lernen, sich selbst zu regulieren, sich »in den Griff zu bekommen«.

Auch die Schule kann mitwirken. Jungen mit gering entwickelter Impulskontrolle benötigen von der Schule Unterstützung, nicht nur Vorwürfe oder Disziplinierungen: zum Beispiel, indem ihnen geholfen wird, zu Beginn des Unterrichts zur Ruhe zu kommen. Auch eher kleine Lernschritte und häufige Wiederholungen helfen, eben Abwechslung und Spannung im Unterricht und eine stabile, klare Persönlichkeit der Lehrkraft, die Jungen immer wieder »einfangen« kann, indem sie auf den Jungen zugeht, sich durch die Tischreihen bewegt, den Blickkontakt zu ihm aufnimmt und hält, bei Unruhe mal die Hand auf die Schulter legt, freundlich lächelt und signalisiert (oder sagt): »Prima, du bist dabei.«

In extremeren Fällen mangelnder Impulskontrolle und bei hoher Belastung für Eltern oder Sohn empfiehlt es sich, rechtzeitig professionelle Unterstützung zu suchen, zum Beispiel bei der Erziehungsberatung oder beim schulpsychologischen Dienst.

Brisante Mischung: impulsiv plus männlich

Impulskontrolle entwickelt sich bei Jungen langsamer als bei Mädchen, weshalb Jungen in diesem Punkt im Nachteil sind. Das wäre an sich nicht so schlimm: Dann sind sie halt später dran und lernten es nicht mit vier, sondern erst mit fünf Jahren. Problematisch wird die Sache dadurch, dass impulsives Verhalten mit Bildern des Männlichen verknüpft wird; ein Junge, der mit Gegenständen um sich wirft, schlägt oder sich vehement durchsetzt, gilt eher als »sehr lebhaft«, »lebendig«, »vital«, eben als »männlich« und bekommt darauf subtil Anerkennung. Viele Eltern sind tatsächlich gespalten: Ihnen gefällt einerseits die Impulsivität als Ausdruck des Männlichseins, andererseits lehnen sie sie ab, weil sie das soziale Leben stört. Mit ambivalenten Botschaften können Jungen nicht umgehen; viele wählen dann den Aspekt der Anerkennung: »Erwachsene finden es gut, wenn ich so bin.« Jedes Mal, wenn Mama oder Papa nachgeben, weil der kleine Mann so ein Theater macht, freut sich sein Belohnungssystem und bestätigt sein Verhalten.

Gerade bei Jungen, die von ihrem Naturell her energisch oder aufbrausend angelegt sind, ist es anstrengend, sie zu bremsen, aber es ist notwendig. Jungen werfen in solchen Konflikten ihr Statusinteresse und ihre Erfahrung mit assertiver Aggression in die Waagschale. Deshalb bleiben Eltern ihnen gegenüber oft weniger stabil als gegenüber Mädchen. Vor allem in ihrer Persönlichkeit eher schwache Eltern scheuen solche Konflikte, weichen zurück und können nicht den nötigen Halt geben; den Jungen treibt dies in Größenphantasien, mit denen er andernorts anecken wird, besonders in der Schule. Weil Jungen oft mit mehr Vehemenz und Aktion ihre Anliegen vertreten, weil sie mehr »Theater machen«, wird Jungen tendenziell eher nachgegeben. Dies bremst den Lernprozess der Impulskontrolle aus.

Für Jungen sind beim Erwerb der Impulskontrolle besonders männliche Modelle wichtig, also Vater, Bruder, Großvater, Onkel. Zeigen sich diese aufbrausend oder unbeherrscht, übernimmt der Junge diese Muster in sein Verhaltensrepertoire, weil er ja ebenfalls männlich ist. Auch wenn Jungen aufgrund von Männlichkeitsbildern privilegiert werden, ist dies für den Erwerb der Fähigkeit, Selbstregulation zu lernen und Selbstkontrolle zu üben, nicht hilfreich, weil Eltern mehr bemüht sind, ihre Wünsche zu bedienen. Was auf der einen Seite ein männliches Privileg der Bevorzugung und besseren Behandlung darstellt, kann sich also auf der anderen zum Nachteil auswachsen.

Wie können Eltern nun ihren Sohn darin unterstützen, seine Impulse zu kontrollieren und seine Selbststeuerung zu stärken?

✳ Indem sie gut reguliertes, kooperatives Verhalten konsequent bestärken mit Beziehung und Wertschätzung: ein Lächeln, Körperkontakt, gute Stimmung. Dabei wird das Lob am konkreten Verhalten ausgerichtet: »Du warst konzentriert bei der Sache«; »du hast sofort mit der Aufgabe begonnen«; »du hast dich gut beherrscht« und Ähnliches. Loben Sie dabei nicht das Produkt, die Aufgabe, die der Junge bewältigt hat, sondern bestärken Sie sein Verhalten. Legen Sie weniger Gewicht und Rückmeldung auf das, was noch nicht so gut läuft.

✳ Trainieren Sie mit Ihrem Sohn: Impulskontrolle lässt sich üben und verstärken: beispielsweise mit »bis drei zählen« oder zusätzlich noch »Luft anhalten«. So geht's: Bevor der Junge antwortet oder das Gespräch unterbricht, soll er kurz die Luft anhalten und innerlich bis drei zählen – dann erst kommt seine Reaktion. In dieser Zeit bleibt ihm Gelegenheit, sich zu überlegen, ob Inhalt, Art oder Lautstärke seines geplanten Kommentars wirklich passend sind. Ziel ist, dass sich diese Unterbrechung mit der Zeit automatisiert, als Denkpause oder Selbstkontrolle. In jedem Fall »bremst« dieses Verhalten seine Impulsivität.

✳ Eine gute und klare Tagesstruktur mit reduziertem Stress ist hilfreich: Ermöglichen Sie genügend Zeit zum Wachwerden, Aufstehen, Frühstücken und Sich-fertig-Machen; planen Sie feste Zeiten für Schularbeiten ein, regelmäßige Pausen bei größeren Aufgaben gehören dazu; führen Sie ein Check-Ritual vor dem Aus-dem-Haus-Gehen ein: Hab ich alles? Schlüssel, Fahrkarte, Schultasche, Brotdose, Turnbeutel?

✳ Sport hilft beim Lernen und Akzeptieren von Regeln: Alle Sportarten haben Regeln; fernöstliche Kampfsportarten, wie zum Beispiel Judo, Aikido, Hapkido oder Karate, zielen stark auf Selbstregulation und -kontrolle.

✳ Im Rahmen von Bewegungsangeboten können Jungen spielerisch lernen, ihre Impulsivität zu steuern. In einem Bild lässt sich das mit dem Auto vergleichen und bespielen: Der Junge sucht sich eine Autormarke und einen Typ aus, die Eltern geben Signale: beschleunigen, bremsen, Stopp. Nun geht es für den Jungen darum, bewusst »Gas« geben zu können und sich schnell zu bewegen, aber auf ein Signal langsamer werden, die »Bremse« zu betätigen und mit einer Vollbremsung zu stoppen und zu verharren, zum Beispiel bis die Ampel wieder grün wird.

✳ Zu Hause schaffen eher wenige und einfache Regeln Klarheit, zum Beispiel zur Jobverteilung im Haushalt: Der Junge ist zum Beispiel dafür verantwortlich, Getränke zu holen, Müll rauszubringen, Geschirr aufzudecken oder abzuräumen oder Ähnliches. Computerspielen ist erst nach den Hausaufgaben und einem Bewegungsabstand erlaubt. Achten Sie darauf, diese Regeln konsequent einzuhalten. Mehr dazu erfahren Sie in meinem Buch *Jungen brauchen klare Ansagen*.

✳ Bei schwacher Impulskontrolle empfiehlt es sich häufig, nicht immer und auf alles zu reagieren, was schiefläuft, sondern eher zu bestätigen, wenn es dem Sohn gelingt, seine Impulse zu kontrollieren: »Oh, du hast ja gewartet, bis alle was auf dem Teller haben – gut gemacht.«

✳ Manchen, vor allem kleineren Jungen hilft ein gedachtes oder reales Stoppschild; es signalisiert: »Halt – du musst nicht sofort das machen, was dir in den Kopf schießt.«

✳ Wenn Impulsivität eine Form ist, durch die der Junge garantiert Aufmerksamkeit bekommt, gilt es, diese Verknüpfung zu lösen: zum Beispiel indem Sie dem Jungen in einer täglichen Spielzeit ungeteilte Aufmerksamkeit schenken, aber seine impulsiven Ausraster eher knapp behandeln.

✳ Eltern und Jungen hilft es, auf kleine Erfolge stolz zu sein; oft fassen die Jungen in kurzer Zeit Mut für die weitere Entwicklung, wenn die Umgebung sieht, dass sich etwas bewegt.

✳ Bei Misserfolgen nicht gleich die Flinte ins Korn werfen, Eltern müssen an ihren Jungen glauben. Wenn Sie Ihrem Sohn das Gefühl geben: »Rückschläge gehören dazu, du wirst das schaffen«, ist das der Dünger für seine Entwicklung.

✳ Unterstützendes Verbalisieren: Eltern sprechen laut vor, was nacheinander zu tun ist, eine Art steuernde Anweisungen an sich selbst: »Ich will anfangen«, »Was ist meine Aufgabe?«, »Ich brauche mein Buch und mein Heft, ich hole mein Rechenbuch und mein Heft aus der Tasche« und Ähnliches.

✳ Bewusstheit und Achtsamkeit sind Grundfertigkeiten, die Impulskontrolle stützen: Genau hinschauen, gut zuhören – das lässt sich üben: zum Beispiel durch Bildbeschreibungen, Konzentrations- oder Labyrinthaufgaben, durch Achtsamkeitstraining, Meditation – ich nenne dies in der Arbeit mit Jungen »Selbstmanagement«.

Ausdauer und Bedürfnisaufschub

Begabung ist das eine, was ein Junge damit macht, das andere. Aber: Impulskontrolle, Bedürfnisaufschub und Ausdauer sind wichtiger als Talent! Es ist ein Prinzip der westlichen Welt und eine Erwartung an Kinder und Jugendliche, Impulse und das Befriedigen von Bedürfnissen aufzuschieben, um später dafür belohnt zu werden. Das ist zwar nur in bestimmten Bereichen möglich und sinnvoll – zum Beispiel weniger, wenn es um Hunger, Atmung oder Harndrang geht –, aber es ist generell ein wesentlicher Beitrag für das Wohlbefinden, für die Gesundheit und das Lebensglück. Verzichten zu können, Rückschläge zu überwinden, Frustration auszuhalten und langen Atem zu zeigen sind langfristig wichtige Erfolgsfaktoren.

Das wurde seit den 1970er Jahren beeindruckend mithilfe der sogenannten »Marshmallow-Versuche« gezeigt. Kinder zwischen vier und sechs Jahren wurden in einen ansonsten leeren Raum an einen Tisch gesetzt, auf dem ein Teller mit einem Marshmallow stand. Der Versuchsleiter erklärte, dass das Kind es sofort essen könne oder aber es wartete etwas, dann bekäme es zwei. Der Mann verließ daraufhin den Raum, und die Kinder wurden 15 Minuten beobachtet. Einige schafften es zu warten, andere konnten oder wollten das nicht, sie griffen sofort oder nach einer mehr oder weniger kurzen Wartezeit zu. Es stellte sich heraus, dass die Zeit bis zum Aufessen beziehungsweise das Wartenkönnen ein bedeutsames Merkmal darstellt: Aufgrund der Fähigkeit, sich selbst zu zügeln und abwarten zu können, lässt sich späterer Erfolg im Leben vorhersagen. Jahre später zeigte sich, dass diejenigen, die hatten warten können, als junge Erwachsene zielstrebiger und erfolgreicher waren. Sie konnten mit Rückschlägen besser umgehen, wirkten sozial kompetenter und hatten weniger Probleme mit Drogen. Diejenigen, die ihre Bedürfnisse nicht zügeln konnten, waren instabiler und hatten schlechtere Noten in der Schule, obwohl sie nicht weniger intelligent waren. Es gab mehrere Wiederholungen des Experiments, die Ergebnisse glichen sich: Wer warten kann, hat später bessere Karten. Natürlich geht es dabei nicht nur um die Fähigkeit des Abwartens, sondern um eine Mischung aus Selbstkontrolle, Frustrationstoleranz und Ausdauer. Die entsprechende Fachformel lautet: Bedürfnisaufschub zugunsten späterer Gratifikationen.

 Leon verfügt über wenig Energie, anstehende Aufgaben zügig abzuarbeiten. Er will das ändern, weiß aber nicht wie – er braucht Hilfe. Dafür wählt er seine Mama. Praktisch: Leo lechzt nach Bestätigung, er will vor ihr »gut dastehen«.

Wir vereinbaren einen Plan, bei dem er sich selbst einschätzt. Wenn er eine Aufgabe erledigt hat (zum Beispiel alle Rechenhausaufgaben gemacht), soll er sich hinterher einschätzen: Ich bin super dabei gewesen, mittel oder nicht so gut. Seine Mutter ist nur in der Nähe und beobachtet ein bisschen, ermuntert oder ermahnt ihn aber nicht.

Nachdem er fertig ist, wird die Mutter um ihre Bewertung gefragt, ebenfalls super, mittel, nicht so gut. Wenn ihre Einschätzung mit der Leons übereinstimmt – unabhängig davon, ob sie positiv, neutral oder negativ ist –, gibt es ein kleines Siegerritual: »Ja, geschafft!« Gemeinsamer Jubel, eine Umarmung, Anstoßen mit Saft oder Tee. Wenn nicht, dann folgt eine eher knappe Bemerkung: »Och, schade, heute haben wir es nicht geschafft.«

Leon neigt anfangs sehr zur positiven Selbstüberschätzung, aber allmählich lernt er, sich tatsächlich besser zu beobachten, was sich positiv auf seine Ausdauer auswirkt.

Eltern leisten einen Beitrag dafür, dass Jungen ihre Wartefähigkeit entwickeln. Wieder sind sie als Modelle wichtig, also damit, ob und wie sie selbst warten können, ob sie sich gierig oder geduldig verhalten. Zudem ist die Beziehung zum Kind von großer Bedeutung, denn Beständigkeit und Verlässlichkeit führen bei Kindern zu einer größeren Fähigkeit, abwarten zu können: Sie gewinnen so die Sicherheit und das Vertrauen, dass eine versprochene Belohnung auch tatsächlich kommt. Das zeigten wissenschaftliche Versuche, in denen Kinder darüber informiert werden, dass sie dem Versprechen wirklich vertrauen können: Das verdoppelte ihre Wartezeit.

Keine Angst, Eltern brauchen nicht immer stoische Eselsgeduld. Aber das Wartenkönnen lässt sich durch Training verbessern, und das gilt auch für Eltern. Sie vermitteln durch Verlässlichkeit, dass sich Versprochenes einstellt. Das Vertrauen, das daraus erwächst, ist das Ergebnis vieler Erfahrungen, dass auf die Eltern Verlass ist, dass sich das Kind ihnen anvertrauen kann. Sie bilden den Halt, einen sicheren Rahmen verlässlicher Liebe. Falsche Versprechungen sind dagegen Gift fürs Vertrauen.

Neben dieser Sicherheit brauchen Jungen Strategien, um das Abwarten auszuhalten. Das lassen Kinder erkennen, die warten können: Manche lenken sich ab, hüpfen herum, reden sich gut zu, versuchen, an die Belohnung zu denken, oder singen - ein Handeln, das hilft, Entbehrungen für einen späteren Erfolg zu überbrücken. Gefragt ist dabei Frustrationstoleranz, es immer besser auszuhalten, dass etwas nicht gelingt, dass etwas länger dauert, dass der Junge nicht sofort bekommt, was er will. Daraus wird Erfahrung: Nicht jedes Bedürfnis kann und muss sofort befriedigt werden; nicht jede Fähigkeit springt mir zu, wenn ich sie einmal beobachtet habe, aber der lange Atem lohnt sich.

Auch das Dranbleiben muss gelernt und geübt werden. Wenn es nicht so gut klappt: Welche Tricks oder Techniken helfen dabei, welche Tipps können Eltern ihrem Sohn geben?

* Unterstützen Sie Ihren Sohn dabei, sich für einen positiven Leitsatz zu entscheiden und sich selbst darin zu bestätigen: »Ich konzentriere mich auf meine Aufgabe«; »ich bleibe bei der Sache, bis ich fertig bin«.

* Es hilft, sich bewusst zu machen, wenn eine Ablenkung kommt, sie als Ablenkung zur Kenntnis zu nehmen: »Ah, jetzt habe ich einen Tagtraum«; »Da ist ja die Idee, sofort aufs Handy zu schauen« – und dann aber der Ablenkung nicht zu folgen, sondern als Ich wieder zur Aufgabe zurückzukehren: »Da draußen ist Lärm, das lenkt mich ab – jetzt höre ich aber wieder zu, was die Lehrerin sagt.«

* Gut ist es, die attraktiven Ablenkungen zu kennen und daraus positive Wenn-dann-Pläne zu entwickeln, die helfen, konzentriert zu bleiben: »Wenn Tom mich anflüstert, dann flüstere ich ihm zurück: in der Pause!«; »Wenn ich beim Hausaufgabenmachen mein Rennauto sehe, dann sage ich mir: Ich mach erst die Aufgabe fertig.«

2. Jungen sprechen anders

In der Tendenz sind die sprachlichen Fähigkeiten bei Jungen oft schwächer entwickelt als bei Mädchen. Es gibt Hinweise darauf, dass es dafür körperliche Ursachen gibt, die mit Hormonen und der Gehirnentwicklung zusammenhängen. Andere Gründe dafür haben aber mit der praktischen Kommunikation mit Jungen und unter Jungen zu tun: Wie Erwachsene mit Jungen reden, bildet sich in deren Sprachkompetenz ab, und ebenso die Erfahrungen in der alltäglichen Praxis, vor allem mit anderen Jungen: Hier liegen die Einflussbereiche für Veränderung (nicht in Hormongaben oder Hirnoperationen).

Die grundsätzliche Sprachfähigkeit ist angeboren, Sprache selbst aber nicht, und das bedeutet: Schwächere Entwicklungen lassen sich in Kindheit und Jugend häufig nachholen und ausgleichen. Nicht nur in der Kindergarten- und Grundschulzeit können Eltern Jungen helfen, ihre Sprachkompetenzen zu erweitern: indem sie mit ihrem Jungen reden, ihn zum Reden anregen, ihm zuhören und ihn ausreden lassen, durch Vorlesen oder indem sie ihn beim Selberlesen unterstützen.

»Da muss man die (Jungen) zwischendurch einfach mal dran erinnern (...). Reden im Sinne von: verstehen, dass Kontakt wichtig ist, dass Gefühle für alle gelten, und sei es nur, um die Eltern zu beruhigen (...). Das ist schon auch – also bei uns muss man irgendwann reden. Wir haben schon was dafür übrig, dass unsere Kinder sehr selbstbestimmt sind, aber nicht bis zur Kontaktlosigkeit. Ich weiß nicht, ob ich so gut formuliere, aber das ist einfach was, bei dem ich denke, wir setzen Gespräche durch (...). Es muss einfach klar sein, es muss eine Rückmeldung geben. (...) Ich glaube, was ganz wichtig gewesen ist (...), ist, dass wir einfach oft über Schule gesprochen haben, gerade auch dann, wenn man sich nicht so oft sieht, das ist einfach immer wieder ein Gesprächsangebot gewesen. Und wo ich persönlich viel Respekt hatte, war die einsetzende Pubertät (...), wo ich dann versucht habe, einfach den Faden nicht abreißen zu lassen, anders kann ich es nicht sagen, mit einem starken Fokus auf die Schule.«
Vater, drei Söhne, eine Tochter

Die Zahl der Themen, über die Eltern mit Jungen sprechen, ist selbstverständlich unbegrenzt; an dieser Stelle soll ein Beispiel genügen: Respekt. Respektvolles Verhalten ist ein gutes Thema für Eltern-Sohn-Gespräche. Äußerungen von Jungen, die Respekt vermissen lassen, geben Anlass, darüber zu sprechen.

Meistens wissen Jungen genau, welches Verhalten respektvoll

ist und welches nicht; manchmal sind sie unsicher, wenn oder weil es Konflikte gibt oder sie Lehrkräfte gern provozieren, um darüber mit ihnen in Beziehung zu sein. Rebellische, impulsive, aufmüpfige oder auch unwillige Jungen benötigen manchmal Nachhilfe. (Siehe dazu auch das Hinweisblatt zum Thema Respekt bei den Downloads.) Spätestens dann sollten Eltern Respekt zum Thema machen und ihre Haltung klarstellen.

Denn eine Basis der guten Beziehung zur Lehrkraft ist der Respekt, die Autoritätsbeziehung in wechselseitiger Anerkennung. Respektvolles Sprechen und Verhalten (z. B. durch Mimik oder Gesten) ist zentral in der Bindung zwischen Lehrkraft und Junge. Eltern geben dem Jungen dabei in ihrem Modellverhalten die nötigen Informationen mit auf den Weg in die Schule, und zwar gleich mehrfach: im Umgang, den Eltern untereinander pflegen, und wie sie mit dem Sohn umgehen; sowie darin, wie Eltern Lehrkräften gegenüber ihren Respekt ausdrücken - und auch hier vor allem darin, wie sie über Lehrerinnen und Lehrer reden.

Anregungen, wie sie sich respektlos verhalten könnten, erhalten Jungen reichlich, vor allem in Medien, in der Politik (Populismus) und von Gleichaltrigen. Besonders während der Pubertät ist es für Jungen manchmal schwierig, Situationen richtig zuzuordnen. Dann pöbeln sie den Lehrer so an, wie sie es mit dem Kumpel aus der Clique tun würden, im erregt-verärgerten Zustand sagen sie zur Lehrerin: »Halt's Maul.« Je nachdem, auf welchem Fuß die Lehrkraft erwischt wird, reagiert sie dann souverän oder entsetzt.

Respektlosigkeit vergiftet die Beziehung zu Lehrkräften. Dies gilt auch, wenn Jungen nur Mitläufer bleiben, also sich nicht offensiv gegen andere Jungen stellen, die sich unmöglich verhalten. Auch bei solch kniffligen Themen helfen Gespräche, die Aufklärung bringen und dem Jungen helfen, den Knoten zu entwirren: Es handelt sich dann nicht um Unterwürfigkeit oder »Einschleimen«, sondern um Zivilcourage und soziale Kompetenz.

Jungen zum Reden bringen

Wie, worüber und wie viel Menschen sprechen, ist stark abhängig von der sie umgebenden Kultur, bei Kindern besonders der Familienkultur. Zudem sind für viele Jungen gerade im Sprachstil die Väter wegweisend. Damit Jungen reden und das erzählen, was bedeutsam ist, helfen ihnen deshalb die Umgangsweisen in der Familie und am allermeisten ein Papa, der das vormacht: sich offen, frei von der Leber weg äußern, auch für Schwieriges Worte finden, lustvoll erzählen. Wenn sie auf offene Ohren treffen und von Vorbildern umgeben sind, dann wachsen Jungen ohne großen Aufwand ins Reden hinein - auch in das Reden über sich selbst.

Allerdings verstummen manche Jungen in der Pubertät nahezu (und besonders zuhause); sie scheinen das Reden mühsam wieder erlernen zu müssen und brauchen dafür das elterliche Interesse und deren Unterstützung. Wie viel Jungen sprechen, ist sicher auch typabhängig; ein aufs Wesentliche konzentrierter und mit Worten sparsamer Sohn lässt sich nicht zur Plaudertasche umpolen.

Interesse und Entspannung helfen Jungen, sich zu äußern, während Druck und Zwang das Gegenteil bewirken. Insofern kann zu viel von der Idee, mehr vom Jungen erfahren zu wollen und ihn zum Reden zu bringen, nach hinten losgehen. Echtes Interesse und ein offenes Klima, in dem auch Belastendes oder Fehler vorkommen dürfen, erleichtern Jungen das Reden.

✳ **Reden ist eine** Form des Dabeiseins, des Dazugehörens, was auch Jungen zum Reden motiviert. Wenn Eltern Kommunikationsversuche des Jungen honorieren, entsteht darüber Gemeinschaft, die zum Reden anregt. Umgekehrt löschen gelangweilte oder desinteressierte Bemerkungen die Motivation ab.

✳ **Interesse, Kontakt und** Gespräche benötigen Zeit. Viele Jungen brauchen eine längere Anlaufphase, bis das Reden in Fluss kommt. Stress und Zeitmangel führen vielleicht zum Funktionieren, aber nicht zu Gesprächen über Befindlichkeiten.

* **Reden ist auch** eine Form der Positionierung. Manche eher schweigsame Jungen lassen sich damit herausfordern und anregen, wenn die Meinung anderer Jungen, von Stars oder Männern ins Spiel gebracht werden: »Du, Joscha, der Mirko hat gesagt ... – was meinst du denn dazu?«

* **Eltern können mitteilen,** wie sie sich die Kommunikation vorstellen, vor allem dann, wenn es ihnen zu wenig wird. Erwartungen zu formulieren heißt nicht, ein Gespräch »reinzudrücken«, Druck oder Erpressung sorgen nicht für ehrliche Gespräche.

* **Familiäre Sprach-Räume und -Rituale** erleichtern Jungen das Reden: zum Beispiel wenn beim Essen gute Stimmung herrscht und alle mal drankommen und gefragt werden, was heute so los war; oder wenn nach dem Vorlesen im Bett noch Zeit für einen Tagesrückblick bleibt.

* **Der richtige Zeitpunkt** fürs Reden muss mit vielen Jungen erst gefunden werden. Jungen signalisieren es, wenn es gerade nicht so passt: »Wie war's in der Schule?« »Gut.« Den falschen Moment erwischt zu haben sollten Eltern akzeptieren, nicht aber zu lange Sendepausen: »Ah, gerade keine Lust zum Reden, ich verstehe. Ich will aber mit dir drüber sprechen – wie sieht es heute Nachmittag nach den Hausaufgaben aus?«

* **Günstige Redesituationen wollen** entdeckt werden: Manche Jungen empfinden den Blickkontakt im Gespräch als zu direkt und konfrontierend, sie mögen lieber Side-by-side-Situationen, mehr das Nebeneinander, ohne sich permanent anzusehen; manche kommen deshalb beim Autofahren gut ins Erzählen, andere können am besten nebenher reden, wenn sie mit etwas beschäftigt sind oder wenn gemeinsam etwas gemacht wird, z.B. Spülen, Reparieren oder Putzen – ausprobieren!

✳ Viele Jungen und Männer kommunizieren stärker über den Informationskanal. Interesse, Kontakt und Wertschätzung ihrer Inhalte regen sie zum Reden an. Umgekehrt teilen sie sich nicht so gern mit, wenn sie wissen, dass es keinen interessiert, was sie von sich geben. Der Eindruck, ob es anerkannt wird, was er spricht, setzt sich schon bei kleinen Jungen fest. Beim Passieren der Baustelle sagt Dominik: »Da, Bagger.« Statt gelangweilt die Augen zu verdrehen oder abzulenken (»Oh, und schau mal da, ein Schmetterling«) hilft es ihm mehr, seinen Impuls aufzunehmen und die Fakten ausschmücken zu lassen: »Ja, ein Bagger! Was gefällt dir an dem? Was baggert er gerade? Wer steuert ihn? Gibt's noch andere Menschen auf der Baustelle? Und der Kran, was wird damit gemacht?«

✳ Natürlich interessiert Eltern nicht alles selbst, was den Jungen beschäftigt – spannend ist aber, was der Junge daran findet. In der Auto-, Fußball- oder Spielkonsolenkommunikation teilt er eben auch sich mit, und diesen Gehalt der Botschaft herauszufinden und zu bemerken ist interessant. Motiviert zu reden macht Jungen sprachkompetenter, nachfragen und sich etwas erklären lassen drückt das Interesse aus; im Mitfühlen lässt sich dabei die Gefühlsebene erspüren und verbalisieren: »Da ärgerst du dich ja gehörig!« Später können auch mal Metathemen angesprochen werden (»Weißt du eigentlich, warum das Spiel gerade jetzt für dich so spannend ist?«).

✳ Der Ton macht zwar die Musik, und Jungen geben schon bisweilen schräge Klänge von sich. Natürlich dürfen Eltern hier korrigieren, aber im Mittelpunkt steht die Freude am Gespräch und am Kontakt, nicht die perfekte Ausdrucksform. Penibel an der Sprache herumzukritisieren macht das Reden umständlich und kontrolliert. Manchmal hilft Humor mehr als Sprachkritik: »Mach mir was zu trinken!« – »Hoppla, geht das vielleicht auch anders? Wir probieren's mal gemeinsam: ›Mama, ich hab so Durst, könntest du mir bitte ein Glas Saft einschenken‹ – na siehst du, haben wir doch gut hingekriegt!«

✳ Mit Abstand einen Gesprächswunsch anzukündigen signalisiert Interesse, lässt dem Jungen aber auch Zeit für die Vorbereitung: »Können wir heute Abend mal eine Runde über die Schule reden? Ich hab schon lang nichts mehr richtig mitgekriegt!«

3. Schlüsselkompetenz Lesen

 esekompetenz gilt als ein Schlüssel für den Bildungserfolg – und gerade in diesem Punkt sind Jungen im Durchschnitt schlechter aufgestellt. Das ist schon länger bekannt, statistisch breit nachgewiesen wurde es Anfang der 2000er Jahre durch die PISA-Studie, auch 2015 wurde bei Jungen eine niedrigere Lesekompetenz gemessen (499 Punkte; Mädchen: 520 Punkte). Nicht so gut lesen zu können ist allerdings kein mit dem Geschlecht angeborener Mangel. Es hängt mehr damit zusammen, welche Geschlechterrollen Jungen zugeschrieben und angeboten werden, wie Lesepraxis gefördert und erlebt wird. Es zeigt sich: Jungen lesen weniger, nicht einmal die Hälfte der Jungen sagt, sie lesen zum Vergnügen – aber fast drei Viertel der Mädchen.

»Ich würde (heute) mehr einfordern, das Lesen früher einfordern, also mehr Mut zum Einfordern zeigen als Eltern. Das Lesen und so einfordern, das muss man einfach, weil es Kernkompetenzen sind. Da hätte ich mir jemanden gewünscht, der sagt: ›Nee, mach das ruhig, und verlange das ruhig von ihm, jeden Tag soundso lange.‹«
Mutter, zwei Söhne

Lesekompetenz wird vor allem vor und während der Grundschulzeit entwickelt: zuerst dadurch, dass Kindern vorgelesen wird, später durchs eigene Lesen. Vorlesen ist ein interaktiver Prozess, bei dem die Beziehung eine wichtige Rolle spielt. Hier kann es eine erste Beeinträchtigung oder Irritation für die Jungen geben. Wenn die Mutter es nicht so spannend findet, was den Sohn interessiert, und deshalb mit wenig Begeisterung das Traktorbuch vorliest, nimmt das der Junge wahr und reagiert darauf; Lesen ist für ihn damit kein so tolles Erlebnis, dass es ständig wiederholt werden müsste. Zudem lesen Mütter statistisch gesehen mehr mit Kindern als Väter. Neben der möglicherweise geringeren Deckung von Interessen wird das Lesen also als »weiblich« etikettiert, was vorlesende Erzieherinnen bestätigen. Vielleicht beschäftigen sich Jungen deshalb weniger mit dem Lesen, weil es dadurch das Image »Frauensache« bekommt.

Einiges am Lesedilemma scheint mit den Vorbildern zusammenzuhängen. Um das Lesen als Praxis zu erleben, die geschlechtlich zum Jungen passt, sind männliche Lesevorbilder wichtig. In den ersten zehn Lebensjahren sind Väter als Geschlechtsmodell besonders gefordert, damit Jungen erfahren: »Lesen ist männlich.« Väter sind an dieser Stelle besonders wichtig, hier können sie die Entwicklung des Sohnes positiv beeinflussen. Der Auftrag ist so klar wie einfach: mehr vorlesen. Väter an die Lesefront!

Vorlesetipps

Solange Jungen noch nicht selbst gut lesen können, ist Vorlesen für die spätere Lesemotivation eine wichtige Grundlage. Auch wenn sie schon selbst lesen können, tut es ihnen gut, etwas vorgelesen zu bekommen, das hilft bei der Sprachentwicklung – und es ist gut für die Beziehung und für das Wohlbefinden.

* **Hilfreich ist, wenn** das Lesen feste Plätze im Tagesverlauf bekommt, wenn es Leserituale gibt, die Eltern vorleben oder einbauen: Zeitungslesen nach dem Frühstück, Bilderbuchlesen vor dem Abendessen, Geschichtevorlesen als Ritual vor dem Einschlafen.

* **Darüber hinaus finden** sich überall Gelegenheiten und Plätze fürs Vorlesen, ob zu Hause oder draußen, auf dem Boden, am Tisch, im Zug, unter einem Baum oder im Bett.

* **Nehmen Sie sich** Zeit fürs Vorlesen und sorgen Sie für Ruhe. Lesen Sie ohne Eile, die Lesezeit ist gemeinsames Erleben, schönes Zusammensein in Nähe und schon allein deshalb wertvoll. Wie oft vorlesen? So oft wie möglich.

* **Das Buch oder** die Geschichte suchen Sie gemeinsam aus, Eltern dürfen und sollen natürlich Vorschläge machen oder immer mal wieder neuen Lesestoff besorgen. Aber der Sohn bestimmt mit. Finden Sie heraus, was Ihren Jungen jetzt gerade interessiert. Allerdings wiederholen Kinder gern: Wenn es Lieblingsbücher oder -geschichten gibt, die Jungen immer wieder auswählen, sind es die richtigen, auch zum 35. Mal, auch wenn Vater oder Mutter das langweilig finden, auch wenn sie das Buch auswendig kennen oder nicht mehr hören können.

* **Lebendig und verständlich** wird das Vorlesen durch das passende Tempo, wechselnde Lautstärke und Pausen. Ein paar Gesten oder Lautmalereien können das Vorlesen illustrieren, aber machen Sie nicht zu viel Theater: Das Gelesene ist die Hauptsache, nicht der oder die Vorlesende.

Ein Grundstein fürs spätere Lesen wird schon im Vorschulalter gelegt. Eine Studie hat gezeigt: Wenn Jungen von Erzieherinnen betreut werden, die traditionelle Geschlechterbilder vertreten, sind sie selbst weniger motiviert, Lesen zu lernen. Die Lesemotivation im Kindergarten hängt nachweislich direkt mit der späteren Lesefähigkeit in der Grundschule zusammen. Jungen, die Erzieherinnen mit egalitären Geschlechterrolleneinstellungen hatten, waren beim Lesenlernenwollen genauso motiviert wie Mädchen. Solche Studien belegen, dass die Lesemotivation bei Jungen nicht etwa angeboren geringer, sondern eine Folge von Umwelteinflüssen ist.

In der Kindheit gelernte Etiketten werden beim Selberlesen fleißig weiter aufgeklebt: Genussvolles Lesen in der Freizeit gilt als »weibliche« Praxis (»Mädchen lesen«), wenn der Vater dies nicht praktiziert; vor allem geschlechtlich unsichere Jungen müssen sich davon demonstrativ distanzieren. In der alltäglichen Lesepraxis unterscheiden sich Mädchen und Jungen deutlich; Jungen lesen weniger als Mädchen, weniger Lesepraxis führt später zur geringeren Lesekompetenz bei Jungen.

> 46 Prozent der Mädchen im Alter von 12 bis 19 Jahren, aber nur 30 Prozent der Jungen derselben Altersspanne lesen täglich oder mehrmals in der Woche in Büchern, 23 Prozent der Jungen (und nur 13 Prozent der Mädchen) geben an, gar nie Bücher zu lesen.

Dass Jungen beim Lesen durchaus geschlechtlich werten und erleben, zeigt sich bei Lesepaten. Die unterschiedliche Attraktivität der Coaches durch Jungen ist oft gut erkennbar: Jungen bevorzugen und wünschen sich männliche (Lese-)Vorbilder. Umgekehrt wurde beobachtet, dass viele Jungen sich nicht so wohlfühlen, wenn sie allein mit einem weiblichen Lesecoach lesen. Also: Männer, Väter, Opas, Onkel, ab in die Leseförderung!

Ausstieg oder Lust am Lesen?

Biografisch gesehen finden sich zwei »Ausstiegszonen« aus dem Lesen. Die erste liegt am Übergang zur zweiten Klasse, also ziemlich früh nach dem Lesenlernen, die zweite beim Übergang zur Pubertät. In beiden Phasen sind Eltern gefragt und beteiligt. Es scheint so, als würden die Leseinteressen von Jungen in der Grundschulzeit nicht gut bedient. Leseangebote aus der Schule oder von Eltern entsprechen oft nicht dem, was Jungen anspricht. Was sie interessieren würde, findet sich weniger in der angebotenen Lektüre. Viele Bücher für Kinder zwischen sechs und zehn sind »pädagogisch wertvoll«, sie sind also zum Beispiel psychologisch einfühlsam, oder es werden soziale Problemthemen behandelt. Jungen wünschen sich aber (auch) handlungsorientierte Lösungen.

Später nörgeln Eltern, Lehrerinnen und Lehrer gern an der Auswahl der Jungen herum, also an dem, *was* Jungen lesen. Damit demontieren sie die Restmotivation der Jungen. Lesen hat mit zunehmendem Alter mit Interessen zu tun, es geht also um lustbetontes Lesen. Eltern sollten fragen: Was lesen Jungen *gern*? (Und weniger: Was fände ich gut, das er lesen sollte?) Eltern und andere Erwachsene können Jungen mit ihrem Anspruchsdenken das Lesen vermiesen. Vorurteile und Kritik von Eltern (»Das ist doch keine gute Literatur; lies mal was Anständiges, nicht immer diese Comics«) trifft Jungen, sodass sie Lesen mit den schlechten Gefühlen verbinden.

Entwicklung gelingt auf anderem Weg: über die Lust am Lesen. Was Jungen interessiert und fasziniert, sollte sich in Inhalten und Textgenres wiederfinden. Manche Erwachsene neigen allerdings dazu, diese Interessen mit plumpen Geschlechterklischees gleichzusetzen: Ritter, Gewalt und Action für Jungen, Katzen, Prinzessinnen und Gefühle für Mädchen; hier ist Vorsicht angebracht: Jungen können ihre Interessen herausfinden und benennen – es ist nicht schlimm, wenn Ritter für sie gerade spannend sind, aber daneben findet sich eine große Bandbreite von Interessen, die mal innerhalb, mal jenseits von traditionellen Geschlechterbildern liegen. Auch über Witzebücher oder *Asterix*-Hefte können Jungen irgendwann auf das »gute Buch« kommen; was den Lesestoff angeht, müssen Eltern also nicht zu anspruchsvoll sein. In erster Linie ist alles, was Buchstaben hat, gut fürs Lesen. Es ist fast egal, was dem Jungen vorgelesen wird oder was er selbst liest – Hauptsache, ihn interessiert es. Unser Sohn hat sich übrigens das Lesen vor allem über den Sportteil der Zeitung angeeignet.

Computer, Smartphones und Tablets sind zum Teil ebenfalls Lesemedien, sie können durchaus in die Lesemotivation und -praxis von Jungen mit eingebaut werden. Informations- und Nachrichtenportale im Internet werden häufiger von Jungen als von Mädchen genutzt. Generell verteufeln lassen sich diese Medien also nicht: Es kommt immer drauf an, was und wie viel der Junge damit macht.

So fördern Sie die Leselust bei Jungen:

✳ **Comics, Fantasy, Actionstorys,** Detektiv- und Abenteuergeschichten, Sachbücher über Entdecker und Erfinder: Gut ist, was Jungen interessiert. Stellen Sie nicht zu hohe Ansprüche, freuen Sie sich über jedes Wort, das der Junge liest.

✳ **In der Nähe** von München gibt es seit vielen Jahren eine gut besuchte Jungen-Lesegruppe, die von einem begeisternden älteren Herrn geleitet wird; auf dem Programm steht nicht nur, aber auch gemeinsames Lesen, Vorlesen, Vorgelesen-Bekommen. Jungen schätzen das Unter-sich-Sein, interessierte Mädchen werden freundlich abgewiesen.

✳ **Männliche Modelle erleichtern** Jungen den Zugang zum Lesen, weil Lesen als etwas »Männliches« etikettierbar ist: Väter, Opas, Brüder, Trainer sind besonders gefragt.

* **Interessante Bücher für** Jungen zu finden ist nicht einfach, viele Bücher, die sich gezielt an Jungen richten, sind eher stereotyp ausgerichtet. Zudem sind viele Bücher Moden unterworfen. So war vor ein paar Jahren Harry Potter ein Hype, aber den kennen viele heutige Jungen schon nicht mehr. Was bei Jungen in unterschiedlichen Altersgruppen gerade »ankommt«, kann bei *Antolin* recherchiert werden; das ist ein Leseportal, in dem Kinder Quizfragen beantworten, aber auch angeben können, was ihnen gefällt. *Antolin* hat ein gutes Konzept: Hier sind Jungen als Experten gefragt, sie können Fragen beantworten, dabei Punkte sammeln und sich einen Status erarbeiten. Die Liste beliebter Bücher kann nach Altersgruppen gefiltert und nach Geschlecht sortiert werden: *www.antolin.de*

* **In vielen Regionen** gibt es das Projekt »Kicken und Lesen«, zum Beispiel in Köln und in Baden-Württemberg. Dies möchte Jungen mit der Verbindung von Bewegung und Nachdenken, von Fußball und Büchern ansprechen.

* **Natürlich sollte auch** in der Schule im Unterricht mehr Zeit für die Leseförderung verwendet werden. Ein Modellprojekt in England konnte zeigen, dass schon eine tägliche Lesestunde in Grundschulen, die »Literacy Hour«, die Leistungen von Kindern im Lesen und in der Sprache allgemein deutlich verbessert. Besonders leistungsschwächere Schüler profitierten von dem Programm, und damit überproportional oft die Jungen!

* **Tipps für Lesestoff** gibt es auf der Seite *boysandbooks.de* der Universität Köln – und in Ihrer Buchhandlung.

4. Leistung: Nicht zu wenig und nicht zu viel

inder bringen den Wunsch und die Fähigkeit mit, Aufgaben zu bewältigen und etwas selbst zu tun, sie wollen Leistung bringen und strengen sich dafür an. Sich anzustrengen ist ein wesentlicher Teil des Schulerfolgs. Insofern könnte beides gut zusammenpassen: die eigenen Leistungsimpulse und die Leistungserwartungen der Schule. Doch leider bleibt vom Leistenwollen des Jungen in der Schule oft nicht viel übrig.

 »Anstrengen. Man muss sich anstrengen. Und halt bei den Lehrern auch gut ankommen – also nicht die ganze Zeit bei dem Quatsch machen und ärgern. (...) Damit man schlau wird. Du kriegst das ja nicht von alleine, dass du was lernst.«
Benny (9), 3. Klasse

Der Wunsch, etwas zu leisten, braucht Bestätigung und Unterstützung, sonst verkümmert er womöglich. Leider erfahren Jungen zahlreiche Dinge, die ihre Leistungsmotivation ablöschen und austreiben können. Das kindliche Allein-machen-Wollen führt zur Lust am erfolgreichen Bewältigen. Feinde dieser kindlichen Freude sind Desinteresse, Perfektionismus und Zeitdruck von Eltern und anderen Erziehenden (»Ach lass es, ich mach das schneller«).

Anforderungen, die Jungen erfüllen müssen, sollten altersgemäß angemessen und zu bewältigen sein. Indem sie Aufgaben übertragen bekommen, lernen sie, und vieles lernen sie gerne und leicht – sie bringen Leistung. Zum Glück bietet der Alltag viele Möglichkeiten, Anforderungen zu stellen und Jungen beim Bewältigen zu helfen: Zähne putzen, Zimmer aufräumen, den Anorak an den Haken hängen, duschen, den Tisch decken, Spülmaschine ausräumen und so weiter. Parallel dazu können Eltern aufmerksam sein: Wo zeigt der

Junge Leistungsimpulse, wo will er es wissen, wobei strengt er sich an? Solche Motivations- und Leistungspflänzchen sind wichtig, sie brauchen Raum und wollen auch durch Eltern gepflegt werden.

Sebastian: »Ja, man muss sich halt immer anstrengen.«
Alexander: »Und konzentrieren.«
Sebastian: »Und vielleicht auch mal was zu Hause machen,
wenn man es nicht [zu machen] braucht.«
Alexander: »Wenn man es nicht in der Schule geschafft hat.«
Sebastian (13) und Alexander (13), beide 8. Klasse,
Gemeinschaftsschule

Was aber, wenn der Junge keine Lust auf Leistung hat? Das ist in einem gewissen Rahmen normal - besonders in der Pubertät. Viele Jungen tragen mit dem Beginn der Jugendphase ein inneres Faultier in sich, zumindest was die Schule angeht - während sie sich bei anderen Dingen richtig reinhängen können. Oft gibt es aber handfeste Gründe, die Leistung verhindern. Versuchen Sie, gemeinsam mit Ihrem Sohn die Hindernisse aus dem Weg zu räumen, die es ihm schwer machen, sich aus eigenem Willen für Leistung zu entscheiden. Sofern Eltern den Eindruck bekommen, dass die Leistungsunlust an der Schule liegt, sollten sie dort nachhaken.

»Und morgens sag ich immer: ›Viel Erfolg.‹ Oder: ›Mach's
gut.‹ Ich sag nie: ›Viel Spaß.‹ Weil, Schule ist kein Spaß.«
Mutter, drei Söhne

Eine der wesentlichen Aufgaben des Jungen in der Schule ist, sich anzustrengen, zu zeigen, was er kann, und Leistungserwartungen zu genügen. Aufgabe als Mutter oder Vater ist es nicht, die Unlust des Jungen zu legitimieren, aber auch nicht, den Jungen zur Leistung zu zwingen. Es ist seine Entscheidung, etwas zu tun. Druck und Strafen sind wie Lob, Belohnung oder finanzielle Anreize meist nur kurzfristige Entscheidungshilfen. Eine gute Begleitung, Interesse an ihm und seinem Befinden, Unterstützung beim Strukturieren sind wirkungsvoller.

Manchmal manövrieren Jungen mit ihrer normalen Leistungsunlust die Eltern in Ecken, in denen sie selbst Schwierigkeiten haben: Wenn sie es sich nicht erlauben, zu genießen, nichts zu tun, sich zu entspannen. So gesehen kann die Unlust von Jungen auch Entwicklungsimpuls für Eltern sein.

Mein Sohn hat mir in einem Streit um Schulfragen in der Pubertät an den Kopf geworfen: »Weißt du überhaupt, was der Sinn des Lebens ist? Der Sinn des Lebens ist Spaß haben!« Das hat mich getroffen und beschäftigt, denn er hatte durchaus recht. Sowohl in meinem für ihn sichtbaren Leben wie auch in den uns verbindenden Themen war der Spaß ziemlich untergegangen. Dies war ein Anstoß, das zu ändern.

Sich anstrengen, bis es kracht

Viele Eltern sorgen sich, wenn die Anstrengungsbereitschaft des Sohnes gegen null tendiert. Es gibt aber auch den anderen Fall, dass Jungen sich zu viel Druck machen. Eltern von Niedrigleistern können es sich kaum vorstellen, aber zu viel Leistungswillen und -druck sind ebenfalls nicht gut.

 »Der Kleine, der ist schon sehr erfolgsorientiert, der braucht dann eher eine Unterstützung zu sagen: ›Du, wenn es auch mal eine schlechte Note ist, gar kein Problem.‹ Aber der setzt sich selbst unter Druck. Und da den Druck wegzunehmen – den brauch ich beim anderen nicht wegzunehmen, der hat den gar nicht.«
Mutter, zwei Jungen, 5. und 8. Klasse, Gymnasium

Manchmal ist es unklar, woher der starke innere Leistungsdruck stammt. Manche Jungen machen sich selbst zu viel Druck, weil sie ein hohes Selbstideal haben, dem sie genügen möchten. Starker Leistungswille und Ungeduld können sich verstärken, und das kann dazu führen, dass der Junge enttäuscht oder deprimiert ist - und dann völlig aufgibt, wenn Ziele mit etwas längerem Atem erreichbar wären. Etwas zu stark zu wollen, sich verbissen dafür abzukämpfen, nimmt die Freude, führt zu Stress und Überanstrengung und lässt Misserfolge wahrscheinlicher werden.

 »Mathe fällt ihm total leicht, und da hat er gesagt, da schreibe ich jetzt eine Eins - und das muss er überhaupt nicht. Ich verstehe dann nicht, warum er sich vorher schon so einen Druck macht (...). Er hat dann seinen ersten Test zurückbekommen, und das war eine Drei. Wir waren eigentlich voll zufrieden, weil wir gedacht haben, dass das vielleicht ganz in die Hose geht - aber er war trotzdem total deprimiert und hat gesagt, er kann das nicht und so, also das fand ich ganz überraschend, weil das ja keine Katastrophe ist, eine Drei.«
Mutter, drei Söhne

Ziel ist also eine gewisse Ausgewogenheit: Zu große Anstrengung ergibt Überlastung und macht krank; zu wenig Anstrengung führt zur Trägheit, mit der Folge, dass man unzufrieden ist mit sich. Deshalb geht es darum, weder überanstrengt noch zu schlaff zu werden. Extreme zu vermeiden ist ebenfalls ein Lernschritt. Optimalerweise verfolgen Jungen es frühzeitig, also nicht erst, wenn sie sich ausgelaugt oder resigniert fühlen. Ich erkläre es Jungen, die zu Extremen neigen, so: Das Maß der Anstrengung und des Leistenwollens gleichen der Saite eines Instruments: Ist sie zu wenig gespannt, schlabbert sie nur rum, macht aber keinen Ton; wird sie zu angespannt, klingt sie schrill oder reißt ab. Was tun?

✳ Der Leitsatz für Eltern lautet: So weit wie möglich raushalten. Eltern könnten ihre Leistungserwartungen formulieren und versprechen, sich so lange aus den Schulangelegenheiten herauszuhalten, wie diese erfüllt werden, zum Beispiel wenn der Sohn im Stoff mitkommt und die Zeugnisnoten akzeptabel sind. Auf dieser Grundlage lassen sich Schulzeiten gelassen erleben, solange es keine größeren Abstürze gibt.

✳ Registrieren Sie Leistungen und wertschätzen Sie sie – aber nicht nur die Ergebnisse (Noten), sondern auch die Anstrengung, den Weg zur Note.

✳ Bei berechtigten Sorgen: Sprechen Sie es rechtzeitig an, nicht mit zu viel Druck, eher als Hilfs- oder Unterstützungsangebot – ob er es annimmt, entscheidet Ihr Sohn selbst.

✳ Im Zweifel kann es hilfreich sein, das Gespräch mit Lehrkräften zu suchen.

Die andere Seite: Leistung verweigern

Der wahrscheinlich häufigste Grund, warum Jungen Leistung verweigern: Sie sind wenig motiviert, haben einfach keine Lust, anderes ist ihnen wichtiger oder sie versuchen, sich zu drücken. Das sind alltägliche Hürden. Jungen benötigen in diesem Fall elterliche Beständigkeit, die das Erledigen mit liebevollem Nachdruck verlangt. Andere Gründe liegen tiefer, etwa Ängste, ein zu geringes Selbstwertgefühl oder das Gefühl der Überforderung. Hier ist von Eltern eher Einfühlung und ein behutsames Vorgehen erforderlich, dazu vielleicht auch Hilfe von außen, damit es nicht zur völligen Leistungsblockade kommt. In allen Fällen sollten Eltern ihren Sohn fordern und Tendenzen zur Verweigerung nicht nachgeben. Aber sie können ihn dabei unterstützen, aus der Verweigerungsfalle herauszukommen.

Es empfiehlt sich also, die Probleme, die hinter den Leistungsverweigerungen stecken, gemeinsam anzugehen. Vielen Eltern gelingt dies sehr gut, was sich darin zeigt, dass es relativ selten zur Totalverweigerung kommt, nicht einmal in der Pubertät. Wichtige Voraussetzungen sind hierfür, dass Eltern ihrem Jungen mit liebevollem Verständnis zur Seite stehen, mit Gelassenheit und einer Portion Humor. Hilfreich ist es, wenn Eltern im Verweigerungsfall bei sich und ruhig bleiben: Also nicht explodieren, rumbrüllen oder wüste Strafen androhen – solche Wutausbrüche der Eltern machen Jungen nur Angst und zeigen, dass Eltern ihre Führungskraft verlieren. Besser ist es, beharrlich die Aufgabe zu wiederholen.

Druck oder das Androhen von Strafen bewirken bei Leistungsverweigerung meist nichts: Jungen brauchen in solchen Situationen Erwachsene, die ihnen helfen, Pflichtgefühl zu entwickeln, Selbstvertrauen zu gewinnen oder ihre Ängste zu überwinden. Das kann je nach Alter, Thema und Situation ganz unterschiedlich vor sich gehen. Generell gilt: Je stärker die Verweigerung, desto intensiver der Unterstützungsbedarf des Jungen, auch durch professionelle Hilfe zum Beispiel von der Schulpsychologin oder durch eine Erziehungsberatung.

Radikalere Leistungsverweigerung und eine Blockadehaltung verweisen auf tiefer sitzende Probleme beim Jungen, in der Familie oder in der Schule. Deshalb müssen extremere Fälle von Schul- oder Lernverweigerung fachlich abgeklärt werden.

Oh, du Streber!

Neugierde, Interesse, Wissensdurst, Kompetenz und Freude am Lernen sind positive Eigenschaften, die das Schulleben für Jungen erträglicher machen. Dem entgegen steht der Vorwurf, ein Streber zu sein. Die meisten Jungen fürchten sich davor und stecken in einer Zwickmühle: Je besser die Note, desto größer die Angst, als Streber diffamiert zu werden. Studien belegen, dass es dem Ruf eines Jungen schadet, wenn er sich anstrengt, und zwar mehr, als es bei Mädchen der Fall ist: Jungen werden dafür von anderen bestraft. Die Angst vor dem Strebertum ist ein echtes Problem. Leider klagt die schulische Welt lediglich darüber, dabei ist es dringend notwendig, dass Eltern und Lehrkräfte deutlich Stellung beziehen.

 Jonathan ist im Gymnasium, siebte Klasse. Er kam geknickt nach Hause. Klassenkameraden haben ihn »Streber« genannt. Auf Nachfrage stellt sich heraus: nicht zum ersten Mal. Das vermiest Jonathan die Laune. Dabei ist er weder isoliert noch unsozial. Er macht Blödsinn, spielt Playstation allein und mit Freunden, geht zum Fußballtraining – aber er ist fleißig, macht seine Hausaufgaben und schreibt gute Noten. Der Vorwurf, ein Streber zu sein, ist wie ein Schlag ins Genick. Jonathan befürchtet, dass sich das Stigma festsetzen könnte, wenn er weiterhin gut in der Schule ist. Ein echtes Dilemma.

Nun könnte die Schuld einfach den Gleichaltrigen zugeschoben werden – aber Jungen erfinden diese Haltung nicht selbst. Leistungen werden bei uns oft missgünstig betrachtet, Jungen fügen sich in diese Abwertungskultur lediglich ein. In deutschen Schulen werden Erfolg und Leistung eher wenig anerkannt. In den USA dagegen herrscht ein anderes Leistungsklima. Vielleicht wird es dort übertrieben, aber Erfolg wird öffentlich gemacht, Schüler, die besonders gut im Unterricht sind, werden in Rundbriefen erwähnt, sportliche Siege werden bejubelt, soziale Leistung wird belohnt. Schüler lernen, dass Leistung anerkannt wird. Bei uns wirken andere Wertmaßstäbe, sodass Leistung eher peinlich scheint.

Der Strebervorwurf ist ein wirksamer Kampfbegriff der Mittelmäßigkeit. Mit ihm werden gute Leistungen oder aufmerksames Verhalten im Unterricht während der Pubertät zum Problem, vor allem während der Mittelstufe. Als Streber zu gelten ist für Jungen schlimm. Allein der phantasierte, noch mehr der reale Vorwurf führt dazu, dass viele Jungen unter ihren Möglichkeiten bleiben. Sie bringen nicht die Leistung, zu der sie eigentlich fähig wären, fachlich gesprochen handelt es sich um »Unterleistung« (Underachievement). Der Strebervorwurf senkt damit das Niveau der Gruppe insgesamt. Wenn sich gute und sehr gute Schüler mit ihren Leistungen konstruktiv in den Unterricht und ins außerschulische Lernen einbringen können, nützt das allen. Wenn sie sich aber zurückziehen oder selbst ausbremsen, ist das ein Schaden für die gesamte Klasse.

Eine Ursache der Streberdynamik liegt an der Benotung: In Deutschland wird die Topnote Eins selten vergeben, sie ist die Ausnahme und bewirkt damit Isolation. Zwischen dem Strebervorwurf und Schulnoten besteht nach einer Studie ein eindeutiger Zusammenhang: Je besser in Deutschland ein Schüler ist, desto mehr befürchtet er, Streber genannt zu werden. In Kanada haben Schüler ebenfalls Angst, als »Nerd« bezeichnet zu werden - allerdings: die guten ebenso wie die schlechten! Die Leistungsergebnisse sind dabei egal, es geht mehr ums Verhalten und um den sozialen Kontakt zu anderen. Die Bestnote A wird in Kanada relativ oft erreicht, es ist deshalb normaler, sehr gut zu sein. Bei uns spiegelt die Notenvergabe die Normalverteilungskurve wieder, und das liefert Material für eine Ausgrenzung nach oben.

Die Zugehörigkeit zum Pulk, zu den Gleichaltrigen ist vielen Jungen sehr wichtig. Wer dazugehören möchte, muss also in Richtung der Mitte tendieren. Deshalb zieht unsere Notenverteilung leistungsstarke Jungen nach unten und bremst die Motivation, besser zu werden oder zu den Topleistern zu gehören. Eine fatale

Situation. Die logische und einfache Lösung des Problems - die in Deutschland einer Revolution gleichkäme (und deshalb wenig Aussicht auf Erfolg hat) - wäre, das Benotungssystem zu verändern. Alle, die das Lernziel erreicht haben, bekommen eine Eins, und von dort aus geht es in Schritten abwärts. Es ist klar, dass der Strebervorwurf nicht funktioniert, wenn er ein Drittel aller Schüler treffen würde.

Unter Jungen ist der Strebervorwurf die Waffe der Unterlegenen. Sie halten es nicht aus, dass es Unterschiede unter Jungen gibt, vor allem solche, bei denen sie schlecht abschneiden. Manchmal hilft Jungen diese Aufklärung durch die Eltern: Wer Streber sagt, hat also vor allem selbst ein Problem. Er ist neidisch, beschämt oder fühlt sich unterlegen. Der Strebervorwurf unterstellt, dass Jungen mit guten Leistungen unsozial sind oder nicht offen für Spaß und Freundschaft. Dafür findet sich aber real kein Beweis, es ist Unsinn: Es gibt viele Jungen, die schlechte Noten haben und sich unfair verhalten. Und umgekehrt gibt es solche, die sozial engagiert sind, Spaß haben und lustig sind, sich fair verhalten, mit Spaß lernen, intelligent sind und gute Noten haben.

 Ein Beispiel aus meiner väterlichen Schulerfahrung: Unser Sohn hatte in der siebten Klasse noch ganz gute Noten, und er bekam als einziger Junge eine Belobigung. Die wenig einfühlsame Klassenlehrerin ging damit nicht etwa diskret um - wie unangenehm dies für Kinder in der siebten Klasse ist, sollte Lehrern bekannt sein -, sondern stellte beim Verteilen der Zeugnisse dies vor der ganzen Klasse noch ganz besonders heraus. Das war richtig peinlich für ihn. Und das war auch seine letzte Belobigung.

Die Wirkung des Strebervorwurfs entfaltet sich vor allem deshalb, weil er von allen geschluckt wird. Es ist wie beim Mobbing: Die schweigende Mehrheit stützt die Unkultur der Täter. Nur selten reagieren Jungen lautstark und positionieren sich – ein Ausdruck für fehlende Courage und Solidarität untereinander. Jungen müssen ermutigt werden, sich offen gegen Strebervorwürfe zu stellen. Auch Jungen, die nicht selbst direkt betroffen sind, sollten Stellung beziehen: »Das ist doch Blödsinn. Ich finde das unfair.«

Eltern können durch ihre Haltung ihre Söhne darin unterstützen, mit Interesse und guten Leistungen umzugehen. Ab der Pubertät zählen bei vielen Jungen die Gleichaltrigen dennoch mehr. Wenn Strebervorwürfe zum Problem werden, können Eltern direkt über die Lehrkräfte oder beim Elternabend das Thema auf den Tisch bringen, eine gemeinsame Haltung absprechen und den Jungen vermitteln. Teamarbeit, also Jungen zum gemeinsamen Lernen animieren, wirkt positiv – erst zusammen Hausaufgaben machen oder lernen, dann spielen. Umgekehrt hilft es in der Klasse, wenn Lehrkräfte soziales und kooperatives Verhalten der Jungen anleiten und unterstützen.

Allerdings zeigen leistungsstarke Schüler manchmal tatsächlich unsoziales Verhalten. Manche Jungen sind leistungsfixiert und arrogant, lehnen Fragen nach Unterstützung ab, machen sich über schlechtere Schüler lustig oder protzen mit ihren Leistungen. Dazu können sehr ehrgeizige Eltern mit einseitig ausgeprägten Leistungswünschen beitragen. Wenn ich mit Jungen in der Schule arbeite und mir so etwas auffällt, leite ich sie zur Differenzierung an: Es geht nicht um die Beleidigung dieser Jungen durch den Strebervorwurf, sondern um ihr unsoziales und unerwünschtes Verhalten.

Jungen klarzumachen, was erwünscht ist und was nicht, ist eine Aufgabe von Eltern und Lehrkräften gleichermaßen:

- **Eltern können Lehrkräfte** dazu anregen, das Streberproblem zum Thema zu machen, etwa in der Klassenlehrerstunde oder bei Projekttagen.

- **Andere als Streber** zu bezeichnen ist eine Abwertung und beleidigend und damit unerwünschtes Sozialverhalten. Eltern können sagen: »Ich will nicht, dass du andere wegen einer besseren Note als Streber bezeichnest. Und lass es nicht zu, dass ein anderer zu dir ›Streber‹ sagt.«

- **Gerechtigkeit, Toleranz und** Fairness sind wichtige und erwünschte Werte – nicht nur in der Schule, in der Familie oder in der Freizeit. Andere als Streber zu bezeichnen ist weder tolerant noch fair oder gerecht. »Eigentlich sollte das Wort Streber ersatzlos gestrichen werden.«

- **Unsoziales Verhalten wollen** weder Schule noch Eltern: Dazu gehört Überheblichkeit, also dass Jungen Noten überbewerten und ständig damit prahlen, dass sie einen verkrampften Ehrgeiz entwickeln und darüber hinaus keine Motivation kennen, dass sie Leistungsschwächere abwerten oder sich über sie lustig machen und Ähnliches.

- **Jungen können ermutigt** werden, bei Strebervorwürfen den Angreifer zu konfrontieren: »Was meinst du mit Streber? Ich meine damit überehrgeizig sein, sich einschleimen oder sich über andere lustig machen, weil sie schlechtere Noten haben. Mach ich das? Bin ich so? Also lass das, sag nicht Streber zu mir.«

- **Bei den Downloads** finden Sie ein Infoblatt zum Strebervorwurf, das Sie für Ihren Jungen herunterladen können.

5. Auf der Suche nach dem Turboantrieb

Jungen wie Eltern sind – aus unterschiedlicher Perspektive und Betroffenheit – oft gemeinsam auf der Suche nach der schulischen Motivation. Eltern interessiert brennend die Frage: »Wie mache ich aus meinem bequemen, unordentlichen, chillfreudigen Sohn einen hochmotivierten und engagierten Leistungsträger?« Wie schön wäre es, gäbe es einen Kniff, eine Pille oder einen Zauberspruch, und die Motivation beim Jungen würde sich schlagartig einstellen. Leider muss ganz nüchtern festgestellt werden: Es gibt keinen Trick, um Jungen zu mehr Leistung zu motivieren. Schon vor dem Eintritt in das Jugendalter weisen Jungen *in* der Schule weniger Lernfreude auf, also eine weniger positive Haltung der Schule gegenüber. Dieser Abstand verändert sich im weiteren Schulverlauf nicht weiter, Jungen verlieren in der Sekundarstufe also nicht noch mehr von ihrer ohnehin geringeren Lernfreude – aber sie stagniert auf niedrigerem Niveau. Kein Wunder, dass Motivation deshalb ein Schlüsselthema des Jungenerfolgs in der Schule darstellt.

Sich zu motivieren kann für Jungen allein wegen des schlechten Images schwierig sein, das Schule in Jungenaugen hat. Deshalb entwickeln sie oft wenig Einsatz, sich anzustrengen. Und aufflackernde Motivation wird mit dem Seitenblick auf Gleichaltrige dezent verborgen. Ohne Motivation fällt es schwer, Interesse zu entwickeln, sich zu konzentrieren, Durchhaltevermögen zu beweisen, sich zielgerichtet zu organisieren oder selbstständig zu arbeiten. Aber auch für die Schule ist es mit der Jungenmotivation nicht einfach. Das liegt oft an der aussichtslosen Idee, Jungen für Dinge begeistern zu wollen, die sie nicht interessieren, und umgekehrt die Inhalte oder Interessen zu übergehen, die Jungen reizen oder spannend finden. Die allermeisten Jungen sind ja durchaus motiviert: wenn es darum geht, mit der X-Box oder am Computer zu spielen, sich mit Freunden zu treffen, sich in riskante Aktivitäten zu stürzen, an Alkohol zu kommen - dafür braucht es nicht viel Überredungskunst. Für Schule schon.

Motivation wirkt generell mit zwei gegensätzlichen Kräften: etwas zieht und lockt oder etwas schiebt und macht Druck. In unterschiedlichen Schülerphasen brauchen Jungen verschiedene Motivationsschübe, mal ein wenig Ansporn durch Nachdruck oder Überzeugung - »es hilft nichts, es muss einfach sein« - und mal mehr das Locken durch attraktive Ziele. Je älter Jungen werden, desto größer können die Ziele werden, und sie verknüpfen sie mit den konkreten Aufgaben. Das ist oft ein weiter Weg und ein noch längerer Lernprozess, der nicht durch eine einmalige Einsicht vollzogen wird.

Was bewegt Jungen?

Der Begriff »Motivation« kommt vom lateinischen Wort *movere*, und das heißt: bewegen. Motivation fragt also danach, was Jungen in Bewegung setzt, sie zum Handeln bringt. Interessanterweise wird in der Schule ja versucht, den Bewegungsdrang von Jungen zu unterbinden - möglicherweise treibt man ihnen damit einen Teil ihrer Motivation aus.

Generell werden Menschen durch das Streben nach Zielen zum Handeln gebracht, und Motivation meint dabei den Prozess der Aktivierung: Es gibt ein attraktives Ziel oder ein Motiv, das erreicht werden soll - und dafür setzt man sich handelnd ein. Naheliegende und direkte Motive sind körperliche Bedürfnisse wie Müdigkeit, Hunger oder Durst. Die meisten Jungen haben kein Problem damit, hier angemessene Motivation zu entwickeln: »Ich habe Hunger, das Ziel ist Sättigung - ich bestelle Pizza.«

Alexander: »Weil es (Schule) halt vielleicht nicht so viel
Spaß macht wie andere Sachen.«
Interviewer: »Was zum Beispiel?«
Sebastian: »Playstation spielen!«
Alexander: »Was mit Freunden halt.«
Sebastian: »Freunde. Sport. Playstation spielen.«

Sebastian (13), Alexander (13), beide 8. Klasse,
Gemeinschaftsschule

Grundsätzlich ist Motivation angeboren. Alle Menschen wollen sich entwickeln, wachsen und lernen. Motivation ist dafür eine Lebensenergie und für den Lernerfolg ausschlaggebend. Was aber im Jungenleben gerade in der Pubertät oft geschieht, ist, dass die Motivation von Jungen abgebremst wird, dass ihre Motive abgewertet werden, um ihnen ihren Unsinn auszutreiben, kurz: sie zu demotivieren. Möglicherweise ist ein Teil des Motivationsproblems von Jungen, dass sie ständig demotiviert werden? Als ein Ziel der Motivierungsbemühungen sollte deshalb gelten, Jungen möglichst wenig oder gar nicht zu demotivieren.

Schule macht leider genau dies an vielen Stellen. Besonders brisant wird es, wenn schlechte Schule auf die bequeme Einstellung des Jungen trifft.

»Das andere war natürlich auch Tibors Faulheit, muss man
schlichtweg sagen. Es ist nicht nur die Schule schuld, aber
das spielt schon eine große Rolle. Und dass er keinen Sinn
gesehen hat im Lernen (...). Da war natürlich auch keine
hohe Motivation da, dagegen anzugehen, das hat er so laufen
lassen. Das war eh einfacher und bequemer, aber alles andere
als gut für sein Selbstbewusstsein.«

Mutter, ein Sohn, eine Tochter

»Faul sein« ist häufig eine Chiffre für eine problematische Einstellung der Schule gegenüber. Sie bietet sich an, um Schule mit dem Männlichen in Deckung zu bringen, Faulheit gilt als cool. Es gibt T-Shirts mit dem Aufdruck »Wer fauler ist als ich, ist tot«. In der Arbeit mit mäßig motivierten Schülern fällt auf, dass sie sich gern mit dem Begriff »faul« charakterisieren und es deshalb schwierig finden, ihre Blockade zu überwinden. Faulsein zählt als Entschuldigung: »Ich bin halt faul.« Nicht nur für die Jungen selbst, auch Eltern übernehmen das: »Er ist eben faul.« Und wenn der Vater sich im Rückblick selbst so darstellt, fällt es dem Sohn noch leichter, sich ebenfalls so zu sehen. Faulheit findet sich auch bei Mädchen, aber viel weniger; in Köln gibt es an einem Gymnasium eine »Sprechstunde für faule Schüler« – 90 Prozent davon sind Jungen! Oft wird die Selbstdefinition als »faul« Teil der Identität, mit einem positiven Nebeneffekt fürs Selbstbild: besser faul als doof. Da kann es schwierig werden, einen Teil davon wieder loszulassen: Der Junge steckt damit in einer Falle. Sie zu erkennen ist ein erster Schritt; die eigene Motivation zu finden und sich zu erlauben, sich für seine Ziele anzustrengen, der nächste.

Auf der andern Seite fehlt es aber offenbar an Anziehendem, an attraktiven Zielen und glaubwürdigen Versprechungen, für die es sich lohnt, die Mühen des Lernens auf sich zu nehmen, Bedürfnisse im Jetzt aufzuschieben, um in der Zukunft zu profitieren. Um solche Ziele zu finden, brauchen Jungen Anregungen, Ermutigung, Bestätigung, aber auch Zeiten und Räume. Es müssen sich im Alltag immer wieder Lücken öffnen können, in denen sie sich selbstorganisiert entwickeln können. Unverplante Zeiten, die nicht schnell durch Medienkonsum gefüllt werden, Momente der Langeweile sind notwendig, um auf sich, auf die eigene Motivation zu kommen und darin längerfristige Perspektiven zu finden.

Interviewer: »Du lernst nicht gern. Wie kriegst du es denn hin, dass du es trotzdem machst?«

Luka: »Ja – es muss halt sein irgendwie. Ja, wenn ich es nicht machen würde, dann würde ich ja die Klassenarbeit, also wenn wir jetzt eine schreiben würden, würde ich ja eine Sechs kriegen oder so.«

Interviewer: »Und das willst du vermeiden?«

Luka: »Ja.«

Interviewer: »Dann stellst du dir vor, was passieren würde, wenn du nicht lernen würdest?«

Luka: »Ja. Und das treibt mich dann an.«

Luka (10), 5. Klasse, Gymnasium

In unserer unübersichtlichen Wissens- und Bildungsgesellschaft kommt es auf komplexere und langfristig angelegte Formen der Motivation an. Im großen Rahmen geht es darum, wie glaubhaft eine Gesellschaft vermitteln kann, dass das Handeln im Jetzt tatsächlich dazu beiträgt, meine Ziele in einer fernen Zukunft zu erreichen. In dieser Hinsicht haben Jungen derzeit vielleicht eine größere Unsicherheit als Mädchen: »Werde ich *als Mann* zukünftig gebraucht?« Denn wenn es um Geschlechter in der Gesellschaft geht, bleiben Männer meist links liegen – gebraucht werden Frauen: Es geht um fehlende Frauen in MINT-Fächern, die Vereinbarkeit von Familie und Beruf für Mütter, um mehr Frauen in Führungspositionen. Ohne Frage sind das sehr wichtige Anliegen. Für Jungen bedeutet diese Perspektive aber, dass sie »als Männer« egal oder überflüssig sind. Die Frage, wofür die Gesellschaft künftig welche Männer braucht, kann derzeit nicht beantwortet werden. Das spüren Jungen.

Wenn wir von Computer- und Konsolenspielen etwas lernen können, dann das, wonach sich ein Junge sehnt. Sie vermitteln ihm ständig die Botschaft: »Du bist toll, du kannst was, du kennst dich aus, du hast so viele Fähigkeiten - super!« Die defizitorientierte Schule dagegen und mit ihr die Eltern senden stattdessen: »Das kannst du nicht, das musst du noch lernen, hier fehlt es an Kompetenzen.« Jungen haben schon aufgrund ihrer Bewertung von Schule eine geringere Motivation, bestimmte Verhaltensweisen zu entwickeln oder zu zeigen, die für den schulischen Erfolg von Bedeutung sind: Sorgfalt, Gründlichkeit oder Exaktheit sind bei Jungen in der Tendenz nicht so ausgeprägt, Eigenschaften wie Gewissenhaftigkeit oder Kooperation und Verträglichkeit sind bei Jungen weniger stark entwickelt - aber mit mehr Motivation lassen sie sich durchaus von Jungen entfalten.

Motivationsfelder finden

Leistungsmotivation entsteht dann, wenn ein Zustand im Jetzt unbefriedigend ist und es ein erstrebenswertes Ziel gibt: Diese Zielspannung kann - in beschränktem Umfang - von Erwachsenen erzeugt werden: »Wenn du das hinbekommst, dann ...«; »du bist ein ... wenn du das schaffst«. Weil diese Motivation von außen kommt, ist die Wirkung beschränkt, diese Formen der sogenannten extrinsischen Motivation tragen nicht weit. Gesucht wird vielmehr nach der inneren, eigenen, der intrinsischen Motivation des Jungen.

Und hier wird ein grundlegendes Problem von Schule erkennbar: Es ist unmöglich, ständig intrinsisch motiviert zu sein und sich für alles wirklich zu interessieren (und seien wir ehrlich: So geht es uns Erwachsenen doch auch!). Dazu muss man sich nur kurz einen durchschnittlichen Schultag mit seinen wechselnden Themen vorstellen: unregelmäßige Verben in Englisch, Kommaregeln in Deutsch, Mitternachtsformel in Mathe, Wirtschaft im Ruhrgebiet in Geografie und so weiter - es ist doch klar: Für all das wirklich interessiert und innerlich motiviert zu sein, das geht kaum. Dementsprechend schwer ist es für Jungen, die Bezüge zur eigenen Motivation herzustellen. So braucht es andere Motivationsfelder, die sie dabei unterstützen, dennoch dranzubleiben. Sie zu finden und weiterzuentwickeln ist die Aufgabe für Jungen, Eltern und Schule gleichermaßen.

Für die Entwicklung der eigenen, der intrinsischen Motivation gibt es drei elementare Komponenten: Kompetenz, Autonomie und Zugehörigkeit.

→ *Kompetenz:* Sich als kompetent zu erleben stützt sich auf die Erfahrung und das Vertrauen, dass gestellte Aufgaben lösbar sind. Wertschätzende Rückmeldungen unterstützen Jungen darin, sich selbst als kompetent zu sehen. Jungen motiviert, wenn sie sich als kompetent und erfolgreich erleben. Die Erfahrung von Selbstwirksamkeit, dass sich durch das Anstrengen Erfolg einstellt, stimmt positiv, macht gute Gefühle, als kleine Siege über das innere Faultier oder den Stolz, etwas »bringen«, etwas leisten zu können.

Die Erfahrung der Kompetenz führt zu einer positiven Selbstwirksamkeitserwartung (»ich schaffe das, ich kann das, und falls nicht, werde ich es lernen«), damit stellen sich leichter Erfolge und die Erfahrung von Kompetenz ein, was wieder die Selbstwirksamkeit antreibt. Dies trägt dazu bei, das Rad der Motivation weiter anzutreiben. Umgekehrt geraten abgewertete oder überforderte Jungen nach dem gleichen Mechanismus zügig in eine Abwärtsspirale.

»Und dann – was kannst du schon? Also immer auf diesem: Ich kann das und das, und was kann ich noch nicht? Das Ziel, das sehe ich dann auf einen Blick.«
Mutter, zwei Jungen, 5. und 8. Klasse, Gymnasium

→ *Autonomie:* Jungen wollen etwas Besonderes sein, sie möchten herausstechen aus der Masse und sich als eigenständig empfinden. Das Bedürfnis der Autonomie hängt damit zusammen, sich als selbstbestimmt wahrnehmen, sich als Ursache des Handelns erleben zu wollen. In der Schule wird dies im Wunsch nach Wahlmöglichkeiten oder Handlungsspielräumen erkennbar, wenn Arbeitsprozesse selbst gestaltet werden können. Autonomie meint nicht totale Freiheit oder Beliebigkeit, sondern ist sozial eingebunden. Ein wertschätzendes und am Einzelnen interessiertes Lernklima unterstreicht das Erleben von Autonomie: »Was meinst du, ja genau du, dazu? Es ist interessant, wie du darüber denkst.« Die Idee, selbst bestimmen zu können, eine Wahl zu haben oder in dem, wie etwas gemacht wird, einzigartig zu sein, fördert das Gefühl der Autonomie. Autonomie ist mit dem Männlichen verknüpft (der einsame Cowboy, der allein kämpfende Held) und insofern ein männlich inspirierter Motivator. Entscheidungen treffen zu können, sich selbst darzustellen und zu zeigen, auszuwählen – das motiviert Jungen.

→ *Zugehörigkeit:* Gleichzeitig motiviert das Gefühl dazuzugehören. Zugehörigkeit heißt Beziehung, Verbindung, In-Kontakt-Sein; ohne Beachtung und Zuwendung gibt es keine Motivation. Dafür sind tragfähige und vertrauensvolle Kontakte zu Menschen hilfreich, die das Lernen und die Entwicklung des Jungen begleiten, aber auch Bindungen zu Gleichaltrigen. Kooperatives Lernen kann diese Erfahrung unterstützen. Dazuzugehören oder etwas dafür zu tun, relativ sicher dabeizubleiben, fördert die Motivation: Das Gefühl sozialer Einbindung schließt an Verbundenheit, Sicherheit und Resonanzerfahrung an. Der Junge ist für andere wichtig, es ist gut, dass er dabei ist – dafür lohnt es sich, sich anzustrengen. Viele Jungen sind stark auf andere orientiert, besonders auf die Gruppe der Gleichaltrigen (was durchaus dazu motiviert, Quatsch zu machen, aber auch, sich für eine Versetzung anzustrengen). Interesse und Anteilnahme der Eltern am schulischen Leben des Jungen bilden eine weitere Form der Zugehörigkeit.

Was zu Motivationsverlusten führt, sind entsprechend soziale Ausschlusserfahrungen, der Verlust von Autonomie und das Erleben oder die Zuschreibung von Inkompetenz. Wer Jungen ihre Motivation austreiben möchte, der verwendet Sätze wie »Du fliegst jetzt gleich raus«; »Dich können wir hier nicht brauchen«; »Du hast hier gar nichts zu sagen«; »Du kannst ja überhaupt nichts«. Leider sind solche Sätze dort gang und gäbe, wo Lehrkräfte nicht mit Jungen zurande kommen.

Bilder des Erfolgs, der eigenen Stärke oder Großartigkeit sind die Quellen, die Jungen über längere Strecken motivieren können. Sie müssen oft mühsam gefunden werden, Eltern und Lehrkräfte tun gut daran, Größenphantasien von Jungen nicht mit trockenem Realitätsbezug abzulöschen (»Profifußballer? Das schaffst du doch eh nie!«). Mit ihrer inneren Grandiosität verknüpfen Jungen oft unreflektiert die Motivatoren Kompetenz, Zugehörigkeit und Einzigartigkeit in tragfähigen Bildern.

 »Ich glaube nicht daran, dass die Angst vor dem Verlieren dich eher zum Sieger macht als die Lust aufs Gewinnen.«
Jürgen Klopp

Jungen hilft es, wenn Eltern und Lehrkräfte sich an Potenzialen ausrichten und dabei sogar bis an die Grenzen der Überforderung gehen. Das zeichnet gute persönliche Autorität aus, erfolgreiche Trainer haben genau dafür ein Händchen. Sie vermitteln Jungen, dass ihnen etwas zugetraut wird, dass sie in ihnen etwas sehen, was sie selbst noch gar nicht erkennen. Auch bei Schwierigkeiten fühlen Jungen die Haltung: »Ich weiß, dass du zu besseren Leistungen fähig bist; ich vertraue dir, ich glaube an dich - jetzt glaub an dich selbst und streng dich an!« Berührend ist dies in *Rhythm is it*, einem Dokumentarfilm über ein Tanzprojekt mit Schülern und den Berliner Philharmonikern. In einer Szene ist der Tänzer und Trainer Royston Maldoom zu sehen. Er hat sich Respekt bei den Schülern erarbeitet, aber die Schüler machen nicht richtig mit, sie sind unmotiviert und arbeiten nur unkonzentriert. Darauf reagiert Maldoom mit einer bewegenden Ansprache. Er spricht von sich und seiner sinkenden Motivation, dass er Lust hätte, jetzt alles hinzuschmeißen, weil mit dieser Arbeitshaltung nichts Hervorragendes erreicht werden kann. Dann redet er von den Schülern und sagt: »Ich glaube an euch, und ich weiß etwas, das ihr selbst noch nicht wissen könnt, dass ihr nämlich zu noch größeren Leistungen fähig seid.« Die Schüler sind völlig überrascht, es gibt eine Viertelstunde Pause. Und das war die Wende, der Ruck, ab jetzt schwingt die Motivation.

»Jungen kann man motivieren, wenn der Lehrer sagt: ›Hey, da steckt mehr in dir drin, zeig mal was.‹ Dann kommt das auch. Das kann nicht immer nur die Mutter oder der Vater sagen. Die (Lehrkräfte) müssen schon auch mehr auf die Stärken eingehen, und das kann nicht jeder Lehrer. Gerade Lehrerinnen sind da nicht immer so. Wenn sie selber Kinder haben und zwei Jungs, dann wissen sie es, aber so – es gibt ja viele, die keine Kinder haben.«
Mutter, drei Söhne

Bei den Downloads finden Sie ein Infoblatt zur Selbstmotivation, das Sie für Ihren Jungen herunterladen können.

6. Misserfolge und Scheitern ermöglichen und bewältigen

Scheitern ist die andere Seite von Erfolg und Leistungsfähigkeit: einer Leistungserwartung nicht zu genügen, zu versagen, einen Misserfolg zu erleben. Fehlschläge gehören zum Lernen und zur Entwicklung dazu, sie motivieren im Idealfall, sich neu auszurichten oder sich mehr anzustrengen. So gehört Scheitern zu den Grundbedingungen des Handelns und Experimentierens. Alles kann erfolgreich sein, aber auch misslingen. Insofern könnten wir alle uns entspannt aufs Scheitern einstellen und vielleicht enttäuscht, aber hoffnungsfroh damit umgehen: Wenn nicht diesmal, dann wird es schon beim nächsten Mal klappen. Doch besonders wenn Jungen in der Schule Probleme haben, wird vielen bewusst, dass das eben nicht so einfach ist. Scheitern hat für Eltern oft eine bedrohliche Seite. Der erschreckenden Möglichkeit des Versagens wollen sie lieber ausweichen, das Scheitern des Jungen gilt es zu vermieden, er soll geschont werden.

Scheitern gehört dazu

Für Kinder und Jugendliche können kleinere Misserfolge und größeres Scheitern wichtige Erfahrungen darstellen. Sie unterstreichen, dass das eigene Handeln beziehungsweise der Verzicht darauf Konsequenzen hat: »Ich bereite mich nicht vor, also schaffe ich die Aufgabe nicht«; »Ich trainiere nicht, also komme ich nicht über die Hürde«. Zudem belegt die Erfahrung, dass Scheitern kein Untergang ist; es ist vielleicht kränkend oder bitter, aber es kann bewältigt werden. Scheitern kann sogar positive Nebeneffekte haben, wenn der Junge echtes Mitgefühl oder Ansporn für bessere Leistungen erfährt, wenn aus der Erfahrung gelernt wird. Ein Misserfolg muss deshalb kein Drama sein, sondern kann einen Impuls in Richtung Selbstverantwortung setzen, Kinder oder Jugendliche erleben sich dann als selbstwirksam. So sind Misserfolge und gelegentliches Scheitern an Leistungserwartungen Erlebnisse, die im Idealfall dazu führen, dass Jungen Respekt vor Aufgabenstellungen bekommen, aber keine Angst oder Panik vor dem Scheitern entwickeln. Diese Erfahrung wird ein Element ihrer Risikokompetenz.

Dafür braucht der Junge aber Eltern, die ihm die Verantwortung überlassen, die ihn das Risiko des Scheiterns eingehen lassen. Viele Eltern können das, weil sie sehen: Der Junge schafft es ja ganz gut in der Schule. Oder sie nähern sich an, indem sie das Kümmern um Schulangelegenheiten allmählich zurückfahren. Aber manche Mütter und Väter tun sich sehr schwer dabei, weil sie es schlecht aushalten können, wenn sie ihr Kind enttäuscht oder niedergeschlagen sehen. Dann greifen Eltern ein, übernehmen die Verantwortung, sorgen dafür, dass genügend Zeit fürs Lernen bleibt, sie erinnern an Aufgaben oder Klassenarbeiten, sie lernen gemeinsam mit dem Jungen – und sind mit ihm erfolgreich. Eine wichtige Grenze zwischen Eltern und Kind verschwimmt oder löst sich ganz auf.

Sicher sind auch Eltern von Misserfolgen der Söhne betroffen. Dennoch sind sie kein Grund, in Hilflosigkeit, Hoffnungslosigkeit oder Stagnation abzuleiten. Anstatt in Depression zu versinken, sich selbst unfähig zu fühlen oder in Aktivismus zu verfallen, empfiehlt es sich gerade dann, einen Schritt zurückzutreten, um Distanz zu bekommen. Es kann helfen, sich dafür Zeit zum Nachdenken zu nehmen, um sich nach Sinn und Zweck des Ganzen zu fragen: »Worauf kommt es letztlich wirklich an? Was bringt uns wirklich Glück?« Antworten relativieren meist das aktuelle Problem. Auf dieser Grundlage können Prioritäten neu gesetzt und die nächsten Schritte gegangen werden.

Stets vom Scheitern verschonte Jungen neigen dazu, anderen die Schuld am eigenen Unvermögen zu geben. Sie haben nicht gelernt, Verantwortung für ihre eigenen Schulaufgaben zu übernehmen, brauchen dies auch gar nicht - weshalb sollten sie es also tun? Sie können sich ja darauf verlassen, dass sie schon rechtzeitig darauf hingewiesen und durch die Aufgaben geschoben werden. Gleichermaßen sinkt die Selbstsicherheit der Jungen, sie können nicht darauf vertrauen, dass sie sich allein zum Erfolg bringen können. Als weiterer Nebeneffekt steigt die Angst vor Misserfolg und Scheitern, denn wer nie gelernt hat, zu verlieren, steht zunehmend unter Zwang, zu gewinnen, der Leistungsdruck steigt, weil die fehlende Erfahrung das innere Bild des Scheiterns übergroß werden lässt. So gesehen besteht auf der Elternseite fast schon die Pflicht, den Sohn scheitern zu lassen, vor allem dann, wenn er diese Erfahrung selbst und zumindest halb bewusst riskiert. Eltern, die das Scheitern des Kindes schlecht aushalten, sind oft erstaunt darüber, was von ihnen verlangt wird, sie fragen fast entsetzt: »Soll ich etwa meinen Sohn voll gegen die Wand fahren lassen?« Dürfen Eltern den Jungen sehenden Auges in einen Misserfolg steuern lassen?

Ja, das kann notwendig sein. Es geht dabei wohlgemerkt nicht darum, den Sohn bösartig in eine Falle zu locken, ihm eins auszuwischen oder ihm zu beweisen, dass er selbst nicht in der Lage ist, sein Leben auf die Reihe zu bekommen. So eine Haltung schmeckt nach Macht und Gewalt, und das ist überhaupt nicht gefragt. Allerdings brauchen Jungen die Erfahrung der Selbstwirksamkeit, also dass sie selbst die Ursache sind von Wirkungen, die sich daraus ergeben. Das Risiko des Misserfolgs auszuhalten ist deshalb ebenso eine Aufgabe von Eltern wie die, Jungen zu unterstützen, wenn sie um Hilfe bitten. Sicher erhöht die Zurückhaltung der Eltern kurzfristig die Gefahr, dass der Sohn Misserfolge erlebt. Umgekehrt steigert langfristig ein zu starkes Engagement der Eltern das Risiko erheblich, dass der Sohn wirklich scheitert, an Stellen, wo es nicht nur um eine Drei im Diktat oder um ein gut vorbereitetes Referat geht.

Ehen scheitern, Unternehmensgründungen und berufliche Karrieren ebenso – wieso sollen nicht auch Jungen in der Schule scheitern? Das Scheitern zu ermöglichen heißt nicht, es zu fördern, aber es als eine Möglichkeit des Handelns zu erlauben und die panische Angst davor zu nehmen. Misserfolge und ihre Folgen sind wichtige Facetten des Lebens. Sie wollen erlebt werden, wenn sie anstehen, können positive Wirkungen zeigen und sollten Jungen deshalb nicht aus Überfürsorglichkeit heraus verwehrt werden. Dazu neigen manche Eltern besonders deshalb, weil der Junge männlich ist.

Männlich scheitern

Mit dem drohenden Scheitern ist eine geschlechtliche Verdichtung oder Zuspitzung verbunden. Scheitern ist Jungen (noch) weniger erlaubt als Mädchen, es scheint in den Folgen für Männer gravierender als für Frauen. Denn jedes Scheitern bedroht die einzige Option der männlichen Lebensgestaltung: den Beruf und gleichzeitig eine imaginierte Familie, also Frau und Kinder, die vom Erfolg des Mannes im Beruf abhängig sind. Eltern fühlen den männlichen Druck zunächst mehr als Jungen, weil sie sich ja selbst schon im Erwachsenenalter und in dieser entscheidenden Lebensphase befinden, in der der väterliche Beruf eine Grundlage des Familienlebens darstellt. Zusätzlich zur allgemeinen kommt also eine männliche Misserfolgsvermeidung mit ins Spiel. Sie bläst die Gefahr des Scheiterns auf: Die zweite Fünf in Mathe ist nicht nur eine weitere schlechte Note, sondern sie bedroht die männliche Zukunft.

Die Angst vor dem Scheitern drückt es aus, dass Misserfolge auf die ganze Person ausstrahlen. Das böse Wort »Versager« bringt diese Aufladung auf den Punkt, es droht demjenigen, der häufig oder ganz grundlegend nicht das Erwartete erfüllt. Der Begriff verstärkt sich geschlechtlich, er kann sicher auch ein Mädchen oder eine Frau treffen, aber Jungen spüren, dass damit ihr Männlichsein im Kern und persönlich gemeint ist: Ein Versager ist impotent – entweder sexuell oder eben in Ausbildung und Beruf.

Obwohl – oder vielleicht gerade weil – das Scheitern als männliche Katastrophe verhandelt wird, gehört es stärker zur Erfahrung von Jungen in der Schule. Erinnern wir uns an die Fakten: Jungen müssen zum Beispiel häufiger eine Klasse wiederholen oder das Gymnasium wegen zu schlechter Leistungen verlassen – so waren beispielsweise von den 688 Schülern, die im Schuljahr 2014/15 in Hamburg am Ende von Klasse sechs das Gymnasium verlassen mussten, fast zwei Drittel Jungen (434 Schüler). Je größer die Angst der Eltern ist, ihr Sohn könnte scheitern oder sich gänzlich als Versager entpuppen, desto stärker ist ihr offener oder unterschwelliger Druck auf ihn. Je stärker polarisiert wird, desto problematischer ist es. Hohe Leistungserwartungen produzieren einen Erfolgszwang, damit steigt aber gleichzeitig die Angst, zu scheitern und ein Versager zu sein. Hinter großspurigem Auftreten von Jungen, hinter aggressivem Verhalten verbergen sich häufig Selbstzweifel oder die Angst vorm Versagen. Wer in der Schule, zu Hause oder im Zusammensein mit anderen Jungen immer nur Misserfolge erlebt, kann kein stabiles Selbstwertgefühl entwickeln.

Durch die Bildungsexpansion stammen viele derzeitige Eltern aus der sozial aufgestiegenen Generation. Sie haben es tatsächlich »weiter gebracht« als ihre eigenen Eltern. Dieser Aufstieg sorgt jedoch für eine weitere Erhöhung des Drucks, vielleicht wieder besonders auf Jungen: Ein drohender Abstieg wird als außerordentlich bitter bewertet. Deshalb muss der Sohn aufs Gymnasium, und er muss das Gymnasium unbedingt schaffen; er muss studieren – sei es mit Druck, gutem Zureden, mit Nachhilfe ab der Grundschule. Bei so viel Investment steigt die Angst vor dem Scheitern. Begabungen, Kompetenzen und Talente sind aber ungleich verteilt, in ihrem

Entwicklungstempo sind Kinder verschieden. Es kann statistisch nicht sein, dass alle Kinder schon in der vierten Klasse reif fürs Gymnasium sind oder alle fürs Studieren geschaffen sind. Ich kenne junge Männer, die von den Eltern in ein Studium geschleift wurden und plötzlich merken, dass sie genau wissen, was ihre Eltern wollen, aber keinen Bezug zu ihren eigenen Interessen, Stärken oder Sehnsüchten haben. Manche versagen dann genau aus dem Grund, um dies herauszufinden, und müssen sich mühsam auf den Weg zu ihrer inneren Motivation machen; andere scheitern, um sich darüber von ihren Eltern und deren Druck lösen zu können.

Anstatt dauerhaft mit der Angst vor dem Scheitern zu leben, lohnt es sich vielleicht, in Erwägung zu ziehen, dass aus dem Sohn ein stolzer Facharbeiter, ein kompetenter Händler oder geschickter Handwerker werden könnte, wenn seine Fähigkeiten dementsprechend gelagert sind. Studieren kann der Junge immer noch, wenn es denn nötig ist und sich die eigene Motivation einstellt, vielleicht in der zweiten Runde oder nach der Ausbildung.

»Nein, wir haben auch in der Pubertät nicht viel Druck gemacht. Natürlich wusste Jan, dass wir es schon gern hätten, dass er das Abi macht. Aber wir haben ihm gesagt und das so gemeint: ›Du musst nicht unbedingt aufs Gymnasium. Du kannst auch eine Lehre machen, vielleicht Bürokaufmann? Aber wenn du Abi machen willst, dann musst du was dafür tun und dich anstrengen.‹ Und das hat dann allmählich geholfen, weil es seine Entscheidung war.«
Vater, eine Tochter, ein Sohn

Eine ganz andere Einstellung zum Scheitern, die offenbar aus dem Blick geraten ist, findet sich in männlichen Heldenmythen. In allen Heldengeschichten ist das Scheitern fast schon Programm. Parzival als Prototyp westlicher Helden versagt im entscheidenden Moment völlig, er hat seine Chance vertan, jeden Respekt verloren und lange Zeit keine Aussicht, wieder anerkannt zu werden. Erst allmählich stellt sich heraus, dass dieses Scheitern eine entscheidende Station auf seinem Weg war, ein Durchgang, der ihn dazu brachte, zu seiner wirklichen Größe zu wachsen.

Natürlich jubeln Eltern nicht, wenn Jungen scheitern, sie dürfen sich Sorgen machen, in der Not mit dem Jungen mitleiden und mitfühlen - aber aus der Erwachsenenposition heraus haben sie eine andere Sichtweise. Sie können wissen, dass Kinder und Jugendliche aus den Tiefen heraus ihre Höhen finden. An dieser Stelle haben Väter eine besondere Bedeutung für Jungen, wenn sie von ihren eigenen Misserfolgs- und Scheitererfahrungen berichten und mitfühlen, wie schmerzhaft das ist, aber auch schildern, wie sie es wieder herausgeschafft haben. Daraus erwächst eine Zuversicht, die Jungen vermittelt werden kann: Auch mit einem großen Misserfolg geht nicht die ganze Zukunft zugrunde, es ist eine Aufforderung, sich neu zu orientieren, das Ziel nicht aus den Augen zu verlieren.

Ihr Sohn scheitert? Kein Beinbruch, sondern eine Chance! Wie umgehen mit dem Scheitern?

* **Nicht die Angst** vorm Scheitern, sondern die Freude an der eigenen Kompetenz und ihre Lust auf den Erfolg motivieren Jungen. Dafür brauchen sie Eltern, die ihnen etwas zutrauen – auch, dass sie Misserfolge bewältigen werden.
* **Vermeiden Sie es,** dem Jungen nach dem Scheitern noch Schuldgefühle zu machen (»Selber schuld, du hättest eben mehr lernen sollen!«); stellen Sie besser den Zusammenhang her mit seiner Selbstwirksamkeit: Das, was er tut – oder nicht –, hängt eng mit dem zusammen, was passiert.
* **Formulieren Sie nach** Scheitererfahrungen die Befürchtungen positiv: »Pass auf, dass du den Anschluss behältst!« (Nicht: »Pass auf, dass du nicht abstürzt!«)

✳ Werfen Sie nach mehreren, auch großen Misserfolgen des Sohnes nicht die Flinte ins Korn, sondern sehen Sie dies als lebenswichtige Erfahrungen. Dies ist eine große Herausforderung für Eltern, an der sie wachsen können.

✳ Streichen Sie das böse Wort »Versager« aus Ihrem Wortschatz.

✳ Verlassen Sie sich auf positive Wirkungen des Scheiterns.

✳ Die positive Aussicht drückt das Vertrauen in die Bewältigungsstärke des Jungen aus: je bodenloser der Tiefpunkt, desto größer der Erfolg am Ende.

✳ Holen Sie sich rechtzeitig Hilfe und helfen Sie bei Bedarf dem Sohn, sich Hilfe zu holen: Sich aus dem Sumpf zu befreien muss nicht heißen, dies allein zu tun. Verzweiflung und Depressionen sind absolut nicht der Sinn des Scheiterns.

7. Unordnung – ohne darin unterzugehen

Zahlreiche Jungen stolpern insgesamt ziemlich ungeplant und unsortiert durch ihr Schülerleben. Und viele Eltern stöhnen: »Warum sind Jungen oft so chaotisch? Und was um Himmels willen lässt sich da tun?« In der Schultasche sammelt sich ein Gewühl aus verknitterten Heften, Arbeitsblättern, Elterninformationen und Müll; Bücher, Materialien und Schreibzeug werden vergessen, Turnbeutel verschlampt; Jacken verschwinden im Tagesverlauf wie durch Geisterhand; ein Blick ins Jungenzimmer, in dem Spiel- und Schulsachen, Getränkekartons, frische und verschmutzte Kleidung, Essensreste und Elektrogeräte verteilt sind; sein Schreibtisch sieht aus, als seien wilde Tiere darübergestürmt.

Viele Eltern sind erschüttert, wenn sie es mit der Unordnung oder Unorganisiertheit ihres Sohnes zu tun bekommen. Ich rede aus Erfahrung: Mein Sohn hat mindestens drei Fahrräder »verloren«. Anderes Wichtiges wird schlichtweg versäumt: Vergessene Hausaufgaben führen zu schlechten Noten, dass eine Klausur ansteht, wurde nicht eingeplant, der Bewerbungsschluss für den Freiwilligendienst wird erst erinnert, wenn es zu spät ist.

Eine Mutter fragt mich: »Wie kann ich meinen Sohn dazu bringen, ordentlicher zu werden? Fabian geht in die dritte Klasse, seine Leistungen sind prima. Aber ich verzweifle langsam, nur wegen seiner furchtbaren Unordnung! Ständig verliert er was: Schulhefte, Füller, Jacke, Mütze, Handschuhe. Er passt überhaupt nicht auf seine Sachen auf, schon wieder ist die Brotdose weg. Manchmal taucht etwas nach ein paar Tagen wieder auf, oft aber auch nicht. Alles Reden hat nichts gefruchtet. Jetzt gerade fehlt das Deutschheft, darin ist eine Hausaufgabe, ein Gedicht, das er auswendig lernen muss. Ich hab gerade der Lehrerin eine Mail geschrieben, morgen gehe ich in der Schule vorbei, um das zu klären. Ich weiß aber echt nicht mehr, was ich noch tun soll.«

Ich bin sicher, in der Pharmaindustrie wird fieberhaft an einer Pille geforscht, die das innere Chaos von Jungen strukturiert; das wäre ein Riesenmarkt. Bis dahin gibt es nicht so viel Zuversicht zu verbreiten oder richtig Erfolgreiches zu berichten. Denn hier gibt es weder den einen Trick noch den Schalter, der nur umgelegt werden müsste.

Ganz sicher ist für die Unordentlichkeit von Jungen kein Chaos-Gen verantwortlich, das auf dem Y-Chromosom verankert ist. Nicht alle Jungen sind unstrukturiert und zerstreut, selbst die, auf die das zutrifft, unterscheiden sich graduell, und es gibt ja auch unzuverlässige oder schusselige Mädchen oder – eher selten – sehr ordentliche, gut strukturierte und stets zuverlässige Jungen. Dennoch werden in der Tendenz eher Jungen mit Unordnung, wenig Planung und Struktur charakterisiert. Es wird also mit dem Männlichen zusammenhängen: vielleicht mit dem Testosteron, wahrscheinlich aber eher mit Männlichkeitsbildern. Der Unterschied wird schon in der Kindheit erkennbar. Allein schon weil Ordnung und Verbindlichkeit etwas mit Selbststeuerung und Impulskontrolle zu tun haben, leuchtet ein, dass Jungen hier eine schlechtere Ausgangsposition haben. Aber vor allem mit dem Beginn von Pubertät und Jugendphase formt sich diese Eigenschaft erst richtig aus. Die Pubertät selbst ist eine chaotische, offene und höchst innovative Lebensphase. Verbindungen im Vorderhirn lösen sich weitgehend auf, Geübtes und Gelerntes geht verloren, Altes wird über den Haufen geworfen, Hirn und Persönlichkeit geraten in Unordnung. Bei Jungen kommt eine große Portion Testosteron hinzu, die das Überlegen reduziert und das spontane Loshandeln fördert.

Über dem Jungenleben und -verhalten liegt ein Schleier der männlichen Bewertung, der ab der Pubertät dichter und bedeutsamer wird. Er beeinflusst, was dem Jungen wichtig, was für ihn wesentlich ist und Priorität bekommt, weil es im Belohnungszentrum gut ankommt, und umgekehrt: Was dort nicht bestätigt wird, kann vernachlässigt werden. Diese Kriterien beeinflussen, wenn Jungen Schule als nicht so bedeutsam fürs Männliche einschätzen, deren schlechtes Image. Wichtiges wie das Fußballtraining wird fest gespeichert und pünktlich besucht, während Unwichtiges wie das Sortieren und Aufräumen der Schulsachen oder der Vokabeltest vom Gehirn nach hinten geschoben oder vergessen wird. Auch cool zu sein und sich nicht um Dinge zu kümmern, die Lehrkräfte oder Eltern wichtig finden, erhält viele Belohnungspunkte; sich anzupassen, einzufügen oder unterzuordnen dagegen wird auf der Männlichkeitsskala unten abgelegt.

Lob dem Jungenchaos

Das Chaotische macht das Jungenleben komplizierter, das Unstrukturierte führt zu Stress und Bewältigungsdruck, was viele Jungen bisweilen registrieren, aber dennoch unverändert hinnehmen. Zudem sind Eltern, Lehrkräfte und Gleichaltrige genervt, wenn sie die Folgen des Verpeiltseins ausbaden müssen. Beides reicht aber nicht aus, um im Jungen wirksame Impulse in Richtung Ordnung oder Verlässlichkeit zu setzen. Offenbar liegt im Chaos ein verdeckter Nutzen.

Weder die natürliche noch die gesellschaftliche Auslese fördern etwas Überflüssiges oder Schädliches. Also muss ein Sinn darin liegen, dass viele Jungen - mehr oder weniger stark - so unordentlich und wenig organisiert sind. Diese Argumentation ist nicht als Rechtfertigung gedacht, sondern eher als Hintergrund fürs Verständnis von Jungen. Denn tatsächlich finden sich gute Gründe fürs Chaos, die mit den früheren natürlichen und heute gesellschaftlich zugeschriebenen Erwartungen an Männer korrespondieren.

Unordnung ist ein Kontrapunkt zu den Organisationszwängen im aufgezwängten Schüleralltag. Im Chaos liegen die Selbstbestimmung und eine Portion Entspannung:

»Einfach der Ausgleich, dass Jungen in der Schule besser zurande kommen oder auch ihre Hausaufgaben besser machen können, wenn sie in ihrer Freizeit dann Jungen sein dürfen, also dann sich auch dreckig machen dürfen und raufen dürfen und das Zimmer vermüllen und verwüsten können.« (Lacht)
Lehrer, Gymnasium

Unordnung und Chaos haben zudem eine positive Auswirkung im Gehirn, das dort weniger gefordert ist, wo alles sortiert und strukturiert ist. Im Chaos ist das Hirn ständig provoziert, es wird angeregt, es muss wach und auf Draht sein. Dieser Zustand bringt Abwechslung, Spannung, Reize und Tempo im Leben; Alltagstrott und Langeweile können sich im unorganisierten Feld schlechter breitmachen. Natürlich sorgt Unordnung für Stress oder Krisen, aber Not macht auch erfinderisch. Chaoten sind herausgefordert, situativ immer wieder und schnelle Lösungen zu finden; dann wird das Referat im Bus vorbereitet, der Rest fällt dem Jungen vor der Tafel ein (oder eben nicht) - im Ergebnis: Situation gut bewältigt, dafür gibt's eine Belohnung im Gehirn. Diese Erfahrungen reichern sich an, während es auf der anderen Seite nicht einleuchtet, Energie für etwas Überflüssiges wie Ordnung schaffen oder halten zu verschwenden.

Zudem behindern zu viele Vorgaben und Strukturen das kreative Denken, oder anders und etwas positiv überspitzt gesagt: Chaos und Genialität liegen dicht zusammen. Die Aussicht, männlich und genial zu sein, lockt doch deutlich mehr, als ein spießiger Bürokrat zu werden! Tatsächlich können aus ungeordneten Gedanken neue Ideen entstehen, aber auch viel Blödsinn (aber wer kann das immer so genau unterscheiden?). Ein chaotisches Umfeld fördert kreatives und offenes Denken und hilft, aus festen Denkmustern auszubrechen und dabei neue Ideen zu finden. Routinen helfen, den Alltag zu strukturieren, aber zu viel Gewohntes, Bekanntes, zu viele Muster hemmen Neues - und umgekehrt: Kreativität kann im Chaos besser gedeihen. Dies wirkt sich positiv auf den Pioniergeist aus, auf die Bereitschaft, Risiken einzugehen, sich in unbekannte Gebiete vorzuwagen. Unordnung ist ein Ausdruck für eine eher risikofreudige, experimentelle Haltung; Versuche haben gezeigt, dass chaotische Räume oder Umgebungen Menschen experimentierfreudiger werden lassen. Unordentliche Umgebungen regen dazu an, sich von Traditionellem zu befreien. Dagegen drängt eine ordentliche Umgebung dazu, auf Sicherheit zu setzen und Konventionen einzuhalten.

Chaotisch zu sein drückt aus, dass hier ein abenteuerlustiger, kreativer, wagemutiger, aber auch anpassungsfähiger Charakter lebt, ein Mensch mit Prioritäten, der seine begrenzte Zeit lieber mit Wichtigerem verbringt als mit überflüssigen Aufgaben wie Aufräumen. So gesehen haben Unordnung und Chaos hinsichtlich des Weiterkommens und von Grenzüberschreitungen durchaus eine gewisse Berechtigung und Verankerung im Männlichen.

Ordnung, Organisieren, Planen und Strukturen sind natürlich wichtig, müssen aber auch nicht überbewertet werden. »Geht doch« ist die Erfahrung vieler Jungen, allerdings nicht zuletzt deshalb, weil das Servicepersonal, das rund um sie herum agiert, negative Folgen auffängt. Dennoch ist es notwendig, das Chaos einigermaßen zu beherrschen und mit ihm so umzugehen, dass es nicht zu stark beeinträchtigt. Auch wenn ein Ursprung des Unordentlichen und Unsortierten im Männlichsein gefunden werden kann, ist es nicht legitim, dies als Entschuldigung heranzuziehen und die Folgen des Chaos und die Beseitigung von Schäden anderen Menschen aufzulasten.

 »Wir hören oft: ›Es ist halt ein Junge, der macht halt Chaos, der kann das halt nicht besser.‹ Anstatt dass die Eltern sagen: ›Jetzt setzen wir uns mal hin und schauen zu Hause, wie wir uns organisieren, wo ist der Schreibtisch, wo machen wir die Hausaufgaben, wo haben wir den Stundenplan aufgehängt, dort können wir nämlich schauen, ist morgen Sport oder nicht.‹ Also Strukturen geben. Das hilft Jungen.«
Rektorin, Grundschule bis 6. Klasse

Es handelt sich in erster Linie um eine Bewältigungsaufgabe, das Offene und Chaotische durchaus als Stärke zu sehen und mit dieser Eigenschaft in der schulischen Welt zurechtzukommen. Wenn Jungen die Eigenschaft mitbringen und sie in ihrem Leben positive Wirkungen verspricht, können sie dennoch lernen, mit dem Chaos umzugehen. Wesentlich dabei sind die eigene Motivation des Jungen und seine eigene Entscheidung, etwas zu verändern. Alles andere, was nur wegen einer Belohnung oder des kurzen häuslichen Friedens (wenn Mama mal kurz nicht mehr nervt) vereinbart wird, hat eher geringe Aussicht auf dauerhaften Erfolg.

Chaotische Züge sind nichts Dramatisches, aber der Junge muss lernen, damit umzugehen.

✳ **Erstaunlich ist das** Talent vieler Jungen, einen ordentlichen Zustand schon nach kurzer Zeit in ein Chaos zu verwandeln; es aufräumen zu müssen kann dann eine schier unüberwindbare Hürde darstellen. Dafür braucht der Junge manchmal einfach Mitgefühl und den Eindruck, dass er mit dieser Eigenschaft nicht alleingelassen wird.

✳ **Mit dem Chaos** umgehen zu lernen heißt, Verantwortung dafür übernehmen zu dürfen – oder zu müssen. Jungen brauchen hier kein allgegenwärtiges Servicepersonal, das ihnen alles hinterherträgt und negative Folgen auffängt. Jungen lernen, selbst die Konsequenzen zu übernehmen, wenn Eltern den Sohn die Verantwortung für Verschusseltes selbst tragen lassen.

✳ **Scheitern im Chaos** bietet Erfahrungen, aber auch die Chance für verstärkte Selbstorganisation. Jungen tragen die Verantwortung, sind damit aber oft anfangs überfordert und brauchen aktive Unterstützung beim Erwerb der nötigen Organisationskompetenz.

✳ **Hilfreich kann es** sein, große Aufgaben in kleine Schritte zu zerlegen – also nicht: »Räum jetzt bitte dein Zimmer auf« (Jammern, Wehklagen), sondern: »Aufräumen – zuerst schnappst du alle

Autos und legst sie in die Kiste, eins, zwei – los! Dann sammeln wir die Legosteine ein, das schaffst du ganz schnell ...«

* **Heben Sie Gelingendes** positiv hervor, und – Achtung! – gelingend ist etwas nicht, wenn es dem Arbeits- oder Ordnungsprinzip der Eltern entspricht, sondern wenn das Ergebnis stimmt! Der Sohn kommt am Abend und fragt, ob Sie ihm ein bisschen bei einer Aufgabe helfen können. »Klar. Bis wann musst du sie denn erledigen?« – »Bis spätestens morgen.« Und jetzt kommt's: Kein Genörgel über die Kurzfristigkeit, wie schlecht er wieder geplant hat oder Ähnliches, nein: »Gut gemacht, du hast es ja gerade noch rechtzeitig gemerkt, Respekt!«

* **Was von außen** wie Unordnung aussieht, kann Struktur beinhalten – also statt Vorwürfen besser nach dem Ordnungssystem nachfragen, es sich erklären lassen: »Wie sortierst du dich? Wie findest du dich hier zurecht?« Daran lassen sich auch Verhaltensstrategien ausmachen: »Wenn du abgelenkt wirst: Wie findest du schnell wieder zurück zu dem, was du gerade machen wolltest?«

* **Manchmal befürchten Eltern,** dass etwas an ihnen hängen bleibt, wenn der Sohn sich chaotisch zeigt: »Wie muss es bei denen zuhause aussehen, wenn der Sohn so schlampig ist.« Eine Chance und Aufforderung zur inneren Distanzierung: »Er ist so – ich bin so«, oder: »Junge ist Junge und Eltern sind Eltern.«

* **Wenn es nötig** ist, kontrollieren Sie: Ganz selbstverständlich ist dies in der Grundschule, bei vielen Jungen sogar bis zur siebten oder achten Klasse. Und vergessen Sie nicht: Das anerkennen und loben, was in all der Unordnung dennoch funktioniert.

* **Bei den Downloads** finden Sie ein Infoblatt zur Klarheit und Ordnung, das Sie für Ihren Jungen herunterladen können.

Klare Verhältnisse schaffen

Eltern setzen die Rahmenbedingungen, mit denen Jungen durch die Schule kommen. Unsortierten Jungen hilft dabei besonders, wenn Eltern für Klarheit sorgen. Wegen der Auf- und Ablösungsprozesse in der Pubertät und der wachsenden Selbstverantwortung wirken dabei Eltern am hilfreichsten zu Beginn des Schülerseins, also in der Grundschulzeit und nach dem Schulwechsel.

In dieser Zeit bahnen und stabilisieren sich Bewältigungskompetenzen des Jungen, auf die er dann in der noch chaotischeren Pubertät zurückgreifen kann. Für Grundstrukturen zu sorgen ist eine Aufgabe von Eltern und der Schule, sie sich anzueignen und sie (die Strukturen!) auf sich anzupassen der Job der Jungen.

✳ **Im Schülerleben helfen** vielen Jungen eindeutige Verhältnisse. Eine klare Haltung und Einstellung der Eltern hilft Jungen, sich zu orientieren: Schule heißt (auch), sich anzustrengen; Jammern und Vermeiden helfen dauerhaft nicht weiter. Bestimmte Aufgaben gibt es nun mal, Hausaufgaben und Lernen für Klassenarbeiten müssen einfach sein. Übrigens sind Hausaufgaben und Lernen wichtige Mittel zum Zweck: Der Sohn will *sein* Ziel erreichen. Die Hauptverantwortung für schulische Aufgaben hat der Junge selbst. Eltern können helfen und unterstützen. Aber die Verantwortung fürs Lernen zu Hause übernimmt der Junge.

Zu den Rahmenbedingungen zählt der Arbeitsplatz: Der Tisch, an dem die Aufgaben erledigt werden, sollte ordentlich, möglichst leer sein – abgesehen vom Material, das gebraucht wird. Vielen Jungen hilft es, wenn alltägliche Abläufe regelmäßig und klar sind. Eingeübte Rituale machen ständiges Nachdenken überflüssig, es wird ein automatisiertes Programm abgearbeitet. Ein normaler Alltagsablauf könnte so aussehen: Nach der Schule Schultasche ausräumen, sortieren, Lernprogramm planen, Pause machen, Programmpunkt 1 abarbeiten, Programmpunkt 2 abarbeiten, Pause machen, letzten Programmpunkt abarbeiten, rausgehen, Freunde treffen.

Schon die Aufgaben sind bisweilen unklar: So verzettelt man sich leicht. Vielen Jungen hilft es, sich bei schulischen Aufgaben erst einmal die Aufgabenstellung klarzumachen: »Was genau ist verlangt? Was muss ich jetzt machen? Was muss ich bringen?« Und hinterher: »Habe ich die Aufgabe erfüllt?«

Umgekehrt geht es darum, Störungen und Ablenkungen aktiv zu minimieren: Zu viel »Wirbel« stört und lässt die Arbeiten länger dauern. Das bedeutet – sinnvoll als Einstiegsritual –, mögliche Störungen auszuschalten. Dies betrifft vor allem ablenkende Geräte: Smartphone außerhalb der Reichweite, mindestens auf lautlos stellen, WhatsApp auf »beschäftigt« und Ähnliches.

8. Kampfplatz Hausaufgaben

ausaufgaben sind der Hauptfeind cooler Entspannung und außerschulischer Vergnügungen. Allein deshalb sind viele Jungen bei dem Thema nicht gerade begeistert. Manche lernen zwar schnell oder allmählich, dass Hausaufgaben wie auch das Vorbereiten auf Klassenarbeiten, Referate oder Klausuren einfach dazugehört – kein Spaß, aber notwendiges Übel. Bei vielen Jungen aber führt das Thema zu Dauerkonflikten mit Eltern oder anderen Betreuungspersonen. Um die Hausaufgaben entwickelt sich zwischen Eltern und Sohn häufig Streit, schon allein das Wort bringt eine Anspannung mit sich, Jammern, Quengeln, Schreien, Türenschlagen stellen sich schneller ein, als das Wort »Hausaufgabe« ausgesprochen wird.

Gegen das Üben an sich ist nichts einzuwenden, es ist ein notwendiger und sinnvoller Vorgang des Lernens. Die Frage ist nur, ob gerade Hausaufgaben das leisten. Denn ob sie etwas nützen, ist umstritten, Lehrkräfte wie Wissenschaft sind sich in diesem Punkt uneins. Viele sagen, dass der Stoff selbst und ebenso die Strategien zum Wissenserwerb besser direkt im Unterricht vermittelt werden sollten. Der Bildungsforscher John Hattie hat nachgewiesen, dass der wirkliche Lerneffekt durch Hausaufgaben allenfalls gering ist. Hausaufgaben werden von Lehrern meistens in der Annahme aufgegeben, zu irgendetwas seien sie schon nütze. Geprüft wird selten, ob das wirklich der Fall ist. Und richtig kontrolliert werden die Aufgaben oft auch nicht. Bei manchen Lehrkräften ist die nachmittägliche Schülerquälerei eine Folge ihrer eigenen Schwächen: Was am Vormittag nicht mehr untergebracht wurde, muss zu Hause beim Selbstlernen nachgeholt werden.

Wenn Hausaufgaben nützen, dann hängt es vor allem damit zusammen, *wie* sich Schüler anstrengen, ob sie sorgfältig arbeiten und motiviert bei der Sache sind. Entscheidend sind beim Bearbeiten von Hausaufgaben Motivation und Selbstregulation. Und an beidem fehlt es Jungen nicht selten. Jungen sind verschieden, auch was die Hausaufgaben angeht: Manche sind fleißig und schnell, andere eher minimalistisch orientiert, es gibt sehr engagierte und eher mühsame Heimlerner. Grundsätzlich gilt, dass ein hoher Zeitaufwand nicht unbedingt bessere Leistungen bringt, es kommt mehr darauf an, was während der Zeit passiert. Der Typ »fleißig und schnell« profitiert am meisten von Hausaufgaben. Also ist es, wenn Hausaufgaben denn sein müssen, ein Ziel, Jungen in diese Gruppe zu bringen. Die hilfreiche Botschaft der begleitenden Eltern: »Bring es zügig und konzentriert hinter dich.« Denn Jungen, die sich lange quälen und abmühen, verlieren schnell ihre Motivation, dann werden Hausaufgaben zur Plackerei ohne Nutzeffekt und die Lust aufs Lernen sinkt allgemein. Ein Ziel und eine Strategie ist, Jungen klarzumachen, dass Hausaufgaben wichtig, hilfreich und nützlich sind (daran müssen die Eltern aber selbst glauben, um dies glaubhaft zu vermitteln): Motivation und Anstrengungsbereitschaft können dadurch gesteigert werden.

Eltern, die sich in Hausaufgaben einmischen, bewirken auf der anderen Seite Adrenalinausstöße beim Jungen:

* **Ständig danach gefragt** oder auf die noch zu erledigenden Aufgaben hingewiesen zu werden ist ärgerlich.
* **Jungen nervt es,** wenn ihnen Eltern zu dicht auf die Pelle rücken. Das wird als Einmischung in innere Angelegenheiten, als respektloses Überschreiten von territorialen Grenzen und als Ausüben von Druck erlebt.
* **Auch nörgelnde Eltern,** denen es nie gut genug ist, die ständig die Schriftqualität bemängeln oder die immer alles besser wissen, sind für Jungen ein Ärgernis.
* **Eltern, die ungeduldig** oder beim Begleiten unfreundlich sind oder noch schlimmer: richtig schimpfen oder sogar schreien – sie machen Hausaufgaben zum Horrorerlebnis.

Aber so viel Stress mit den Hausaufgaben muss gar nicht sein (und der Nutzen ist ja eh umstritten): Eltern dürfen sich zurückhalten! Es sind nicht *ihre* Hausaufgaben, der Junge muss dafür geradestehen. Das muss in der Schule klar sein. Es gibt tatsächlich Lehrkräfte, die sich bei den Eltern beschweren, wenn die Hausaufgaben nicht gemacht werden - die Eltern nur zu informieren wäre etwas anderes. Nein, Hausaufgaben sind die Aufgaben des Jungen, er ist zuständig - auch für nicht erledigte.

 Eine Mutter erzählt vom täglichen Streit mit dem Sohn. Es geht um die Dauer der Hausaufgaben. Moritz will kleine Portionen, vielleicht eine halbe Stunde, dann Pause, dann den Rest. Die Mutter meint, er müsse alles am Stück erledigen, dann hätte er es hinter sich und sie ihre Ruhe. Zwei gegensätzliche Prinzipien - aber es sind die Hausaufgaben des Sohnes, nicht die der Mutter. Würde der Sohn ihr vorschreiben, sie solle doch beim Bügeln nach zehn Minuten eine Pause einlegen, würde sie das auch nicht begrüßen. Die Lösung: Sie lässt ihn machen, wie er will, und seither gibt es einen überflüssigen Streitpunkt weniger.

Wenn Eltern nicht ständig kontrollieren, sondern dem Sohn seine Verantwortung lassen, lernt er, sich selbst zu organisieren. Ab der ersten Klasse ist das Lernziel die Selbstständigkeit beim Hausaufgabenmachen. Bleiben sie nicht im Verantwortungsbereich des Jungen, kann es gut sein, dass Hausaufgaben von ihm als Druckmittel verwendet werden: »Entweder ich darf danach zwei Stunden Computer spielen oder ich mach die Hausaufgaben nicht.« Und es ist eine Frage des Respekts: Hausaufgaben sind tatsächlich die Arbeit des Sohnes. Zudem entsteht, wenn Eltern zu sehr mitmischen, in der Schule womöglich ein falscher Eindruck: Bei der Kontrolle der Hausaufgaben denkt die Lehrerin oder der Lehrer, der Junge hat alles gut verstanden. Dabei haben es nur die Eltern gut kapiert und dem Sohn diktiert.

Es gibt Eltern, die nicht nur nicht ermutigen, sondern gemeinsam mit dem Jungen lamentieren. Hausaufgaben sind ein bewährter Anlass dafür. Über schulische Zumutungen gemeinsam mit dem Jungen immer nur zu jammern, schwächt ihn in seinem Selbstvertrauen und lässt ihn seine Fähigkeiten nicht realistisch einschätzen.

Das Kreisen um die Befindlichkeiten des Jungen trägt dazu bei, dass er sich überschätzt und im kindlichen Größenwahn hängen bleibt. Natürlich können Eltern und ihre Jungen sich gemeinsam darüber ärgern, dass ausgerechnet heute so viele Hausaufgaben anstehen. Aber dann sollten sie gemeinsam überlegen, wie das zu schaffen ist, ohne dass andere lustvollere Aktivitäten gestrichen werden müssen.

Ein Rahmen für die Hausaufgaben

Hausaufgaben zu erledigen ist der Job des Jungen, sie zu begutachten die Arbeit der Lehrkräfte. Eltern sind weder Hilfslehrer noch Qualitätskontrolleure. Aber sie geben den Rahmen vor und bieten Unterstützung an.

 »Rico war voll in der Pubertät und entsprechend bockig. Er hatte seine Hausaufgaben nicht gemacht und deshalb eine Strafarbeit aufbekommen. Die hat er nicht erledigt, deshalb hat er noch eine dazubekommen. Auch die hat er nicht gemacht. Jetzt ruft die Lehrerin an und will, dass ich dafür sorge und entsprechend Druck mache, damit der Sohn endlich seine Aufgaben erledigt. Das sehe ich aber gar nicht ein, ich habe ja genug damit zu tun, dass er seine Jobs hier im Haushalt übernimmt. Ich hab ihr gesagt: ›Okay, ich rede mit dem Jungen. Aber dass er die Aufgaben erledigt, die Sie ihm aufgegeben haben – da müssen schon Sie sich was einfallen lassen.‹ Sie war zwar zuerst leicht angesäuert und anderer Ansicht. Aber ich glaub, dann hatte sie es kapiert.«
Mutter, drei Söhne

Wenn der Junge noch kleiner ist, also bis zum Ende der Grundschule, können Eltern dabei helfen, die Lernzeit zu Hause zu organisieren, ja zu ritualisieren. Manchen Jungen hilft es am Anfang sehr, wenn die Reihenfolge von Hausaufgaben gemeinsam durchgesprochen wird - erst das Leichte und dann das Blöde oder umgekehrt? Wie lief es bisher besser? Eine gemeinsame Wochenplanung hilft, besondere Ereignisse - den Auftritt mit der Musikschule, die Klassenarbeit, den Geburtstag - einzuplanen.

Die Lernzeit sollte altersentsprechend beschränkt sein, also zum Beispiel eine Stunde konzentriert arbeiten, um alles zu erledigen. Hilfestellung dürfen Eltern bei Hausaufgaben geben, aber nicht vorauseilend, besser ist es, wenn der Junge die Hilfe anfordert. Wichtig beim Reden, Organisieren oder Tipps-Geben: sachlich bleiben, keine Vorwürfe und keinen genervten Unterton. Bei größeren und ständigen Problemen mit den Hausaufgaben sollte mit der Lehrperson gesprochen werden: Sie ist die Expertin oder der Experte.

Null Bock auf gar nichts

Keine Lust und mangelnde Motivation für Hausaufgaben können die meisten Eltern gut verstehen. Es hilft aber nichts: Jungen müssen lernen, sich für die Schule und eben auch für die Hausaufgaben selbst zu motivieren. Diesen Übergang zu schaffen ist manchmal keine leichte Aufgabe. Für Hausaufgabenunlust gibt es zahlreiche Gründe. Manchmal liegen sie in der Schule, wenn die geleistete Arbeit untergeht oder wenn nicht gemachte Hausaufgaben keine Konsequenzen zeigen. Zur Motivation der Jungen trägt bei, wenn Lehrkräfte die Arbeit anerkennen.

Zuhause kann eine gewisse Klarheit mit sanftem Druck bei Unlustgefühlen hilfreich sein: »Du musst die Hausaufgaben einfach erledigen, da kann ich nichts machen.« Klare Regeln können ebenfalls helfen: »Erst Hausaufgaben, dann raus zu den Freunden.« Der gewichtigste Grund für Hausaufgabenunwilligkeit ist aber biologisch bedingt: die Pubertät. Psyche und Gehirn sind mit anderem beschäftigt, oder es drängen sich Bedürfnisse massiv in den Vordergrund, insbesondere danach, in Ruhe gelassen zu werden, nach Erholung und Entspannung (abhängen, chillen) oder nach intensiven Erlebnissen mit Geräten oder Gleichaltrigen.

Ein weiterer Grund kann zu viel Druck oder Stress im Jungenleben sein, wenn zu viele andere Termine zu managen sind (Sportverein, Musikunterricht, Mitarbeit im Familienbetrieb); oder aber Konflikte in der Klasse, die eigene Organisation, eine schlechte Zeitplanung, das Fehlen von Erholungsphasen oder Ähnliches.

Bewährte Strategien, um Jungen zum Erledigen von Hausaufgaben zu bewegen, sind folgende:

* **ein ruhiger und** ordentlicher Arbeitsplatz – zum Beispiel ein möglichst leerer Tisch
* **Klarheit in der** Haltung: Es hilft kein Jammern, Hausaufgaben müssen nun einmal sein. Schule heißt sich anzustrengen
* **die Einstellung: Augen** zu, zügig durch, schnell fertig
* **ein klarer, ritualisierter** Ablauf
* **Anerkennung und Wertschätzung** des Geleisteten, möglichst keine oder allenfalls wenig Kritik.

9. Eindruck machen: Impression-Management

ehrerinnen und Lehrer bewerten die Leistungen von Kindern, aber andere Faktoren bestimmen das Urteil wesentlich mit. Dazu gehört, wie sich ein Schüler in seiner Rolle präsentiert, etwa in der aktiven Mitarbeit und bei der gezeigten Anstrengung, was er an Motivation vorweist, wie er sich verhält, seine Konformität. Um einen guten Eindruck zu hinterlassen, brauchen Schüler Techniken und Strategien der Selbstpräsentation. Sie müssen »Eindruck schinden« oder fachlich ausgedrückt: das »Impression-Management« beherrschen.

Es handelt sich dabei um ein wichtiges Handwerkszeug für den Schulerfolg. Was hier gezeigt wird, muss nicht »in echt« so gemeint sein; Lehrkräften gegenüber genügt oftmals ein »so tun als ob«, es geht zunächst um eine hübsche Fassade, um positiven Schwindel oder – wie beim Pokern – um Bluff. Impression-Management zielt darauf, die Beurteilung von Lehrkräften positiv zu beeinflussen.

Das erklärt, warum die Schule wenig Interesse daran hat, solche Techniken aktiv zu vermitteln. Gleichzeitig erwartet sie aber, dass Schüler sich diesem sozialen Code entsprechend verhalten. Unterm Strich vertreten also hier Jungen, Eltern und Lehrkräfte dasselbe Interesse. Eltern können Jungen darin unterstützen, ihr Impression-Management zu verbessern. Denn Jungen sind in diesem Punkt geschlechtlich im Nachteil: Männliche Glaubenssätze und Verhaltensweisen sind eher auf Autonomie und Durchsetzen gebürstet, Jungen machen biografisch im Spiel die Erfahrung, sich energisch, mit Ruppigkeit oder Dominanz durchsetzen zu können. Positiv erlebte Erfahrungen setzen sich fest und strahlen entsprechend auf das Verhalten der Jungen aus. Mädchen dagegen lernen diese Techniken besser, weil sie nach Weiblichkeitsmustern in

Beziehungen nett, zurückhaltend und zugewandt sein sollen. Eine Aufgabe von Eltern kann es deshalb sein, Jungen über die Bedeutung des Impression-Managements aufzuklären.

Geheimwissen Impression-Technik

Impression-Management soll in zwei Richtungen wirken: Jungen wollen auf der einen Seite positive Bewertungen bekommen, auf der anderen gilt es zu vermeiden, negative Zuschreibungen zu erhalten. Offensive Techniken helfen dabei, Lehrkräften gegenüber ein positives Image aufzubauen. Hierbei wird versucht, die Lehrkraft positiv zu beeindrucken, um das eigene Ziel verfolgen zu können: in Ruhe gelassen zu werden, entspannt durchzukommen, mit wenig Aufwand gute Noten zu erhalten und Ähnliches. Dies gelingt durch:

* **Interesse heucheln, zum** Beispiel nicken, wenn die Lehrkraft einen anschaut; immer wieder Blickkontakt aufnehmen
* **Mitarbeit vortäuschen: zum** Beispiel kurz zuhören, was gerade Sache ist, sich melden und eine Frage stellen oder das eben Gehörte wiederholen (»Ist das echt so, dass ...«)
* **sich einschmeicheln, sich** beliebt machen – der Fachbegriff dafür: »Ingratiation«, abwertend bedeutet dies: sich einschleimen
* **nett sein, bei** Begegnungen außerhalb des Klassenzimmers höflich sein und grüßen, sich als liebenswert darstellen
* **Zustimmung signalisieren** (»Ja, da haben Sie recht, das sehe ich genauso.«)
* **hilfsbedürftig erscheinen: »Ich** komme da einfach nicht weiter, könnten Sie mir helfen?«; »Ich hab das noch nicht ganz verstanden, können Sie es bitte nochmal erklären« – eine Technik, die viele Mädchen perfekt beherrschen

✳ kompetent und intelligent erscheinen, indem Inselwissen einge-
bracht wird – zum Beispiel in Physik: wie viel PS eine Lokomotive
hat

✳ eigene Leistungen besonders herausstellen oder überbewerten
(»Wir haben das Projekt gemeinsam gemacht, und ich hatte dabei
die Idee, es so zu lösen.«)

✳ sich mit einer von der Lehrkraft anerkannten Gruppe identifizieren
(zum Beispiel Umweltschützer, Friedensaktivisten)

✳ eine von der Lehrkraft missachtete Gruppe ebenfalls ablehnen
(zum Beispiel Rechtspopulisten, Nazis)

✳ sich als integer oder beispielhaft darstellen, beispielsweise anderen demonstrativ helfen, dafür eigene Interessen zurückstellen.

Defensive Techniken dagegen sollen helfen, negative Wahrnehmungen und einen Imageschaden bei der Lehrkraft zu vermeiden.
Dies ist vor allem dann hilfreich, wenn gegen Normen oder Regeln
verstoßen wurde:

✳ eine Störung zugeben: »Ja, stimmt, ich hab gerade das Papier
geworfen, sorry, ich mach's nicht mehr.«

✳ eine Störung umbewerten: »Wir haben nicht geschwatzt, ich hab
ihn nur kurz was zu der Aufgabe gefragt.«

✳ Verantwortung delegieren: »Nein, ich war's wirklich nicht, der
Timo hat mich gestört, ich habe mich nur gewehrt.«

✳ leugnen: »Ich habe wirklich nichts gemacht, ich hab ganz still
dagesessen!«

✳ sich rechtfertigen: »Moment, ich hab Jan eben nur geholfen, als er
nicht weiterkam, das ist doch wichtig und erlaubt, oder?«

✳ sich entschuldigen: »Tut mir leid, ich bin noch ziemlich müde, ich
kann mich nicht so gut konzentrieren.«

Pauschal und tendenziell sind Jungen bei den defensiven Techniken oft weiter entwickelt als bei den offensiven. Das liegt unter anderem daran, dass die offensiven Techniken von anderen Jungen, von der Peergruppe, als Streberverhalten oder »Einschleimen« gedeutet werden. Viele Jungen stehen zudem mehr oder weniger stark unter Druck, eine »maskuline« Identität in Abgrenzung zur Schule zu entwickeln: Männlichsein passt nicht so gut zu schulischen Erwartungen wie Weiblichkeitsvorstellungen mit ihren Stichworten nett, hübsch, brav, fürsorglich und hilfsbedürftig. Geschlechterstereotypen zeigen hier Wirkung. Schulische Normen abzulehnen gilt unter (manchen, oder auch durchaus vielen) Jugendlichen als männlich. Solches Verhalten von Jungen ist für viele positiv besetzt und attraktiv; sich leistungsdistanziert zu verhalten verspricht Statuspunkte. Nicht wenige Jungen und männliche Jugendliche hinterlassen deshalb bei Lehrkräften einen negativen Eindruck.

Leisten oder losen – das Problem beim Impression-Management

Ein zentrales Problem des Impression-Managements für Jungen besteht darin, dass Schule ja nicht nur die Lehrkraft-Junge-Beziehung betrifft. Die Selbstpräsentation von Jungen richtet sich deshalb noch an weitere Adressaten, die spätestens ab dem Beginn der Jugendphase weit wichtiger sein können als die Lehrkräfte: Im Klassenraum und auf dem Schulhof sind es die Gleichaltrigen, vor allem die anderen Jungen, welche die Motive des Impression-Managements beeinflussen. Bis zur Pubertät versuchen Schüler sich bei Lehrkräften wie auch bei Gleichaltrigen ähnlich zu präsentieren, etwa als klug, fleißig und gewissenhaft. Das ändert sich mit der Jugendphase - und vor allem für Jungen.

Jungen wissen oder nehmen zumindest an, dass Fleiß, Bemühen und Sich-Anstrengen von Lehrkräften und Gleichaltrigen unterschiedlich bewertet werden. Ab der Pubertät gilt es deshalb, sich gegenüber Lehrkräften als kooperativ und leistungswillig darzustellen, gegenüber Gleichaltrigen jedoch ein völlig anderes Bild abzugeben: Hier muss es gerade vermieden werden, als erfolgreich durch Anstrengung zu gelten. Lehrkräfte honorieren Angepasstheit und Anstrengungen – während die Peergruppe die Gleichheit, die Zugehörigkeit, die Normalität und die Abgrenzung zur Erwachsenenkultur fordert. Durch gute Selbstdarstellung und Leistungen wird gegenüber den Gleichaltrigen aber gegen den Wert der Gleichheit verstoßen.

Zunächst ist das Impression-Management ein äußeres Verhalten, etwas Angeeignetes, eine gelernte Fassade. Wenn es aber funktioniert und eingeübt wird, wenn Jungen tatsächlich von anderen genau so gesehen werden, wie sie sich darstellen, wächst es allmählich in die Persönlichkeit hinein: Wir werden so, wie wir gesehen werden. Je nach Ausrichtung und Gewichtung kann darin eine Chance oder ein Bildungsrisiko liegen. Der Junge »wird« leistungsfähig, wenn sein Impression-Management auf die Schule ausgerichtet ist und Lehrkräften gegenüber wirkt: Das ist gut für den schulischen Erfolg. Riskant ist dagegen, dass ein gegenüber den Gleichaltrigen erfolgreiches Impression-Management ebenfalls dauerhaft ins Selbstbild und ins Verhalten übernommen wird; die Anstrengung für schulischen Erfolg wird tatsächlich und massiv vermieden, negative Rückmeldungen durch die Schule wirken gleichfalls zurück.

Der Konflikt für Jungen liegt darin, dass die Darstellungsanforderungen gegenüber der Lehrkraft und gegenüber den anderen Jungen extrem widersprüchlich sind. Außerdem merken sie oft nicht, dass sie ja selber Teil der Peergruppe sind, deren Normen mitvertreten oder -gestalten und gegenüber anderen Jungen demonstrativ durchsetzen. Mit diesem Konflikt sind sie alleingelassen, er wird in der Schule nicht thematisiert, sie bekommen keine Unterstützung darin, mit dieser Spannung umzugehen – eigentlich eine Aufgabe der Lernbetreuung in der Schule. Dort mangelt es oft an Wissen und Verständnis, man bleibt in Vorwürfen stecken.

Mit dem Impression-Management richtig umzugehen gleicht demnach für viele Jungen einem Balanceakt. Die Herausforderung besteht darin, beide Bezüge zufriedenzustellen, gleichzeitig zwei Perspektiven einnehmen und bedienen zu können:

→ Gleichaltrigen gegenüber wird Coolness demonstriert, der Junge beteiligt sich an kleineren Normverletzungen;
→ gleichzeitig wird der Lehrkraft gegenüber Aufmerksamkeit signalisiert und Anstrengung demonstriert.

Diese Spannung können Eltern ihren Söhnen nicht nehmen, zumal sie auf der Seite der Erwachsenen stehen. Aber als unterstützende Informanten werden sie nützlich, indem sie ihren Sohn verstehen, mit ihm mitfühlen und ihm das Wissen vermitteln, das ihm beim Bewältigen hilft. Aus ihrer Elternposition heraus verbinden sie sich oftmals mit der Schule und schlagen sich auf die Seite der Lehrkräfte. Von dort aus können sie aber den Konflikt des Jungen nicht gut nachfühlen, sie haben aus Jungensicht »keine Ahnung«. Durch Mitfühlen mit dem Jungen wird für diesen der Konflikt spürbar, denn oft wird er ihm erst bewusst, wenn offen darüber kommuniziert wird. Väter können erzählen, wie sie als Junge damit umgegangen sind, was sie angestellt haben, wie sie den Konflikt erlebt und wie sie ihn bewältigt haben. Und wenn sie rückblickend mit ihrem Umgang damit nicht zufrieden waren, sollten sie dies ebenso benennen.

Eltern fühlen und leiden mit, wenn Jungen die wichtigen sozialen Codes nicht so gut beherrschen, wenn sie sich nicht konstruktiv in Kontakt mit den Lehrkräften bringen können und deshalb ihre Leistungen nicht angemessen registriert werden. Eltern sind mitbetroffen, wenn das mangelhafte Verhalten dem Jungen vorgeworfen wird.

Wenn es aber auffällt, dass Jungen in diesem Bereich Bildungsbedarf haben: Warum werden sie nicht darin unterrichtet, wie sie es besser machen können? Warum werden viele soziale Aspekte nur bemerkt, wenn sie nicht funktionieren und als Defizit angekreidet - warum erhalten nicht die Jungen mehr positive Resonanz, die ihr Impression-Management beherrschen? Hier gibt es Entwicklungspotenziale für Schulen.

10. Medien nutzen, aber kontrolliert

Neben der Schule ist der Medienkonsum von Jungen das größte Konfliktfeld in der Familie - auch wegen eines offensichtlichen Zusammenhangs zwischen Mediennutzung und schwachen Schulleistungen: Bildschirmgeräte lenken ab, sie ziehen die Aufmerksamkeit an und sind deshalb potenzielle Lernverhinderer. Vor allem bei elektronischen Spielen fallen Jungen- und Mädchenverhalten extrem auseinander: Ich kenne keine Statistik, bei der sich Mädchen und Jungen so gravierend unterscheiden, wie bei der Frage nach Konsolen-, Computer- oder Onlinespiele. Diese Art des Zeitvertreibs ist ein Jungenrevier. 72 Prozent der Jungen spielen »mehrmals in der Woche oder täglich« solche Spiele, aber nur 14 Prozent der Mädchen. Der Faszination dieser Verführung können sich viele Jungen kaum entziehen. Fernsehen, Computer, Konsolenspiele, Internet, soziale Medien, kommerzielle Spiele und Smartphones - das Angebot wird ständig größer. Damit steigt die Menge an Lernsaboteuren und Zeitfressern, die schulisches Lernen behindern.

Allerdings sind Bildschirmmedien und -spielgeräte nicht an sich schädlich. Sie gehören zur jugendlichen Lebenskultur, und dagegen ist nichts einzuwenden. Es geht also nicht darum, solche Medien generell zu verteufeln oder gänzlich zu verbieten: Sie haben ihren Sinn und ihre Reize. Gerade fürs Männlichsein bieten sie Jungen in mehrfacher Hinsicht Nahrung - weshalb Jungen deutlich häufiger eine sehr emotionale Affinität zu den entsprechenden Geräten haben:

➡ Viele der Medien bedienen männliche Bedürfnisse. Möglicherweise hängt die hohe Attraktivität solcher Spielwelten für Jungen damit zusammen, dass Jungen ihre »männlichen« Impulse in ihren realen Lebenswelten wenig gestattet oder abgewöhnt werden (wir haben die Themen bereits angesprochen: assertive Aggression, anomisches Verhalten, Bewegung ...).

➡ Jungen können sich nur schlecht oder gar nicht gegen viele Spiele wehren, weil sie gezielt auf Jungen- und Männersehnsüchte ausgelegt sind: In ihnen geht es darum, sich zu beweisen, eine Aufgabe zu verfolgen, zu kämpfen, durch Leistung voranzukommen und Ähnliches. FIFA oder Counterstrike auf der Konsole, Kampf- oder Eroberungsspiele auf dem Smartphone, Sport oder DMAX im Fernsehen, Erotik- und Pornovideos im Internet: Beim Nutzen und Konsumieren erhält das Männliche der Jungen Resonanz. Wer solche Medien nutzt, kann sich männlich fühlen und sich als dem Männlichen zugehörig definieren - teils in der Abgrenzung zu Mädchen und Frauen. Dieses Bedürfnis ist legitim, Jungen bekommen ja den gesellschaftlichen Auftrag, männlich zu sein, und müssen sich darum kümmern, es zu werden. Die Attraktivität dieses Faktors steigt vor allem dann, wenn Alternativen im wirklichen Leben fehlen – es bieten ja nur wenige Schulen Anlässe und Räume, in denen sich Jungen »männlich« verhalten oder fühlen dürfen.

→ Audiovisuelle Medien sind angenehme Fluchtorte vor der unerbittlichen Wirklichkeit, sie bieten als anspruchsarme, passive Unterhaltung Ablenkung von den anstrengenden und lästigen Seiten des Jungenlebens.

Diese legitimen Gründe für die Medienattraktivität bei Jungen müssen respektiert werden, dennoch ist es Aufgabe der Eltern, Familienzeit, Jungengesundheit und den Schulerfolg gegen die Geräte zu verteidigen. Wegen deren Attraktivität sind die Konflikte oft hart und dauerhaft, zahlen sich aber aus.

Vor allem in der Pubertät können diese Medien eine Form der Abschottung sein, um Rückzug zu markieren. Geräte und Spiele dienen dann als »autistische Hüllen«, zum Schutz vor sich selbst, den Untiefen im eigenen Inneren oder vor Problemen, die lieber nicht gesehen werden wollen, vor der Welt mit ihren Anforderungen und Ansprüchen: Mediendeckel zu und weg. Das ist in einem gewissen Rahmen durchaus normal, ja gesund, sollte aber nicht zu viel werden.

Wichtig: So viel und nicht weiter

In welchem Umfang die Mediennutzung noch gesund ist und wo das Schädliche anfängt, ist nicht generell zu bestimmen. Es hängt sehr vom einzelnen Jungen ab. Wie bei vielen Dingen, die Spaß machen, gilt auch hier: Die Dosis macht das Gift. Zu viel davon kann sich schädlich auf die Gesundheit auswirken, zum Beispiel leiden Jungen, die ein eigenes Fernsehgerät im Zimmer haben, häufiger unter Übergewicht. Besonders Smartphones wurden zu einem neuen Risiko, weil die Nutzung noch weniger zu kontrollieren ist; Kinder versinken unbemerkt in der virtuellen Welt. Das kann zu Konzentrationsstörungen führen, die Hyperaktivität fördern und die Sprachentwicklung behindern. Ein Handy ist ein zusätzlicher Stressfaktor.

Die Annahme, dass intensive Mediennutzung automatisch zu Problemen führt, ist aber zumindest teilweise widerlegt. Untersuchungen haben vielmehr gezeigt, dass Jungen dann besonders schwieriges Medienverhalten zeigen, wenn sie in anderen Bereichen große Probleme haben: in der Familie, mit Gleichaltrigen, mit sich selbst. Solche Jungen tauchen gern in Medienwelten ab. Nicht Medien selbst sind problematisch, sondern umgekehrt: Schwierigkeiten von Jungen führen zu problematischer Mediennutzung und diese zu Stress mit den Eltern, was die Probleme der Jungen wiederum verstärkt.

Dass elektronische Medien die schulische Leistung beeinträchtigen, ist bekannt (viele Jungen wollen es allerdings lieber nicht wissen) und durch Studien nachgewiesen. Jungen werden zum Beispiel in der Schule schlechter, wenn sie eine Spielkonsole erhalten. Zwei Ursachen sind dafür besonders verantwortlich, dass Mediennutzung das Lernen bremst, allen voran das Spielen am PC oder an der Konsole: Das intensive Spielen schluckt Zeit, die dann für anderes nicht mehr vorhanden ist. Medien konkurrieren so mit Schulaufgaben und anderen Beschäftigungen um die knappe Zeit. Je mehr Medienzeit verbraucht wird, desto weniger bleibt übrig, auch für die Schule.

Die zweite Ursache ist etwas komplexer: Beim Gamen wird die Verarbeitungskapazität des Jungengehirns schnell überschritten, was zu einem Informations- und Gefühls-Overflow führt. Das Belohnungszentrum wird in einer Intensität bedient, die ein Lob der Eltern oder eine gute Schulnote nicht bieten können. Audiovisuelle Medien beanspruchen das Gehirn durch intensive Reize und Anforderungen, sind spannungsgeladen und emotional – kein Schulstoff kann da mithalten. Zudem ist es so, dass der Lernprozess auch dann weiterläuft, wenn Vokabelheft oder Buch schon weggelegt wurden. Emotionale Erlebnisse werden dabei als wichtig bewertet. Das Gelernte zu verarbeiten braucht also Zeit. Spielt der Junge aber nach dem Vokabellernen an der Konsole, wird dieses Erlebnis im Gehirn abgelegt, nicht die Vokabeln. Nutzen Jungen Medien ohne ausreichenden Abstand direkt nach Lernphasen, wird Gelerntes nicht ins Langzeitgedächtnis befördert. Chatten dagegen, was bei Mädchen mehr Medienzeit schluckt, ist nicht so intensiv und gefühlsgeladen. Deshalb kann es durchaus sinnvoll sein, kurz vor dem Schlafengehen nochmal die Inhalte für die Klassenarbeit anzuschauen, aber auf keinen Fall danach noch schnell ein Spiel zu spielen.

Audiovisuelle Medien sind so faszinierend, dass viele Jungen aus eigener Kraft die Grenzen gesunder Nutzung nicht wahrnehmen. Jungen sind auf das elterliche Regulativ angewiesen, sie benötigen Unterstützung bei ihrem Zeitmanagement. Eher aktive oder unruhige Jungen sind zudem besonders auf Ruhepole angewiesen. Sie müssen herunterkommen, um zu verarbeiten, um sich zu spüren, wieder zu sich zu kommen und um neue Ideen zu entwickeln, damit es ihnen in der Schule gut geht. Am besten funktioniert dies zu Hause in einer entspannten Stimmung, mindestens aber durch wahrnehmbare Lücken im turbulenten Alltag oder draußen in der Natur.

Mediennutzung lernen

Der Umgang mit Computern, Konsolenspielen, Mobiltelefonen und anderen Medienverführungen muss erlernt werden. Das kann der Junge nicht, wenn er keine Möglichkeit hat, solche Geräte zu benutzen. Ein generelles Verbot ist also nicht sinnvoll. Das andere Extrem sind Eltern, die zwar die Gefahren der Mediennutzung sehen und die Folgen im Zeugnis des Sohnes wahrnehmen, aber die Konflikte scheuen oder bereits ganz aufgegeben haben. Den Umgang zu regulieren ist oft mühsam. Und oft macht man sich dabei unbeliebt, beim eigenen Sohn, aber auch bei den Eltern anderer Jungen. Doch auch dies ist ein Ausdruck für Interesse am Sohn und für die Übernahme von Verantwortung.

Ausreichend Zeit ist in zweifacher Hinsicht erforderlich: Zum einen für die Lern- und Arbeitszeit, die nötig ist, um Stoff zu wiederholen, Hausaufgaben zu erledigen oder sich auf Tests und Klausuren vorzubereiten; daneben ist die Verarbeitungszeit im Gehirn wesentlich: Pausen sind wichtig, damit Informationen in der Hirnrinde gespeichert werden, also nach dem Vokabellernen oder dem Erledigen von Hausaufgaben. Außerdem benötigt das Gehirn jeden Tag eine längere Umbaupause, um Erlebtes zu verarbeiten und Gelerntes zu verfestigen. Bewegung oder Sport nach den Hausaufgaben, Musik machen, lesen, Radio hören – alles ist besser als Computer- und Konsolenspiele! Das spricht für klare Regelungen, vor allem bei jüngeren Kindern.

Regelvereinbarungen zur Mediennutzung können zu heftigen Konflikten führen. Sie sind aber immer auch eine Chance für Kontakt und Kommunikation – ein Ausdruck der Liebe zum Sohn, das aus- und durchzuhalten. Eltern können sich erklären, über Werte oder Verantwortung diskutieren und umgekehrt gemeinsam mit Jungen ihren Medienhorizont erweitern. Eltern formulieren ihre Erwartungen, ihr Sohn benennt seine Wünsche. Dann wird ein Rahmen ausgehandelt, in dem sich der Junge möglichst frei bewegen kann. Wenn der verhandelte Rahmen eingehalten wird, dann hat er ein Lob verdient. Und wenn nicht, braucht es Konsequenzen.

 Wurde abgemacht, dass der Laptop um 20 Uhr heruntergefahren wird, dann wird um 20 Uhr nicht mehr nachverhandelt. Funktioniert das nicht und ist das Gerät um 20:15 Uhr immer noch nicht ausgeschaltet, dann folgen naheliegende Konsequenzen: Dann bleibt am nächsten Tag der Laptop ganz aus (und wird technisch ruhiggestellt oder weggeschlossen), selbst wenn just an diesem Tag unbedingt etwas für die Schule im Internet recherchiert werden müsste.

Grundsätzlich sollte erstmal davon ausgegangen werden, dass der Junge sich an vereinbarte Regeln hält. Mögliche Konsequenzen können aber bei Bedarf schon beim Aushandeln der Regeln besprochen werden, denn spontane Reaktionen, wie einfach das Kabel zu ziehen, wird der Junge zu Recht als willkürlichen Eingriff und als aggressiven Akt verstehen und entsprechend wütend darauf reagieren.

Eltern können ihre Söhne unterstützen, neben der Mediennutzung noch genügend Zeit und Platz im Gehirn für Schulisches freizuhalten.

✳ Medienzeiten begrenzen: Das ist im Alltagstrubel nicht leicht, aber wenn ein gutes Timing gelingt, ist der Gewinn groß. Möglichst klare Vereinbarungen sind hilfreich. Erst einmal knapper zu kalkulieren zahlt sich doppelt aus: in den schulischen Leistungen und in den Spielräumen, die mit zunehmendem Alter größer werden.

* **Kicken statt Klicken:** Medienkonsum kann entspannen, aber wie Schulaufgaben auch anstrengen. Jungen brauchen dafür Ausgleich, sie sollen auch andere Dinge tun, die ihnen Spaß machen.

* **Handyfreie Zeiten und** Orte schaffen Klarheit: beispielsweise kein Handy beim Essen, beim Hausaufgabenmachen oder Lernen, nachts kein Smartphone im Jungenzimmer.

* **Den Zeitpunkt möglichst** weit nach hinten verschieben, zu dem der Sohn ein Smartphone bekommt: nicht vor dem 12. Geburtstag, besser erst später.

* **Gemeinsam sind Eltern** stärker: Sprechen Sie Bedenken wegen des Smartphones bei Elternabenden an, damit nicht der Eindruck entsteht, alle Jungen hätten schon in der 5. Klasse eins.

* **Vereinbaren Sie vor** dem Smartphonekauf gemeinsam klare Regeln und fixieren Sie sie möglichst schriftlich.

* **Wie Jungen Medien** nutzen, hängt maßgeblich vom Verhalten der Eltern ab: Sie sind die Modelle, von Anfang an, also lange bevor der Sohn diese Geräte selbst nutzt. Eltern von Säuglingen, die während der Betreuung von Kindern ständig aufs Handy schauen, provozieren zum Beispiel Bindungsstörungen.

* **Eltern vermitteln durch** ihr Medienverhalten Werte, die Jungen übernehmen. Dazu zählt vor allem, dass der direkte Kontakt immer wichtiger ist als ein Medium: sich Zeit nehmen und einfach da sein, ohne etwas zu verlangen oder zu tun.

* **Medienfreie Tage der** ganzen Familie führen zu der Erfahrung, dass man ohne Medien glücklich leben kann: Erklären Sie zum Beispiel den Samstag und/oder die erste Ferienwoche zur medienfreien Zeit.

11. **Raushalten und gelassen bleiben**

Schule ist der Job, den der Junge zu erledigen hat. Für Eltern ist es darum eine bedeutsame Aufgabe, den Jungen selbst machen zu lassen und sich so weit wie möglich aus seinen Angelegenheiten herauszuhalten. Jungen brauchen ihre Eltern, um erfolgreich durch die Schule zu kommen: aktiv, unterstützend, informierend, anerkennend und bestätigend, passiv, nämlich insofern, dass sie den Jungen machen lassen und ihn in seinem eigenen Bewältigen nicht stören. Jungen, Lehrkräfte und die befragten Eltern sind sich darin einig, dass bei der Unterstützung der Jungen durch Eltern nicht die Leitidee »viel hilft viel« wirkt, sondern dass die Kunst im Austarieren zwischen Engagement und Zurückhaltung besteht.

Generell benötigen Jungen also beides, um gut durch die Schulzeit zu kommen:

→ Eltern, die sie aktiv begleiten, die sich interessieren, die ermutigen, unterstützen, anfangs auch mal kontrollieren und für Rhythmen sorgen,

→ und gleichermaßen das Alleinmachendürfen und -müssen, wofür sie Eltern brauchen, die sich aus Schulangelegenheiten heraushalten können.

Wann welche Seite mit welchem Gewicht gefragt ist, lässt sich kaum pauschal festlegen, abgesehen von der eindeutigen Tendenz: Je länger der Junge in der Schule ist, desto weniger brauchen Eltern sich einzumischen. Oft kostet zu starkes oder falsches Einmischen unnötig viel Energie.

»Ich glaube, wir haben arg viel gekämpft mit unserem großen Sohn, was unnötig gewesen ist. Eigentlich hätten wir ihm das gleich überlassen können. Denn es hat sowieso nicht viel gebracht, und es waren dann eher Konflikte mit uns (...). Ich glaube, wir hätten da mehr auf ihn vertrauen können, das würde ich jetzt im Nachhinein ändern.«
Mutter, drei Söhne

Die Aufmerksamkeit von Eltern ihren Kindern gegenüber hat in den vergangenen Jahrzehnten zugenommen, und das ist gut so. Dies schlägt aber manchmal in Übervorsicht und Dauerkontrolle um, ständig hört der Junge Dinge wie: »Hast du schon, du musst noch, mach mal dies, lass das jetzt.« Wenn ich in der Beratung solche Eltern vor mir habe, denke und fühle ich spontan den Wunsch nach Freiraum, nach Laufenlassen, dass die Eltern sich einfach zurückhalten. Ich sage ihnen: »Lassen Sie den Bub doch selber gehen, ausprobieren, auch mal scheitern und bewältigen.« Wegen der völlig unterschiedlichen Botschaften ist es nicht leicht, die Balance zwischen Engagement und Zurückhaltung zu finden. Immer gibt es Gegenargumente und -stimmen, die Eltern ins Zweifeln bringen: »Mach ich genug? Mach ich zu wenig? Mach ich zu viel? Müsste ich nicht noch mehr tun?«

Wenn etwas so widersprüchlich diskutiert wird, kann man sicher sein, dass es kaum möglich ist, alles richtig zu machen. Aber sich dies zu fragen ist wichtig, es ist gut, nach einem guten Verhältnis von Einmischen und Heraushalten zu suchen, und ansonsten hilft eine gute Portion Gelassenheit. Auch dann, wenn man die Schwierigkeiten vieler Jungen sieht? Ja, gerade dann. Versuchen Sie, immer wieder in Erwägung zu ziehen, dass es gut ausgehen könnte! Die Wahrscheinlichkeit dafür ist ziemlich hoch. Gehen Sie mehr von der Vorstellung aus, dass und wie es dann am Ende gut sein wird. Eine gelassene Haltung erleichtert es, sich zurückzuhalten, und umgekehrt erfordert es sie, um den Jungen selbst machen zu lassen. Dieser Prozess des Loslassens beginnt mit der Geburt und ist nach dem Schulabschluss längst nicht zu Ende.

»Der Kindergarten ist die erste Stufe des Loslassens, und die Schule fordert das nochmal viel mehr. (...) Man lernt halt dann das Kind auch anders kennen, aber das geht nur, wenn man loslässt und es in das andere Milieu hineinlässt und ihm da die Freiheiten lässt – und das ist für viele Eltern schwer, das Loslassen.«
Lehrer, selbst Vater

Engagierte, ängstliche und leistungsorientierte Eltern tun sich damit nicht leicht, für sie gleicht es einem riskanten Blindflug, ihre Söhne selbst machen zu lassen. Eltern befürchten, dass ihr Sohn es nicht packen könnte, dass er wegen eines vermasselten Referats mit einer schlechten Zensur bestraft wird, dass er nicht zum Sport geht oder stundenlang hungert, dass er wegen seiner Unordentlichkeit völlig den Überblick verliert – und vielleicht auch, dass davon etwas aufs Elternhaus zurückfällt und Lehrkräfte denken: »Was muss das für ein Chaotenladen sein, wenn der Sohn so unvorbereitet oder unorganisiert ist?« Eltern möchten nicht, dass ihr Sohn in seinen Leistungen unter seinen Möglichkeiten bleibt oder dass er zumindest heftig auf die Nase fallen und sich weh tun könnte. Genau das sind manchmal unvermeidliche, in jedem Fall aber wichtige Erfahrungen: Hinfallen gehört zum Laufenlernen, das eigene (Nicht-)Handeln des Jungen hat Folgen, die in der Schule auffallen. Das ist gut so.

Übereifrige Eltern blenden oft aus, dass ihr Einmischen ebenfalls riskant ist: Es schwächt den Jungen in seinen Erfahrungen, in seiner Bewältigungskompetenz und in seinem Selbstvertrauen. Übermäßiges Einmischen kann auch dazu führen, dass der Junge sich abschottet und Mauern um sein Schülerdasein baut, um Ruhe vor überbemühten Eltern zu bekommen.

 »Etwa seit Lucas in die achte Klasse gekommen ist, habe ich den Eindruck, als sei der Kontakt zu ihm abgebrochen. Ich bekomme nichts mehr mit, keine Ahnung, was in der Schule läuft, ob eine Klassenarbeit ansteht, ob er eine zurückbekommen hat – ich erfahre echt fast nichts.«
Mutter, ein Sohn

Medien und Fachleute drängen Eltern oftmals zur Perfektion: Eltern sollen an alles denken und bloß alles genau richtig machen, dafür gibt es endlos viele Tipps und Vorschriften. Bitte lassen Sie sich davon nicht verrückt machen – dies sind Gelassenheitskiller, die Ihnen nicht weiterhelfen. Sie müssen nicht perfekt sein, es gibt in der Erziehung von Jungen keinen einzig richtigen Weg – Perfektion ist einfach unmöglich. Immer wieder tauchen auch seltsame Ideen auf, die nur schwer wieder aus der Welt zu schaffen sind: Das Gewicht der Schultasche mache einen krummen Rücken – eine Aussage, die schlicht falsch ist; oder: Kinder müssten ständig trinken, und wenn ein Kind Durst habe, sei es schon zu spät – das ist Unsinn, der zu Überbehütung führt und den Elternstress anheizt. Solche Mythen erschweren die Abgrenzung und verhindern, dass Jungen altersgemäße Anforderungen zugemutet werden. Umso wichtiger ist es, dass Eltern mit ihrem gesunden Menschenverstand dagegenhalten und überdies perfektionistischen Größenwahn zu zähmen versuchen. Ein gutes Übungsfeld dafür ist der Prozess des Raushaltens mit der nötigen Gelassenheit.

Autonomie als Dilemma und Chance

Wer immer eine Mama hat, die den Turnbeutel richtet, oder einen Papa, der ans Referat denkt, der kann nicht selbstständig werden. Für Eltern oft die schwierigste Übung in solchen Situationen lautet: sich zurückhalten - nicht auf einen Schlag, vor allem nicht dann, wenn sie zuvor alles gemanagt haben. Aber nach und nach und am besten mit Ansage: »Du bist jetzt groß genug, darum kannst du dich nun selbst kümmern.«

»Ich hab den Sohn immer machen lassen, was er wollte. Ich habe ihn immer gefragt: ›Was tut dir gut, worauf hast du Lust?‹ Dabei habe ich möglichst wenig Druck gemacht, manchmal schon ein bisschen. Und ich habe mich mit dem zufriedengegeben, was dann einfach gekommen ist.«
Vater, ein Sohn, eine Tochter

Viele Jungen äußern diesen gesunden Impuls zur Selbstständigkeit von sich aus. Sie fordern es ein, dass sie ihren Schulkram von nun an allein bewältigen dürfen.

»Also der Tibor macht mich ja auch heute noch drauf aufmerksam, indem er sagt: ›Mama, jetzt ist mal gut, das ist meine Sache.‹ Und ich denke, es ist gut, darauf wirklich zu hören und sich zu sagen: Das ist seine Sache. Auch wenn wir die ganzen Jahre davor Trouble und auch Angst hatten - da will man dann immer wieder sehr präsent sein und Nähe herstellen und nachfassen: ›Hast du auch dies und das und so weiter.‹ Es ist wichtig, da ein bisschen loszulassen oder das zu akzeptieren, wenn dein Sohn sowas zu dir sagt, es wirklich zu respektieren.«
Mutter, ein Sohn, eine Tochter

Eltern müssen lernen, sich schrittweise zurückzunehmen und es auszuhalten, dass dann eben nicht mehr alles perfekt erledigt wird und optimal in Ordnung ist. Mit Chaos, vergessenen Hausaufgaben oder verhauenen Klassenarbeiten ist zu rechnen, sie bieten wichtige Erfahrungen auf dem Weg zur Selbstverantwortung des Jungen.

Vor allem ab und in der Pubertät markieren viele Jungen Schule als ihr eigenes Territorium. Das hängt zum Teil mit dem wachsenden Anspruch auf Eigenständigkeit zusammen, zum Teil aber auch damit, dass die Noten sich verschlechtern oder sogar in den Keller gehen, weshalb Gespräche mit Eltern über Schule anstrengend werden. Eingebettet in den allgemeinen Rückzug des Jungen macht Eltern dies zusätzlich Sorgen. Dies jedoch auszuhalten ist dann ihre Aufgabe, sie müssen notgedrungen lernen, mit der neuen Situation umzugehen.

Respektvoller Umgang und die Kommunikation über Schulangelegenheiten gleichen mit wachsendem Alter der Jungen immer mehr dem Austausch von Erwachsenen über ihre Arbeit: Die Verantwortung fürs ordnungsgemäße Bewältigen des Berufs wird nicht hinterfragt, der Partner oder die Partnerin wären zu Recht verärgert, wenn ihnen täglich gesagt würde: »Vergiss nicht, morgen früh rechtzeitig aufzustehen, du musst den Bus kriegen.« Oder: »Benimm dich anständig deiner Chefin gegenüber.« Einmischen in innere Angelegenheiten erleben Jungen als respektlos.

 »Wenn ich ihm das unterschwellig vermittle, weil ich ungeduldig werde und genervt sage: ›Ach Gott, jetzt müssen wir das nochmal wiederholen‹, da reagiert er total empfindlich, das kann man ja nachvollziehen.«
Mutter, drei Söhne

Die Jungen ihre Aufgaben selbst erledigen zu lassen bedeutet kein Desinteresse und beschränkt sich auch nicht nur aufs Hoffen, Bangen und Erdulden, sondern verlangt flankierende Aktivitäten. Das kann beinhalten, die Schritte des Loslassens deutlich zu machen, wie damals beim eigenständigen Gang zur Schule, wenn es heißt: »Das kannst du jetzt allein.« Hilfreich ist es, im Blick zu haben, was der Junge selbst gut managt oder managen könnte, selbst wenn er es noch nicht macht. Die Reife gilt es wahrzunehmen und zu betonen, dass es nun Zeit ist, wieder einen Teil der Verantwortung dem Jungen zu überlassen: »Den Schulranzen hast du jetzt schon ein paarmal selbst ganz prima gerichtet, ich glaube, das muss ich gar nicht mehr kontrollieren, das machst du jetzt allein.« Die Unterstützung beschränkt sich dann auf die Frage: »Hast du den Schulranzen schon gepackt?«, bis auch dieses Nachfragen überflüssig ist und wegfällt.

Oft senden Jungen Signale, was sie lieber selbst machen, oder sagen deutlich: »Misch dich da nicht ein.« Das gilt es ernst zu nehmen, wobei Eltern sich in den unterschiedlichen Lösungsphasen mitteilen dürfen: »Also, mir fällt es echt schwer, das dir zu überlassen. Ich bemühe mich, aber da muss ich wohl noch dran arbeiten.«

Was Eltern und Jungen beim Raushalten hilft:

* **Das Vereinbaren von** schulischen Zielen, das Absprechen minimaler Leistungseckpunkte, die spätestens halbjährlich in den Zeugnissen dokumentiert werden: zum Beispiel in den Hauptfächern mindestens einen Notendurchschnitt von 2,5.
* **Einigen Sie sich** auf den Austausch von Basisinformationen: »Du teilst uns bitte die Noten der Klassenarbeiten mit, okay?« Halten Sie es sich offen, sich bei Unsicherheiten selbst bei den Lehrkräften zu informieren.
* **Besuchen Sie Elternsprechtage** und -abende, am besten gemeinsam mit dem Sohn.
* **Zeigen Sie weiterhin** Interesse, fragen Sie nach – aber ohne zu kontrollieren: »Wie geht's in der Schule? Alles klar?«
* **Bieten Sie Unterstützung** an: »Sag mir, wenn ich dir helfen kann.«

Teil V

Plädoyer für eine jungenfreundliche Schule

Schule macht Männer

Eltern stehen heute mit ihren Söhnen vor großen Herausforderungen. Sie müssen Pionierarbeit leisten, was das Männliche der Jungen angeht, weil tradierte Konzepte und Vorbilder überholt sind. Es fehlen Bildungs- und Entwicklungskonzepte, die Bedürfnisse und »männliche« Impulse von Jungen aufnehmen und zu transformieren verstehen.

Generell gilt für die Schule: Jungen sind nicht schwierig, weil sie Jungen sind. Es funktioniert umgekehrt: Jungen in schwierigen Situationen zeigen problematische Formen des Männlichen. Das »Schwierige« von und mit Jungen deutet auf Probleme, die ihnen gemacht werden, und auf Bedürfnisse, die nicht befriedigt werden. Schule bildet das Männliche bei Jungen dadurch, dass sie es anderen überlässt - ein wenig verantwortliches Konzept.

Der Strukturwandel der Arbeitsgesellschaft hat alte Männlichkeitsbilder aufgeweicht und erweitert. So sollen Männer heute einerseits traditionellen Idealen der Arbeitswelt genügen: volle Konzentration auf die Berufsarbeit, Durchsetzungsfähigkeit, Flexibilität, Einordnung in Abläufe, volle Verfügbarkeit, unbedingte Erfolgsorientierung; gleichzeitig beziehungsweise zusätzlich werden ihnen familiäre, freizeit-, beziehungs- und hausarbeitsbezogene Ideale präsentiert und kommunikative, harmonisierende und dominanzkritische Verhaltensmuster erwartet.

Die Zielvorgaben der Geschlechterbildung sind aber nach wie

vor rückwärts ausgerichtet. Sie kommen nämlich nicht aus der Schule, sondern sind vom Kommerz, von Medien und der Spielwarenindustrie geprägt. Reduzierte Männlichkeitsvorstellungen sind zwar überholt, werden aber in kommerziellen Medien gerne aufgewärmt und als unumstößlich präsentiert. Seit einiger Zeit werden Geschlechterstereotype von der Spielzeug- und Unterhaltungsindustrie wieder forciert. Dies reproduziert und formt enge, normierte Vorstellungen über Geschlechter. Jungen werden überschüttet mit überholten Männlichkeits- und Weiblichkeitsbildern, müssen sich damit auseinandersetzen, sich arrangieren, positionieren, abgrenzen oder anpassen. Keine einfache Entwicklungsaufgabe, die Jungen zu bewältigen haben und für die sie in der Schule keine qualifizierte Unterstützung erhalten.

In aller Regel wollen und müssen Jungen männlich sein; für ihre Entwicklung sind positive Aspekte bedeutsam. Jungen brauchen Orientierungen und Beschreibungen des Gelingens: Wo werde ich als Mann meinen Ort in der Gesellschaft finden? Von Schule und Politik werden Jungen keine Perspektiven aufgezeigt: Das Männliche wird allenfalls kritisch behandelt. Selbstverständlich ist Männlichkeitskritik vonnöten, besonders dort, wo Menschen von Geschlechterbildern in ihren Potenzialen beschränkt werden oder wo sie zu sozial unverträglichen Verhaltensweisen führen. Nur genügt es nicht, sich darauf zu beschränken. Jungen wollen nicht wissen, wie männlich *nicht* geht, sondern *wie es geht*. Diese Leerstelle wird vom Kommerz gefüllt. Hier bekommen Jungen komprimierte Informationen über das Männliche zuhauf. In auf männliche Zielgruppen zugeschnittenen Medien und Filmen, in der Werbung und in Spielzeugwelten ist das Männliche gut vertreten. Dass sich viele Jungen nur reduziert entwickeln, ist fast unumgänglich.

Deshalb müssten Schule und Gesellschaft für die geschlechtlichen Lern- und Bewältigungsinteressen von Jungen Lösungen anbieten. Um speziell Jungen stärker zu motivieren, muss Schule

Antworten auf ihre »männlichen« Fragen geben können: Wie gelingt das Männliche in der Moderne? Wie kann ein Junge sein Männlichsein gut entfalten? Was bringt Schule Jungen für ihr Mannsein? Bei all diesen Fragen hält sich Schule immer noch bedeckt, reagiert allenfalls auf die Männlichkeitsexperimente der Schüler, anstatt sich aktiv und konstruktiv mit ihnen auseinanderzusetzen.

Damit Schule pädagogisch aktiv werden kann, muss die Gesellschaft wissen, was sie von Männern will. Geschlechterthemen stehen seit längerem auf der politischen Agenda – aber Männer tauchen dabei nicht auf, allenfalls nur am Rand oder als Väter. Politisch markiert und nahezu unstrittig sind Forderungen nach mehr Frauen in Führungspositionen, mehr Frauen in MINT-Fächern, mehr Professorinnen, mehr Müttern, die gleichzeitig ihren Beruf gut ausüben können, mehr weibliche Abgeordnete in Parlamenten. Die andere Seite bleibt außen vor: Wofür brauchen wir künftig Männer? Und wie sollen sie sein: als Führungskräfte und Mitarbeiter, als Professoren, Fachmänner im sozialen und gewerblichen Bereich, als Partner und Väter? Jungen und männliche Jugendliche können diese Lücke so interpretieren, dass Männer überflüssig sind – keine besonders motivierende Perspektive.

Jungen sind an entscheidenden Stellen weitgehend alleingelassen mit ihrem Männlichsein, es gilt das Motto: »Selbst ist der Mann«. Damit sind sie überfordert, weil sich die Gesellschaft vor der Männerfrage drückt. Aufgabe von Erwachsenen und der Gesellschaft ist es darum, dafür zu sorgen, dass Jungen ihr späteres Mannsein glückend und zufrieden leben können. Dafür müssen Jungen das Männliche lernen, auch in der Schule. Hier gilt es für Politik und Gesellschaft, unerledigte Hausaufgaben nachzuholen.

Forderungen an die Schulpolitik im Sinne von Jungen, Eltern und Lehrern

Dass Jungen die Schule schaffen, ist möglich, Eltern können nen viel dazu beitragen. Das ist eine gute Nachricht. Aber Jungen, Eltern und Lehrkräfte sind sozusagen »Endverbraucher«. Was sie gemeinsam bewältigen können, hängt vom größeren Rahmen ab, von Politik, Medien und Gesellschaft. Auch wenn sich Eltern und Lehrkräfte redlich bemühen: Einige Schwierigkeiten, die Jungen in und mit Schule haben, liegen außerhalb ihrer Reichweite begründet. Die Aufgaben, die Jungen und Eltern vor sich haben, könnten erleichtert werden. Um Schule jungenfreundlich zu gestalten, braucht es die Mithilfe von höheren Stellen. Das ist nicht einfach zu erreichen, denn Schule erweist sich als ein brisanter Konfliktherd, in dem unterschiedliche gesellschaftliche Kräfte wirken.

In Baden-Württemberg wurden wegen ein paar unglücklich formulierter Nebensätze im Bildungsplan zur Sexualaufklärung aufgeregte Weltuntergangsszenarien heraufbeschworen und Elternmassen auf die Straße getrieben. Ein großes bildungspolitisches Theater, aber fachlich überflüssig. Wegen konzeptioneller Streitigkeiten über die Dauer des Gymnasiums, Klassengrößen oder Lehrerzahlen schlägt man sich politisch die Köpfe ein. Solche Themen können Landtagswahlen entscheiden, denn Schulpolitik interessiert viele, weil viele davon betroffen sind.

Politisch hochgebauschte Diskussionen machen sich allerdings gern an Nebensächlichkeiten fest. Viel zu viel Energie wird in Strukturdebatten gesteckt, die Schulpolitiker führen: raus aus der Gesamtschule, rein in die Stadtteil- oder Gemeinschaftsschule; von G9 zu G8 und wieder zurück zu G9, vielleicht um kurz darauf G8½ zu entdecken. Eltern sind daran nicht unbeteiligt; manche artikulieren sich lautstark und machen Druck, wenn ihnen etwas nicht gefällt. Aber Veränderungen des Bildungssystems brauchen Zeit. Die letzten Jahre waren geprägt von Veränderungshektik; neue Schulformen werden eingeführt oder Lehrpläne verändert, und wenn sich in zwei Jahren nichts geändert hat, wird wieder von vorn angefangen. Das verbrennt Energie und bringt Reibungsverluste.

Was dahinter verschwindet, ist das Wesentliche von Schule. Die Qualität von Bildung, der Alltag in der Schule, das Wohlbefinden von Lehrkräften und Schülern, die Beziehungen als tragendes Element des Lernens - all das scheint in der Politik niemanden groß zu interessieren: Was Jungen und Mädchen in ihrer Bildung wirklich nützt, wird vernachlässigt.

Eltern sind eine fachliche und eine politische Macht, die durchaus etwas bewegen kann. Wenn sie es fordern, muss Schulpolitik unbequeme Fragen beantworten und für Veränderungen sorgen, die Jungen in der Schule tatsächlich weiterhelfen. Solche Fragen liegen in der Luft und sind leicht zu stellen:

→ Warum kennen sich nur sehr wenige Lehrkräfte bei Jungen aus? Warum spielen Geschlechterunterschiede bei Kindern in Ausbildung und Schulkonzeptionen meist keine Rolle? Wer Bedürfnisse von Jungen nicht kennt, kann ihnen keine gute Pädagogik bieten.

→ Warum werden Forschungsergebnisse zum Zusammenhang von Bewegung, Lernen und Gesundheit so konsequent übergangen? Wenn es für das Lernen von Jungen (wie auch Mädchen) sinnvoll und hilfreich ist, müssten Bewegungselemente in der Schule und handlungsorientiertes Lernen selbstverständlich sein. Sie sind es aber nicht.

→ Warum findet schulische Bildung überwiegend innerhalb der Schulen statt, wo nur eingeschränkte Formen des Lernens möglich sind?

→ Warum wird so wenig Gewicht auf die Persönlichkeit der Lehrkräfte gelegt? Seit langem ist bekannt, dass die Qualität von Schule in erster Linie von der Persönlichkeit und der Qualifikation von Lehrkräften abhängt. Deren Auswahl und Einstellung orientiert sich aber an Noten, die nichts über die Person aussagen. Jungen brauchen stabile Charaktere als Gegenüber. Viel wichtiger als Noten sind deshalb Lebenserfahrung, Persönlichkeitsstärke und die Motivation, mit Mädchen *und* Jungen zu arbeiten.

→ Warum ist die Ausbildung der Lehrkräfte so einseitig auf Fachliches beschränkt? Was Beziehungsfähigkeit, Autorität oder Führungskompetenz angeht, sind viele Lehrkräfte Laien, weil solchen Themen im Lehramtsstudium kein Gewicht gegeben wird. Ob und wie sich die künftige Lehrkraft als Autorität entwickelt, ist ihre Privatangelegenheit.

→ Warum gibt es keine verbindliche und kontrollierte Weiterbildungsverpflichtung für Lehrkräfte? In anderen Berufen, die mit Menschen arbeiten, ist dies üblich, Psychologen oder Ärzte müssen Weiterbildungspunkte nachweisen, sonst geht's ans Geld. In der Schule gibt es dies hingegen nicht. Jungen leiden an verknöchertem, uninspiriertem Unterricht!

→ Warum wird das Recht auf Inklusion umzusetzen versucht, ohne nach unterschiedlichen Konsequenzen für Mädchen und Jungen zu fragen? Jungen reagieren auf bestimmte Formen der Einschränkung bei Mitschülern anders als Mädchen, das muss sich in Konzepten und in der Qualifikation des Personals abbilden. Davon ist nichts zu erkennen.

Weil solche Fragen zu wenig gestellt und beantwortet werden, bewegen sich viele unserer Schulen, wenn es um Jungen geht, zwischen Mittelmaß und Murks. Dass sie damit viele nicht erreichen können, liegt auf der Hand. Erstaunlich viele Jungen passen sich im

Verlauf ihrer Schülerbiografie an Schulen und Lernformen an, die für sie nicht geeignet sind. Oft kann Jungen mit Mühe und über argumentative Umwege erklärt werden, dass alles nur zu ihrem Wohl geschieht. Die Wirklichkeit jedoch fühlt sich für sie nicht so an, und es stimmt ja: Schule ist, wenn überhaupt, dann nur bedingt für sie geeignet. Ihre Einwürfe sind berechtigt: »Schule soll gut für mich sein? Das glaubt ihr ja selbst nicht!« Vermutlich nehmen Jungen unterschwellige Zweifel Erwachsener wahr, dass die Schule halt ein notwendiges Übel darstellt mit dem Ziel, später etwas wirklich Interessantes machen zu können. Dafür werden über viele Jahre Anpassung und der Aufschub von Bedürfnissen verlangt, mit dem vagen Versprechen, später belohnt zu werden. Viele Jungen ahnen, dass Schule ein ungedeckter Scheck sein könnte. Verständlich, dass viele eher auf das konzentriert sind, was sicher ist: die Gegenwart.

Was fehlt, sind aufmüpfige Eltern, die von Jungen nicht das Hinnehmen einer unpassenden Pädagogik verlangen, sondern auf eine zügige Veränderung von Schule drängen: aber nicht durch Strukturspielchen, sondern über eine Verbesserung der Pädagogik und eine Qualifizierung der Pädagoginnen und Pädagogen. Eine neue Politisierung von Schülern und Lehrkräften ist vonnöten, um Schule wirklich zu verändern.

Eine Schule für die Zukunft –
für Jungen und Mädchen

Schön wäre es, ließe sich eine Reset-Taste drücken, die das ganze Schulsystem neu startet. Aber so einfach ist es nicht. Um zu einer Schule zu kommen, in die wir Jungen guten Gewissens schicken können, braucht es Veränderungen durch fachliches und politisches Handeln. Eine Grundlage für Politik sind Ideen, wie es besser werden kann. In der Schulpolitik wird viel zu selten gefragt, wie Schule aussehen würde, wenn sie heute für unsere Söhne (und ebenso für unsere Töchter) neu erfunden würde: eine Schule, in der sich Kinder wohlfühlen, als Person gesehen und gefordert sind, wo Jungen etwas leisten wollen, mit ihrer Leidenschaft, Begeisterung und Überzeugung erreicht werden, wo sie an Grenzen kommen oder gebracht werden, um darüber und über sich hinauszuwachsen.

Eine spezielle »Jungenschule« kann es nicht geben, allein schon deshalb, weil Jungen unterschiedlich sind und die meisten Schulen koedukativ organisiert sind. Dennoch ist eine gute Schule auf Jungen ausgerichtet, ihre Qualität zeigt sich in einer Gleichzeitigkeit: Schule lässt dem Geschlecht der Kinder, ihrem Mädchen- und Jungesein, die nötige Aufmerksamkeit zukommen und antwortet darauf; gleichzeitig wird das Geschlecht nicht ständig überbetont, damit Unterschiede zwischen Mädchen und Jungen nicht verstärkt oder erst erzeugt werden; sie fixiert Geschlechter nicht, sondern erweitert sie und betont die Vielfalt innerhalb von Geschlechtergruppen und der Geschlechter, auf diese Weise werden Stereotypen und Vorurteile abgebaut.

Vor diesem Hintergrund müssen Verbesserungen überlegt und ausprobiert werden, die denjenigen Jungen entgegenkommen, die Schule als langweilig oder überflüssig erleben. Es geht dabei nicht um eine entspannte und anforderungsarme Schulzeit, sondern um eine Vielfalt von Herausforderungen beim Lernen, die den Bedürfnissen vieler Jungen entgegenkommt und ihnen eine höhere Identifikation mit der Schule sowie mit schulischem Lernen eröffnet. Es gilt, diese Schule (auch) für Jungen zu entwickeln, aber nicht auf Kosten von Mädchen, mit Konzepten, die alle möglichen unterschiedlichen Gruppen und Interessen berücksichtigen. Vieles davon würde ohne Zweifel auch Mädchen nützen: Eine Schule, die gut für Jungen ist, ist ebenfalls gut für Mädchen.

Eine jungenorientierte Schule ist:

→ eine Schule der Intergenerationen-Beziehungen, in klaren und autoritativen Beziehungen zu Lehrkräften, zu Persönlichkeiten, die Jungen kennen, schätzen und die ihnen Orientierung geben können. Die Bindung zu den Lehrkräften ist der Schlüssel für den Lernerfolg von Jungen; sie folgen, weil sie sich binden wollen, nicht wegen Anreizen oder Verboten. Deshalb brauchen sie beziehungsfähige Lehrerinnen und Lehrer, die Konflikte als fruchtbare Beziehungsfacetten begrüßen.

→ eine Schule der Gleichaltrigenbeziehungen, in der der Entwicklung von guten und harmonischen Beziehungen unter Jungen und zwischen Mädchen und Jungen Bedeutung zukommt und wo die Bewältigung von Konflikten aktiv gefördert wird.

→ eine Schule, die Jungen klar vermittelt, was sie von ihnen will, und die ihnen dabei hilft, diese Erwartungen zu erfüllen.

→ eine in ihrer Haltung und ihren Werten eindeutige Schule, die Jungen zu Reibung und Konflikt herausfordert.

→ eine motivierende Schule, die fragt, was Jungen interessiert und wie sie für Dinge begeistert werden können, für die sie sich erst einmal nicht so sehr interessieren. Dafür sorgen regelmäßige Kontakte mit Menschen, die noch andere Berufswelten als die Schule kennen.

→ eine Stärken-Schule, die schulische Leistungen wertschätzt, aber auch Besonderheiten von Jungen, die vielleicht nur weit entfernt mit Schule oder hehren Bildungsinteressen zu tun haben. Hier wird das Jungesein als Chance und Potenzial gesehen. Es ist eine Schule, die nicht vorwiegend auf Defizite schaut und sie eliminieren will.

→ eine Bewegungsschule, in der körperliche Erfahrungen und Bewegungsbedürfnisse respektiert und aktiv als wertvolle Form des Lernens gelebt werden.

→ eine Schule, die die Idee der Bewegung auch in struktureller Hinsicht ausdrückt; sie ist eine agile Organisation. Die Schulpolitik und -verwaltung vertraut ihren Schulen und lässt ihnen Freiheiten, die sie für Jungen und ihre Entwicklung nutzen können. Anstelle von einzelkämpferischen Experten bilden Lehrkräfte interdisziplinäre Teams; starre Organisationsformen werden zugunsten von flexiblen Systemen aufgegeben; sogar flexible Zeitmodelle werden umgesetzt: mit Gleitzeit für die Schüler.

→ eine Handlungsschule, die Raum und Zeit für erfahrungsorientierte, sinnliche, haptische, anschauliche Begegnungen mit den Inhalten bereitstellt. Sie erlaubt es Jungen (und Mädchen), sich in Gegenstände hineinzuversetzen, Sprachen, Geschichte oder Mathematik zu erleben, sich Themen handlungsorientiert zu erschließen, Fächer erlebbar und als etwas Nützliches zu erfahren, mit dem in der Wirklichkeit etwas angefangen werden kann.

→ eine Erfahrungsschule, die Jungen offensiv mehr Zeit gibt, um eigene Fragen zu stellen, Fehler zu machen und daraus zu lernen, die es ihnen ermöglicht, das wirklich Wichtige zu üben und zu wiederholen: Erlebnisse und Erfahrungen in und mit der Natur, Exkursionen, Begegnungen mit Zeitzeugen und interessanten Frauen wie Männern, Besuche in Unternehmen,

Werkstätten oder Museen. Hier gibt es einen offene(re)n Lehr-plan und echte Entscheidungsmöglichkeiten, was handlungs-orientiert bearbeitet werden kann; den Forschungsinteressen der Jungen wird Raum geben.

→ eine menschliche Schule, die Bedürfnisse von Kindern und Jugendlichen genauso ernst nimmt wie deren Unterschied-lichkeiten. Hier machen Jungen die Erfahrung, dass es auf die Gesamtheit von unterschiedlichen Fähigkeiten ankommt, we-niger auf Gleichmacherei. Diese Schule ist nicht auf Normie-rung geeicht, weil sich dies auf standardisierte Geschlechter-konzepte auswirkt und zu Ausgrenzungen führt.

→ eine experimentelle Schule, in der ungewohnte, ja unerhörte Dinge ausprobiert werden: In der 7. und 10. Klasse findet je-weils ein halbes Jahr keine »normale« Schule statt, sondern eine intensive Praxis- und Orientierungsphase, mit Projekten oder Praktika, mit Kontakten zu Berufswelten, Handlungsnotwen-digkeiten im Natur- oder Umweltschutz, im sozialen Bereich. Durchs ganze Schulleben hindurch werden immer wieder be-eindruckende Naturerfahrungen angeboten, in der Wüste, auf dem Wasser oder in den Bergen. Projekte reichern das Schul-leben an: Trommeln, z. B. im Stomp-Stil, Videoproduktionen, Homepages erstellen, soziales Engagement und Weiteres.

Dank

Viele Menschen waren am Entstehen dieses Buches beteiligt, ihnen möchte ich danken. Da sind zuerst die vielen Jungen zu nennen, mit denen ich arbeiten darf, auch in Schulen und mit dem Thema Schule. Für die Studie haben sich Jungen und männliche Jugendliche »einfach so« interviewen lassen und vieles von ihrer Kompetenz in Schulangelegenheiten offen mitgeteilt. Dabei zeigte sich, dass Jungen Schule nicht pauschal abwerten oder gar hassen, sondern eher an einer Weiterentwicklung und Verbesserung interessiert sind. Für ihre Offenheit, Ehrlichkeit und ihr Interesse möchte ich mich bei ihnen bedanken.

Danken möchte ich den vielen Muttern und Vätern, die mir – in Beratungen, bei Eltern- oder Vortragsabenden und auch in unserer Studie – ihre Erfahrungen mit ihren Söhnen in der Schule schildern. Eltern erlebe ich als Fachleute und Betroffene gleichermaßen, weshalb ihre Fragen, Sorgen, Lösungsideen und -versuche wirklich wichtige Impulse setzen, sodass nicht nur die Schule, sondern auch ich immer wieder ins Nach- und Weiterdenken komme.

Bei den vielen Lehrerinnen und Lehrern, die sich mit Jungen fachlich und in guter Beziehung auseinandersetzen, möchte ich mich ebenfalls bedanken. Viele davon tun das mit viel Einsatz, mit Kompetenz, Freude und Entwicklungswünschen. Nicht wenige leiden an den Vorgaben der Schulpolitik oder auch an Kolleginnen und Kollegen, geben sich und die Schule aber trotzdem nicht auf. Oft haben und nehmen sie es nicht leicht mit den Jungen, wie sich auch umgekehrt Jungen mit den Lehrkräften schwertun. Wenn sie sich aber zusammenraufen und gemeinsam weiterkommen, sind das für alle Beteiligten beglückende Erfahrungen. Danke dafür, und auch für die Auskunftsbereitschaft der Lehrerinnen und Lehrer in Qualifizierungen und Interviews.

Denjenigen Schulleitungen und Fachkräften bei Schulträgern,

die Jungenthemen gegenüber wach sind, in der Umsetzung Mut und Experimentierfreude zeigen, bisweilen auch unkonventionelle pädagogische Wege beschreiten und die Lehrkräfte in ihren Schulen weiterbilden und herausfordern, möchte ich für all dies ebenfalls danken - solches Engagement ist leider selten und nicht selbstverständlich.

Petra Dorn trug als anregende Gesprächspartnerin und Ideengeberin, als fachkompetente Lektorin wie auch als erfahrene und erfolgreiche Jungenmutter inhaltlich und sprachlich wirklich viel zu diesem Buch bei, es ist ein Geschenk, mit ihr zusammenzuarbeiten, vielen Dank dafür.

Und für ihre allgemeine und spezielle Unterstützung auf unterschiedlichen Ebenen, persönlich und fachlich, in Höhen und Tiefen danke ich von Herzen Herma, Jasper, Vera, Claudia, Elisabeth, Martin und Erich.

Adressen und Links

→ www.antolin.de

→ www.boysandbooks.de

Suchmaschinen für Kinder

→ www.fragFinn.de

→ www.blinde-kuh.de

Informationen für Erwachsene zum Jugendschutz

→ www.jugendschutzaktiv.de

Informationen für Erwachsene zum gesetzlichen Jugendmedienschutz und zur Medienerziehung

→ www.bundespruefstelle.de

Informationen zur Jungen- und Männerpolitik sowie zu überregionalen Institutionen und Projekten

→ Bundesministerium für Familie, Senioren, Frauen und
Jugend
Referat 408: Gleichstellungspolitik für Jungen und Männer
Glinkastraße 24
10117 Berlin
Tel.: 030 20655-2804
www.bmfsfj.de

→ Bundesforum Männer
Interessenverband für Jungen, Männer und Väter
www.bundesforum-maenner.de

→ Neue Wege für Jungs
www.neue-wege-fuer-jungs.de

→ Projekt Soziale Jungs
www.sozialejungs.de

→ Bundesarbeitsgemeinschaft Jungenarbeit e. V.
www.bag-jungenarbeit.de

→ Bundeszentrale für gesundheitliche Aufklärung
Abteilung Sexualaufklärung
www.bzga.de/infomaterialien/sexualaufklaerung

Regionale Fachstellen, Organisationen und Landesarbeitsgemein-schaften für Jungenarbeit (Deutschland)

→ Schulpsychologischer Dienst, Beratungsstellen
(Suche nach Bundesländern)
www.schulpsychologie.de

→ LAG Jungenarbeit Baden-Württemberg
www.lag-jungenarbeit.de

→ Fachstelle für Jungenarbeit in Hessen
www.jungenarbeit-hessen.de

→ Landesarbeitsgemeinschaft Jungenarbeit Nordrhein-Westfalen
www.jungenarbeiter.de

→ Landesarbeitsgemeinschaft Jungenarbeit Niedersachsen
www.LAG-JuNi.de

→ Landesarbeitsgemeinschaft Jungen Schleswig-Holstein
www.schleswig-holstein.de/DE/Fachinhalte/K/
kinderJugendhilfe/Jugendarbeitsozialarbeit_
GeschlechtergerechteJugendarbeit_LAGJungen.html

→ Landesarbeitsgemeinschaft Jungenarbeit Sachsen
www.jungenarbeit-sachsen.de

→ Jungenarbeit Hamburg
www.jungenarbeit.info

→ Fachstelle Jungenarbeit Rheinland-Pfalz/Saarland e. V.
www.jungenarbeit-online.de

→ Netzwerk Jungenarbeit München
www.ak-jungenarbeit.de

→ Bremer JungenBüro
www.bremer-jungenbuero.de

→ Hilfe für Jungs e. V. Berlin
www.hilfefuerjungs.de

→ Mannigfaltig e. V. Hannover und München
www.mannigfaltig.de
www.mannigfaltig-sued.de

→ Jungen im Blick Stuttgart
www.jungen-im-blick.de

→ PfunzKerle e. V. Tübingen
www.pfunzkerle.de

→ Kraftprotz Mielkendorf
www.kraftprotz.net

→ Autoritätstraining für Lehrkräfte
www.autoritätstraining.de

Fachstellen Schweiz

→ Fachstelle Jumpps
www.jumpps.ch

→ Fachtagungen zur Bubenarbeit
www.fachtagungbubenarbeit.ch

→ Lobbyverband für Männer- und Jungenfragen
http://www.maenner.ch

→ Respect! Selbstbehauptung
www.respect-selbstbehauptung.ch

Fachstellen Österreich

→ Männerberatung Graz und Obersteiermark
www.maennerberatung.at

→ Mannsbilder Tirol (Innsbruck)
www.mannsbilder.at

→ Poika – Verein für Bubenarbeit
www.poika.at

→ Fachstelle für Burschenarbeit Steiermark
vmg-steiermark.at

Bitte prüfen Sie die Angebote vor dem Hintergrund Ihrer Interessen (und der Bedürfnisse Ihres Jungen). Mit diesen Adresshinweisen kann keine Verantwortung für die Qualität der Arbeit der jeweiligen Stellen übernommen werden.

Viele Einrichtungen oder Personen, die Projekte für Jungen, Angebote für Jungeneltern oder pädagogische Jungenarbeit anbieten, sind nur lokal oder regional tätig und bekannt. Ansprechpartner werden Ihnen von Landesjugendämtern, den kommunalen Jugendämtern oder der Kreisjugendpflege benannt.

Hinweise zu den Downloads für Jungen

Die Dateien zum Herunterladen oder Ausdrucken erhalten Sie über die Internetseite www.beltz.de. Sie kommen zu den Materialien, indem Sie auf die Seite des Titels gehen, den Link zu den Materialien anklicken und folgendes Passwort eingeben:

5HdSu8RW

(bitte Groß- und Kleinschreibung beachten).

Folgende Hinweise können Sie für Ihren Jungen ausdrucken oder auf PC und Smartphone herunterladen:

→ Lernen für die Schule: Die 7 ultimativen Lerntipps für Jungen.

→ Motivieren geht über verlieren: 6 Schritte zur Selbstmotivation für Jungen.

→ Klarheit schaffen bei schulischen Aufgaben zuhause.

→ Respekt in der Schule: Informationen und Anleitungen für Jungen.

→ Streber - nein danke! Wie Jungen sich gegen ungerechte Vorwürfe wehren.

Literatur

Blomberg, Christoph: *Jungenförderung in der Schule: Monoedukation als Lösung für ein umstrittenes Problem?*, Leverkusen: Barbara Budrich, 2016

Boldt, Uli: *Ich bin froh, dass ich ein Junge bin. Materialien zur Jungenarbeit in der Schule.* Hohengehren, Schneider, 2005

Härdt, Bärbel: *Besser lernen durch Bewegen und Entspannen. Grundlagen und Übungen für die Sekundarstufe I*, Berlin: Cornelsen Scriptor, 2000

Hattie, John: *Lernen sichtbar machen*, Hohengehren: Schneider, 2013

Hurrelmann, Klaus/Schultz, Tanjev (Hrsg.): *Jungen als Bildungsverlierer. Brauchen wir eine Männerquote in Kitas und Schulen?*, Weinheim und Basel: Beltz Juventa, 2012

Jensen, Elsebeth/Jensen, Helle: *Schule braucht Beziehung. Gelungene Lehrer-Eltern-Gespräche*, Weinheim und Basel: Beltz, 2016

Kegler, Ulrike: *In Zukunft lernen wir anders.* Weinheim und Basel: Beltz, 2009

Kegler, Ulrike: *Wo sie wirklich lernen wollen. 7 Jahre Jugendschule Schlänitzsee*, Weinheim und Basel: Beltz, 2014

Lewicki, Marie-Luise/Greiner-Zwarg, Claudia: *Eltern 2015 – wie geht es uns? Und unseren Kindern?,* Berlin, 12.01.2015

Neuber, N.: *Supermann kann Seilchen springen. Bewegung, Spiel und Sport mit Jungen.* Dortmund: Borgmann Media, 2009

Nolting, Hans-Peter: *Störungen in der Schulklasse. Ein Leitfaden zur Vorbeugung und Konfliktlösung.* Weinheim: Beltz, 2017

Renz-Polster, Herbert/Hüther, Gerald: *Wie Kinder heute wachsen: Natur als Entwicklungsraum. Ein neuer Blick auf das kindliche Lernen, Denken und Fühlen*, Weinheim und Basel: Beltz, 2013

Riegel, Enja: *Schule kann gelingen. Wie unsere Kinder wirklich fürs Leben lernen*, Frankfurt a. M.: Fischer, 2004

Scheufele, Ulrich (Hrsg.): *Weil sie wirklich lernen wollen. Bericht von einer anderen Schule. Das Altinger Konzept*, Weinheim, Basel, Berlin: Beltz, 2003

Träbert, Detlef: *Disziplin, Respekt und gute Noten. Erfolgreiche Schüler brauchen klare Erwachsene*, Weinheim und Basel: Beltz, 2012

Winter, Reinhard: *Jungen. Eine Gebrauchsanweisung. Jungen verstehen und unterstützen*, Weinheim und Basel: Beltz, 2011

Winter, Reinhard: *Jungen brauchen klare Ansagen! Ein Ratgeber für Kindheit, Schule und die wilden Jahre*, Weinheim und Basel: Beltz, 2014

Über den Autor

Reinhard Winter ist der bekannteste Experte für Jungenthemen im deutschsprachigen Raum. Seine Stärken sind die Verbindung von Praxis, konzeptioneller Weiterentwicklung und Theorie und die verständliche Vermittlung komplizierter Sachverhalte an unterschiedliche Zielgruppen: Kinder und Jugendliche, Eltern, Fachleute. Seit über 30 Jahren arbeitet er mit Jungen und führt Projekte in Schulen, in der Jugendarbeit und mit Eltern durch. Zudem berät er Eltern in Jungenerziehungsfragen. Ein weiterer Schwerpunkt ist die Jungenforschung; z.B. untersuchte er im Rahmen von Männergesundheitsberichten Aspekte des gesunden Aufwachsens von Jungen und männlichen Jugendlichen. Seine Gespräche mit Jungen, Eltern, Lehrern und Wissenschaftlern bildeten den Ausgangspunkt zu diesem Buch.

Sein Wissen zu Jungenthemen gibt Reinhard Winter gerne weiter, in der Elternbildung und an schulischen Elternabenden, als gefragter Fachreferent in Deutschland, Österreich und der Schweiz. Er berät Lehrkräfte, Schulen, Schulträger und leitet pädagogische Tage sowie andere Weiterbildungen für Lehrerinnen und Lehrer. Zudem ist er in der Leitung des Sozialwissenschaftlichen Instituts Tübingen (SOWIT) und des Schweizerischen Instituts für Männer- und Geschlechterfragen (SIMG) tätig. An der Universität Tübingen und an Fachhochschulen in der Schweiz unterrichtet er als Lehrbeauftragter. 2011 erschien sein Buch *Jungen. Eine Gebrauchsanweisung. Jungen verstehen und unterstützen* und 2014 das Buch *Jungen brauchen klare Ansagen. Ein Ratgeber für Kindheit, Schule und die wilden Jahre*, beide im Beltz Verlag. Außerdem ist er Mitherausgeber eines Handbuches zur Jungengesundheit und Autor verschiedener anderer Bücher und Beiträge zu Jungen- und Familienthemen.

Reinhard Winter ist verheiratet und Vater zweier erwachsener Kinder, eines Sohnes und einer Tochter; er lebt in Tübingen.